吳墉祥在台日記
（1951）

The Diaries of Wu Yung-hsiang at Taiwan, 1951

民國日記｜總序

呂芳上
民國歷史文化學社社長

人是歷史的主體，人性是歷史的內涵。「人事有代謝，往來成古今」（孟浩然），瞭解活生生的「人」，才較能掌握歷史的真相；愈是貼近「人性」的思考，才愈能體會歷史的本質。近代歷史的特色之一是資料閎富而駁雜，由當事人主導、製作而形成的資料，以自傳、回憶錄、口述訪問、函札及日記最為重要，其中日記的完成最即時，描述較能顯現內在的幽微，最受史家重視。

日記本是個人記述每天所見聞、所感思、所作為有選擇的紀錄，雖不必能反映史事整體或各個部分的所有細節，但可以掌握史實發展的一定脈絡。尤其個人日記一方面透露個人單獨親歷之事，補足歷史原貌的闕漏；一方面個人隨時勢變化呈現出不同的心路歷程，對同一史事發為不同的看法和感受，往往會豐富了歷史內容。

中國從宋代以後，開始有更多的讀書人有寫日記的習慣，到近代更是蔚然成風，於是利用日記史料作歷史研究成了近代史學的一大特色。本來不同的史料，各有不同的性質，日記記述形式不一，有的像流水帳，有的生動引人。日記的共同主要特質是自我（self）與私密（privacy），史家是史事的「局外人」，不只注意史實的追尋，更有興趣瞭解歷史如何被體驗和講述，這時對「局內人」所思、所行的掌握和體會，日記便成了十分關鍵的材料。傾聽歷史的聲音，重要的是能聽到「原音」，而非「變音」，日記應屬原音，故價值高。1970年代，在後現代理論影響下，檢驗史料的潛在偏見，成為時尚。論者以為即使親筆日記、函札，亦不必全屬真實。實者，日記記錄可能有偏差，一來自時代政治與社會的制約和氛圍，有清一代文網太密，使讀書人有口難言，或心中自我約束太過。顏李學派李塨死前日記每月後書寫「小心翼翼，俱以終始」八字，心所謂為危，這樣的日記記錄，難暢所欲言，可以想見。二來自人性的弱點，除了「記主」可能自我「美化拔高」之外，主觀、偏私、急功好利、現實等，有意無心的記述或失實、或迴避，例如「胡適日記」於關鍵時刻，不無避實就虛，語焉不詳之處；「閻錫山日記」滿口禮義道德，使用價值略幾近於零，難免令人失望。三來自旁人過度用心的整理、剪裁、甚至「消音」，如「陳誠日記」、「胡宗南日記」，均不免有斧鑿痕跡，不論立意多麼良善，都會是史學研究上難以彌補的損失。史料之於歷史研究，一如「盡信書不如無書」的話語，對證、勘比是個基本功。或謂使用材料多方查證，有如老吏斷獄、法官斷案，取證求其多，追根究柢求其細，庶幾還原案貌，以證據下法理註腳，盡力讓歷史真相水落可石出。是故不同史料對同一史事，記述會有異同，同者互證，異者互勘，於是能逼近史實。而勘比、互證之中，以日記比證日記，或以他人日記，證人物所思所行，亦不失為一良法。

從日記的內容、特質看，研究日記的學者鄒振環，曾將日記概分為記事備忘、工作、學術考據、宗教人生、游歷探險、使行、志感抒情、文藝、戰難、科學、家庭婦女、學生、囚亡、外人在華日記等十四種。事實上，多半的日記是複合型的，柳貽徵說：「國史有日歷，私家有日記，一也。日歷詳一國之事，舉其大而略其細；日記則洪纖必包，無定格，而一身、一家、一地、一國之真史具焉，讀之視日歷有味，且有補於史學。」近代人物如胡適、吳宓、顧頡剛的大部頭日記，大約可被歸為「學人日記」，余英時翻讀《顧頡剛日記》後說，藉日記以窺測顧的內心世界，發現其事業心竟在求知慾上，1930 年代後，顧更接近的是流轉於學、政、商三界的「社會活動家」，在謹厚恂恂君子後邊，還擁有激盪以至浪漫的情感世界。於是活生生多面向的人，因此呈現出來，日記的作用可見。

晚清民國，相對於昔時，是日記留存、出版較多的時期，這可能與識字率提升、媒體、出版事業發達相關。過去日記的面世，撰著人多半是時代舞台上的要角，他們的言行、舉動，動見觀瞻，當然不容小覷。但，相對的芸芸眾生，識字或不識字的「小人物」們，在正史中往往是無名英雄，甚至於是「失蹤者」，他們如何參與近代國家的構建，如何共同締造新社會，不應該被埋沒、被忽略。近代中國中西交會、內外戰事頻仍，傳統走向現代，社會矛盾叢生，如何豐富歷史內涵，需要傾聽社會各階層的「原聲」來補足，更寬闊的歷史視野，需要眾人的紀錄來拓展。開放檔案，公布公家、私人資料，這是近代史學界的迫切期待，也是「民國歷史文化學社」大力倡議出版日記叢書的緣由。

導言

侯嘉星

國立中興大學歷史學系助理教授

《吳墉祥在台日記》的傳主吳墉祥（1909-2000），字茂如，山東棲霞縣人。幼年時在棲霞就讀私塾、新式小學，後負笈煙台，畢業於煙台模範高等小學、私立先志中學。中學期間受中學校長、教師影響，於1924年加入中國國民黨；1927年5月中央黨務學校在南京創設時報考錄取，翌年奉派於山東省黨部服務。1929年黨務學校改為中央政治學校大學部，故1930年申請返校進入財政系就讀，1933年以第一名成績畢業。自政校畢業後留校擔任助教3年，1936年由財政系及黨部推薦前往安徽地方銀行服務，陸續擔任安慶分行副理、經理，總行稽核、副總經理，時值抗戰軍興，隨同皖省政府輾轉於山區維持經濟、調劑金融。1945年因抗戰勝利在望，山東省主席何思源遊說之下回到故鄉任職，協助重建山東省銀行。

1945年底山東省銀行正式開業後，傳主擔任總經理主持行務；1947年又受國民黨中央黨部委派擔任黨營事業齊魯公司常務董事，可說深深參與戰後經濟接收與重建工作。這段期間傳主也通過高考會計師合格，並當選棲霞區國民大會代表。直到1949年7月因戰局逆轉，傳主隨政府遷台，定居於台北。1945至1950這

6 年間的日記深具歷史意義，詳細記載這一段經歷戰時淪陷區生活、戰後華北接收的諸般細節，乃至於國共內戰急轉直下的糾結與倉皇，可說是瞭解戰後初期復員工作、經濟活動以及政黨活動的極佳史料，已正式出版為《吳墉祥戰後日記》，為戰後經濟史研究一大福音。

1949 年來台後，除了初期短暫清算齊魯公司業務外，傳主以會計師執照維生。當時美援已進入台灣，1956 年起受聘為美國國際合作總署駐華安全分署之高級稽核，主要任務是負責美援項目的帳務查核，足跡遍及全台各地。1960 年代台灣經濟好轉，美援項目逐漸減少，至 1965 年美援結束，傳主改任職於中美合營之台達化學工業公司，擔任會計主任、財務長，直到 1976 年退休；國大代表的職務則保留至 1991 年退職。傳主長期服務於金融界，對銀行、會計及財務工作歷練豐富，這一點在《吳墉祥戰後日記》的價值中已充分顯露無遺。來台以後的《吳墉祥在台日記》，更是傳主親歷中華民國從美援中站穩腳步、再到出口擴張達成經濟奇蹟的各個階段，尤其遺留之詳實精采的日記，成為回顧戰台灣後經濟社會發展的寶貴文獻，其價值與意義，以下分別闡述之。

一

史料是瞭解歷史、探討過去的依據，故云「史料為史之組織細胞，史料不具或不確，則無復史之可言」（梁啟超，《中國歷史研究法》）。在晚近不斷推陳出新的史料類型中，日記無疑是備受歷史學家乃至社會各界重視的材料。相較於政府機關、公司團體所留下之日常文件檔案，日記恰好為個人在私領域中，日常生活留下的紀錄。固然有些日記內容側重公事、有些則抒發情懷，但就材料本身而言，仍然是一種私人立場的記述，不可貿然將之視為客觀史實。受到後現代主義的影響，日記成為研究者與傳主之間的鬥智遊戲。傳主寫下對事件的那一刻，必然帶有個人的想法立場，也帶有某些特別的目的，研究者必須能分辨這些立場與目的，從而探索傳主內心想法。也因此，日記史料之使用有良窳之別，需細細辯證。

那麼進一步說，該如何用使日記這類文獻呢？大致來說，良好的日記需要有三個條件，以發揮內在考證的作用：（1）日記之傳主應該有一定的社會代表性，且包含生平經歷，乃至行止足跡等應具體可供複驗。（2）日記須具備相當之時間跨度，足以呈現長時段的時空變化，且年月日之間的紀錄不宜經常跳躍脫漏。（3）日記本身的文字自然越詳細充實越理想，如此可以提供豐富素材，供來者進一步考辨比對。從上述三個條件來看，《吳墉祥在台日記》無疑是一部上佳的日記史料。

就代表社會性而言，傳主曾擔任省級銀行副總經理、總經理，又當選為國大代表；來台後先為執業會計師，復受聘在美援重要機構中服務，接著擔任大型企業財務長，無論學經歷、專業素養都具有相當代表性。藉由這部日記，我們可以在過去國家宏觀政策之外，以社會中層技術人員的視角，看到中美合作具體的執行情況，也能體會到這段時期的政治、經濟和社會變遷。

而在時間跨度方面，傳主自 1927 年投考中央黨務學校起，即有固定寫作日記的習慣，但因抗戰的緣故，早年日記已亡佚，現存日記自1945 年起，迄於 2000 年，時間跨度長達 55 年，僅 1954 年因蟲蛀損毀，其餘均無日間斷，其難能可貴不言可喻。即便 1945 年至 1976 年供職期間的日記，也長達 32 年，借助長時段的分析比對，我們可以對傳主的思想、心境、性格，乃至習慣等有所掌握，進而對日記中所紀錄的內容有更深層的掌握。

最重要的，是傳主每日的日記寫作極有條理，每則均加上「職務」、「師友」、「體質」「娛樂」、「家事」、「交際」、「游覽」等標題，每天日記或兩則或三則不等，顯示紀錄內容的多元。這些內容所反映的，不僅是公務上的專業會計師，更是時代變遷中的黨員、父親、國民。因此從日記的史料價值來看，《吳墉祥在台日記》能帶領我們，用豐富的角度重新體驗一遍戰後台灣的發展之路，也提供專業財經專家觀點以及可靠的事件觀察記錄，讓歷史研究者能細細品味 1951 年至 1976 年這 26 年間，種種宏觀與微觀的時代變遷。

二

戰後中華民國的各項成就中，最被世界所關注的，首推是 1980 年代前後台灣經濟奇蹟（Taiwan Economic Miracle）了。台灣經濟奇蹟的出現，有其政策與產業的背景，1950 年開始在美援協助下政府進行基礎建設與教育投資，配合進口替代政策發展國內產業。接著在1960 年代起，推動投資獎勵與出口擴張、設立加工出口區，開啟經濟起飛的年代。由於經濟好轉，1963 年起台灣已經累積出口外匯，開始逐步償還美援，在國際間被視為美援國家中的模範生，為少數能快速恢復經濟自主的案例。在這樣的時代背景中，美援與產業經營，成為分析台灣經濟奇蹟的關鍵。

《吳墉祥在台日記》中，傳主除了來台初期還擔任齊魯公司常務董事，負責清算業務外，直到 1956 年底多憑會計師執照維持生計，但業務並不多收入有限，反映此時台灣經濟仍未步上軌道，也顯示遷台初期社會物質匱乏的處境。1956 年下半，負責監督美援計畫執行的駐華安全分署招聘稽核人員，傳主獲得錄用，成為美方在台雇用的職員。從日記中可以看到，美援與中美合作並非圓滑順暢，1956 年 11 月 6 日有「中午王慕堂兄來訪，謂已聞悉安全分署對余之任用業已確定，以前在該署工作之中國人往往有不歡而散者，故須有最大之忍耐以與洋員相處云」，透露個該工作也不輕鬆，中美合作之間更有許多幽微之處值得再思考。

戰後初期美援在台灣的重大建設頗多，傳主任職期間往往要遠赴各地查帳，日記中記錄公務中所見美援支出項目的種種細節，這是過去探討此一課題時很少提到的。例如 1958 年 4 月前往中橫公路工程處查帳，30 日的日記中發現「出於意外者則另有輔導會轉來三萬餘元之新開支，係輔導會組織一農業資源複勘團，在撥款時以單據抵現由公路局列帳者，可謂驢頭不對馬嘴矣。除已經設法查詢此事有無公事之根據外，當先將其單據內容加以審核，發現內容凌亂，次序亦多顛倒，費時良久，始獲悉單據缺少一萬餘元，當交會計人員與該會再行核對」。中橫公路的經費由美援會提供公路局執行，並受美方監督。傳主任職的安全分署即為監督機構，從這次的查帳可以發現，對於執行單位來說，往往有經費互相挪用的便宜行事，甚至單據不清等問題，傳主查帳時一一指出這些問題乃為職責所在，亦能看到其一絲不苟的態度。1962 年 6 月 14 日傳主前往中華開發公司查帳時也注意到：「中華開發信託公司為一極特殊之構成，只有放款，並無存款，業務實為銀行，而又無銀行之名，以余見此情形，甚懷疑何以不能即由 AID（國際開發總署）及美援會等機構委託各銀行辦理，豈不省費省時？現開發公司待遇奇高，為全省之冠，開支浩大，何以必設此機構辦理放款，實難捉摸云」，顯然他也看到許多不合理之處，這些紀錄可提供未來探討美援運用、中美合作關係的更深一層面思考。

事實上，最值得討論的部分，是傳主在執行這些任務所表現出來的操守與堅持，以及這種道德精神。瞿宛文在《台灣戰後經濟發展的源起：後進發展的為何與如何》一書中強調，台灣經濟發展除了經濟層面的因素外，不能忽略經濟官僚的道德力量，特別是這些人經歷過大陸地區的失敗，故存在著迫切的內在動力，希望努力建設台灣以洗刷失敗的恥辱。這種精神不僅在高層官僚中存在，以傳主為代表的中層知識分子與專業人員，同樣存在著愛國思想、建設熱忱。這種愛國情懷不能單純以黨國視之，而是做為知識分子對近代以來國家認同發自內心的追求，這一點從日記中的許多事件細節的描述可以觀察到。

三

1951 年至 1965 年間，除了是台灣經濟由百廢待興轉向起飛的階段，也是政治社會上的重大轉折年代。政治上儘管處於戒嚴與動員戡亂時期，並未有太多自由，但許多知識分子仍然有自己的立場批評時政，特別是屬於私領域的日記，更是觀察這種態度的極佳媒介，從以下兩個小故事可以略窺一二。

1960 年頭一等的政治大事，是討論總統蔣中正是否能續任，還是應該交棒給時任副總統的陳誠？依照憲法規定，總統連選得連任一次，在蔣已於 1954 年連任一次的情況下，不少社會領袖呼籲應該放棄再度連任以建立憲政典範。然而國民大會先於 3 月 11 日通過臨時條款，無視憲法條文規定，同意在特殊情況下蔣得以第二度連任。因此到了 3 月 21 日正式投票當天，傳主在日記中寫下：

> 上午，到中山堂參加國民大會第三次會議第一次選舉大會，本日議程為選舉總統……蓋只圈選蔣總統一人，並無競選乃至陪選者，亦徒具純粹之形式而已。又昨晚接黨團幹事會通知，囑一致投票支持，此亦為不可思議之事……開出圈選蔣總統者 1481 票，另 28 票未圈，等於空白票，此皆為預料中之

結果，於是街頭鞭炮齊鳴，學生遊行於途，電台廣播特別節目，一切皆為預定之安排，雖甚隆重，而實則平淡也。

這段記述以當事人身分，重現了三連任的爭議。對於選舉總統一事也表現出許多知識分子的批評，認為徒具形式，特別是「雖甚隆重，而實則平淡也」可以品味出當時滑稽、無奈的複雜心情。

1959 年 8 月初，因颱風過境造成中南部豪雨成災，為二十世紀台灣最大規模的天災之一，日記中對此提到：「本月七日台中台南一帶暴雨成災，政府及人民已展開救災運動，因災情慘重，財產損失逾十億，死傷在二十五萬人左右（連殃及數在內），政府正做長期計畫，今日起禁屠八天，分署會計處同人發起募捐賑災，余照最高數捐二百元」。時隔一週後，傳主長女即將赴美國留學，需要繳交的保證金為 300 元，由此可知八七水災中認捐數額絕非小數。

日記的特點在於，多數時候它是傳主個人抒發內心情緒的平台，並非提供他人瀏覽的公開版，因此在日記中往往能寫下當事人心中真正想法。上述兩個小例子，顯示在政治上傳主充滿愛國情操，樂於發揮人溺己溺的精神援助他人；但他也對徒具形式的政治大戲興趣缺缺，甚至個人紀錄字裡行間均頗具批判意識。基於這樣的理解，我們對於《吳墉祥在台日記》，可以進行更豐富細緻的考察，一方面同情與理解傳主的心情；另方面在藉由他的眼光，觀察過去所發生的大小事件。

四

然而必須承認的是，願意與傳主鬥智鬥力，投入時間心力的歷史研究者，並非日記最大的讀者群體。對日記感興趣者，更多是作家、編劇、文人乃至一般社會大眾，透過日記的閱讀，體驗另一個人的生命經歷，不僅開拓視野，也豐富我們的情感。確實，《吳墉祥在台日記》不單單是一位會計師、財金專家的工作紀錄簿而已，更是一位丈夫、六名子女的父親、奉公守法的好公民，以及一個「且認他鄉作故鄉」（陳寅恪詩〈憶故居〉）的旅人。藉由閱讀這份日記，令人感受到的是內斂情感、自我紀律，以及愛國熱情，這是屬於那個時代的回憶。

歷史的意義在於，唯有藉由認識過去，我們才得以了解現在；了解現在，才能預測未來。在諸多認識過去的方法中，能承載傳主一生精神、豐富閱歷與跌宕人生旅程的日記，是進入門檻較低而閱讀趣味極高的絕佳媒介。《吳墉祥在台日記》可以是歷史學者重新思考戰後台灣經濟發展、政治社會變遷不同面向的史料，也是能啟發小說家、劇作家們編寫創作的素材。總而言之，對閱讀歷史的熱情，並不局限於象牙塔、更非專屬於少數人，近年來大量出版的各類日記，只要願意嘗試接觸，它們將提供讀者無數關於過去的細節與經驗，足供做為將我們推向未來的原動力。

編輯凡例

一、吳墉祥日記現存自1945 年至 2000 年，本次出版為 1951 年以後。

二、古字、罕用字、簡字、通同字，在不影響文意下，改以現行字標示。

三、難以辨識字體，以■表示。

四、部分內容涉及家屬隱私，略予刪節，恕不一一標注。

日記原稿選錄

一九五一年小引

民國三十九年已逝不復回，追溯此一年間，乃世局變動最劇之年，自余從居孤島，亦已一年有半，自春間之驚濤駭浪，一似朝夕不保，至夏間國際局勢急轉，至少短期內有磐石之安，乃世人所以預見，而余則躬逢之，實不可以不記，日後在此太不平凡之歲月中，再追溯一年來自身之生涯，又不免太過平凡，自我檢討，有不能不痛自鞭策者在。

第一為鬆懈與因循之習性不能改革。去年起執行會計師業務，厥歲之功，何嘗不一再堅定決心，致力於斯業之開展，上半年或停業，猶由於大局之惡化，下半年局勢大定，於業務，出於被方就商者多，出於自動爭取者少，自屬無可諱言，即就收入而言，不過聊事補苴，決不能據此謀數口之家於溫飽也，所以如此，實由於惰性之不能除，淺嘗因循，未有不貽誤者也。

第二為學問與修養之絕無寸進。一年來生活情態，陷於紛亂，浪費，得過且過，每日除勉強看報而外，即富有專門性之期刊，似亦無暇涉獵，至其新書，更不論矣，

自由日記　月　日

自由日記　　月　　日

蓋終日時間消磨於家居者太多，諸無所事事，但亦難有半小時之清閑時間，於是閱讀限於報章，而寫作惟有日記，其他學術紙無從學也。

第三為志趣與見識之日就消沉與淺薄。大凡學養不醇，輒不免日趨於流俗。回憶廿年前，修讀國是，志可凌雲，十餘年來由國家民族之存亡關頭中洗滌而成之今日之定型，由於僑旅日富而志氣日衰，有時甚至用心於生計之籌措，是此限度即覺無路之憂，難無進取之念，中年人有此病症，危險孰甚？

以上三點，有一於此，已足愧怍，而無一不備，可不猛省乎？世局險急，孤島將有一時之變，在未來一年中，切須鼓舞精神，鍛鍊學養，更須珍惜此有用之生命，不惑不懼，愛惜時光，向人生之大道邁進！

一月三日作。

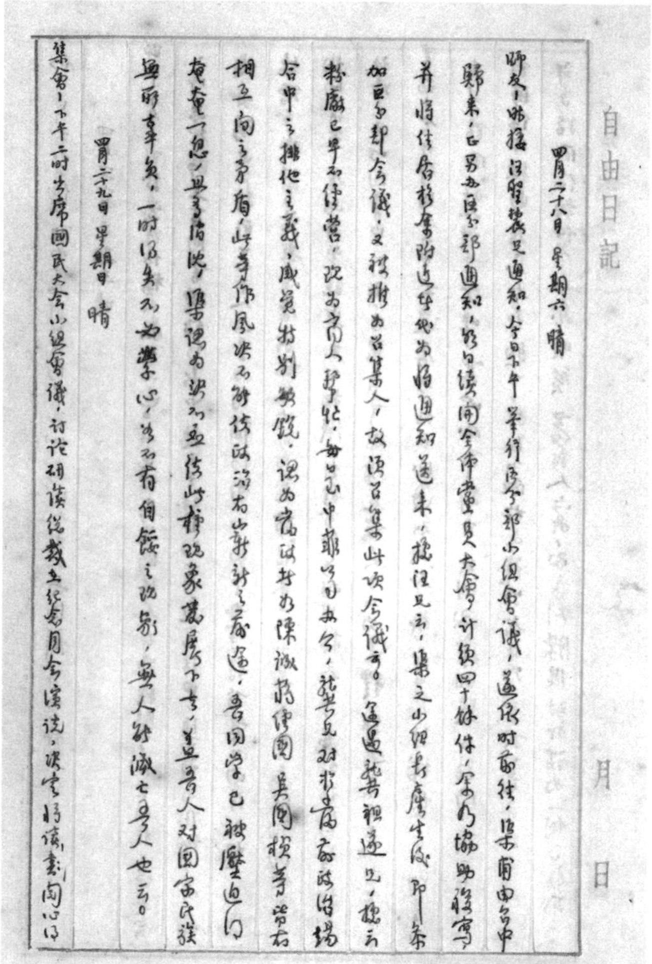

自由日記　月　日

四月二十八日　星期六　晴

師友。昨接汪聖農兄通知，今日下午举行该部小组會议，遂依时前往，渠甫由台中歸來，已另函區分部通知，將日後開全体黨員大會，討論四十餘件，余乃協助發寫并將住居移集附近，惟他為將通知送來，據汪兄云，渠之小組長屬先設，即一条加五分部會議，又被推為召集人，故須召集此次會議者。遂過龍吾祖遂兄，據云糖廠已早不經營，改為商人承租，每日已中報收支，龍吾兄對於商家政治場合中之排他主義，感覺特別敏銳，認為當政者於陳誠、蔣經國、吳國楨等常有相互間之矛盾，此等作風決不能使政治有新新之発達，吾國学已被壓迫的痛苦一息，無可清洗，誤認為決不至使此種現象蔓展下去，並吾人對國家民族無所責負，一時很失不如学心，此不有自餒之現象，無人能識亡吾人也云。

四月二十九日　星期日　晴

集會。下午二時出席國民大会小組會議，討論研讀總裁五紀念周会演說，决定將该講詞心得

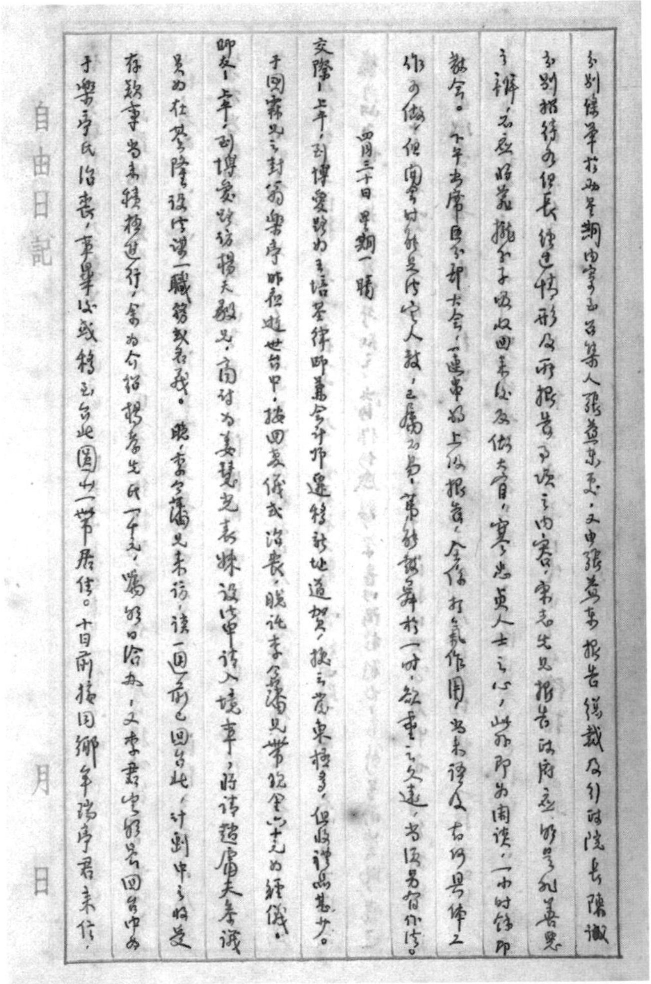

分別係華於兩星期內寫出各節人張道藩先生，又由張道藩報告總裁及行政院長陳誠分別招待各組長，詳述情形及所報告之內容，雷震先生報告政府應如何善思之辦，不應將黨機關予以收回來，及做大官，寒了忠貞人士之心，此點即為關鍵，一小時餘即散會。下午出席國民部大會，[illegible]上級報告，全係打氣作用，尚未談及如何具體工作之佈，但同時可以看出其人數，已屬不易，第能[illegible]於一時，欲垂之久遠，尚須另作努力。

四月三十日 星期一 晴

交際：上午，到博愛路為王培基律師兼會計師遷移新址道賀，據云業東様多，但收費尚甚少。于國霖兄之封翁樂亭師在遊世甲，接回其儀式治喪，晚訪李公藩兄，帶託全六十元為贈儀。

師友：上午，到博愛路訪楊天毅兄，商討為姜慧光表妹設法申請入境事，將請趙康夫參議兄為在基隆設法謀一職務以名義。晚，李公藩兄來訪，談一週前已回台北，計劃中之[illegible]存款事尚未積極進行，余為介紹楊秀先兄一千元，[illegible]明日治喪，又李君要將其回首中為于樂亭氏治喪，事畢以或轉至台北圓山一帶居住。十日前接同鄉牟瑞亭君來信，

自由日記 月 日

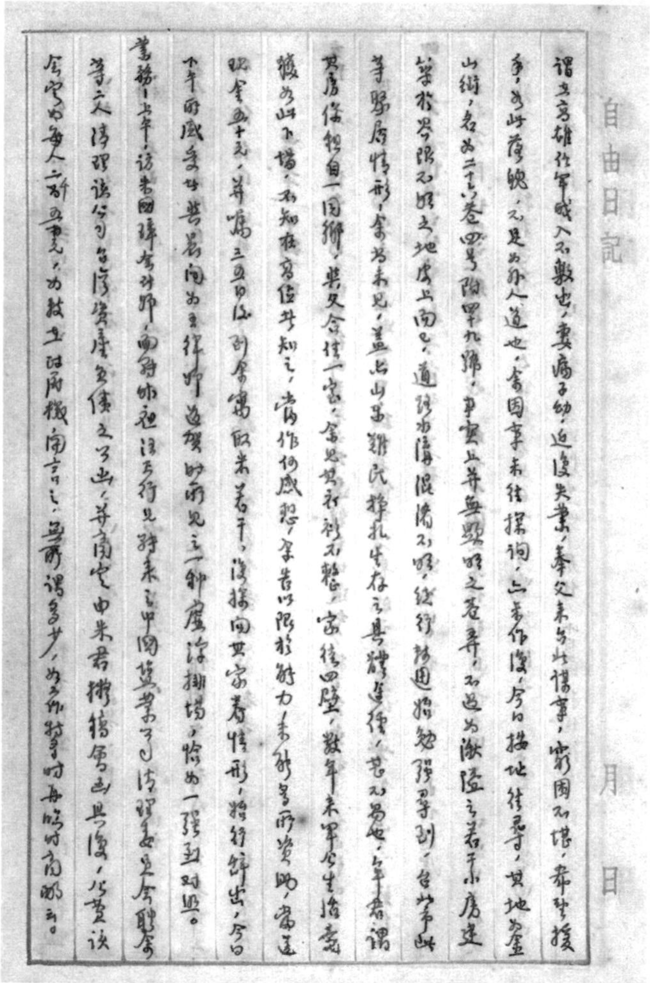
自由日記
月
日
謂在高雄從軍戰入不敷出，妻病子幼，近復失業，奉父來台北謀事，窮困不堪，希望援
手，如此薄餽，不足為外人道也。余因事未往探詢，今日作復，今日按址往尋，其地為臺
山街，名為二十六巷四號附第九號，事實上並無顯明之巷弄，不過為傾陸之若干小房建
築於界限不明之地帶上而已，道路如蒲泥濘不明，從行路週積勉強尋到，台北市此
等聚居情形，余尚未見，蓋亦山區難民掙扎生存之集體違建，甚不易也，年前君謂
其房係租自一同鄉，其又分住一室，余見其衣衫不整，室徒四壁，數年來軍人生活竟
狼狽如此不堪，不知在高位者知之，當作何感想，余告以限於能力未能多所資助，當送
現金五十元，並囑三五日後到余處取米若干，復接詢其家眷情形，稍行辭出，今日
下午所感受者甚為向為主任所道賀時所見之一部屋浮掛場，恰如一強烈對照。
業務：上午，訪吉國璋會計師，面請其姊租住，續行見詩來之中國通業公司清理事，及余聯余
等二人清理該公司自保資產負債之可出，並商定由朱君撰稿寫出其復，以資談
定，余定每人二斤五重元，如技上附屬機關言之，無所謂多少，如公務時每時商聯者。

目 錄

1951年（43歲）

1951年小引

民國三十九年已逝不復回，追溯此一年間，乃世局變動最劇之年，自余徙居孤島，亦已一年有半，自春間之驚濤駭浪，一似朝夕不保，至夏間國際局勢急轉，至少短期內有磐石之安，乃無人可以預見，而余則躬逢之，實不可以不記。然在此太不平凡之歲月中，再追溯一年來自身之生涯，又不免太過平凡，自我檢討，有不能不痛自鞭策者在。

第一為鬆懈與因循之習性不能變革。去年起執行會計師業務，獻歲之初，何嘗不一再堅定決心，致力於斯業之開展，上半年成績毫無，殆由於大局之惡化，下半年局勢大定，然所營業務，出於彼方就教者多，出於自動爭取者少，自屬無可諱言，即就收入而言，不過聊事補苴，決不能賴此濟數口之家於溫飽也，所以如此，實由於惰性之不能除，洩沓因循，未有不坐誤者也。

第二為學問與修養之絕無寸進。一年來生活情態，陷於紛亂，浪費，得過且過，每日除勉強看報而外，雖略有專門性之期刊，似亦無暇涉獵，巨著新書更不論矣，蓋終日時間消磨於家居者太多，雖每日無所事事，但亦難有半小時之清閒時間，於是閱讀限於報章，而寫作唯有日記，其他無片紙與隻字也。

第三為志趣與見識之日就消沈與淺薄。大凡學養不醇，輒不免日趨於流俗。回憶廿年前侈談國是，志可凌雲，十餘年來由國家民族之存亡關頭中沈澱而成之今日之定型，由於經驗日富而志氣日衰，有時甚至用心於生計之籌措，過此限度即覺興致毫無，難興進取之念，中年人有此病症，危險孰甚？

以上三者，有一於此，已足愧怍，而無一不備，可不猛省乎？世局雖急，孤島尚有一時之安，在未來一年中，切須鼓舞精神，鍛鍊學養，更須珍惜此有用之生命，不惑不懼，愛惜時光，向人生之大道邁進！

一月三日作

1月1日　星期一　晴

師友

上午，來訪者有蔡繼善、李德民兩君，蔡君談齊魯公司事，年終已奉中央第七組派鍾挺秀君為會計主任，鍾君本任教育部專門委員，乃政校高等科第五期同學，由於立法院長劉健羣之介紹，經第七組派現職，事先內定已久，而公司負責人姚大海氏則並不知情，又據蔡君云，董事會已改組之說，中央認為須減縮名額，並有謂姚董事長將調至新合併成立之裕台公司任董事長，但何人繼任，則無所知云，又謂會計處副處長姚士茂降調至興台鋸木廠為會計員，其本人是否往就，尚無所聞云。李君仍談其往朱國璋會計師事務所任助理人員事，謂迄今未能作最後決定，為免生活發生波動，仍傾向於在兵工廠任原職云。下午，到杭州南路一段七十一巷訪姚大海董事長，不遇，與其新夫人閒談互道寒暄後即辭出。到新生南路一段訪李協理世澂，不遇，留片。到羅斯福路二段訪夏忠羣兄，不遇，留片。今日外出，因新年路上行人特多，車輛擁擠，公共汽車則班次大減，等候圓路車一小時後始改步行，浪費之時間殊為可觀焉。

1月2日　星期二　雨

業務

上午，農林公司水產分公司會計主任李秉超君函介其同事高東興君來訪，謂將協助辦理余所承接之公產管理處清算案，此事半年前劉階平兄曾為余言之，後李君又特來談過，兩月前余又往訪李君，但高君久久不至，會公產管理處對委託清算案件急欲結束，余認為設無行政力量根本即不能辦，且辦結後能得若干公費尚不可知，故該處派人來取帳時余即交其帶回，高君云渠已忖度此時恐已不及云，又談渠代劉階平兄共辦三案，只有一案資產數量尚大，得公費千八百元，其餘一案只三百元，一案負債不抵資產，只得公費一百八十元，原謂每案最低公費五百元，後又該處自食其言，故只得此數云。

1月3日　星期三　雨

師友

晚，逄化文兄來訪，閒談所見所聞，據云山東人趙杰清君與人錢財往來多不信實，其最令人指摘者在李延年氏被扣審訊期中向李太太借得黃金卅兩，李家後因需款向其索償，渠因李氏身陷囹圄，竟乘人之危，矢口否認其事，經李蔭堂率■手往索，趙見勢不可敵，遂不敢堅持，結果始以房產相抵，此人行徑往往如此，凡同鄉談起，皆不直所為云。

看書

讀台灣大學印贈之傅斯年校長最後論著，計共三篇，一為中國學校制度批評，二為台灣大學學術研究，三為台灣大學選課制度之商榷，二、三篇為該校現制之討論，篇幅較短，第一篇計四十頁，可稱力作，氏由清末興學以至今日數十年教育制度之毫無成就說起，對今日學制之完全採階梯式與準備式，結果科舉之形式雖廢，而科舉之精神反更切實保留，均痛切言之，且更提出積極建立新制之意見，使每一種類之學校均有其本身之獨立之地位，此點洞中時弊，得未曾有，最後又論制度改革不可不有新風氣，如在大陸時之「一切皆是官樣文章，重視自己的利害，交朋友為的是聯絡，弄組織為的是盤踞，居其位則便於享受支配，弄到和人民脫節。辦事消極的以能對付下去為主義，積極的以飛黃騰達為主義，吃苦得罪人已經不肯，犧牲更少了，假如這樣風氣不徹底改變，則孟子有云：『由今之道，無變今之俗，雖與之天下，不能一朝居也。』此是教育改革乃至一切改革之前提。」傅氏所論，真有鞭辟入裡之概。

1月4日　星期四　雨

師友

晚，隋玠夫兄來訪，持贈合作金庫所印新年月曆一份，並閒談，據云黃海水產公司糾紛未已，渠聞之警察局主任秘書並任黃海部方新董事之許漢三君云，裴鳴宇議長有意出任該公司董事長，以資控制，但裘氏現尚非該公司董事，設非召開股東大會，此問題似無解決之途徑，又談合作金庫業務，有一極有利而特殊之業務，即全省印花稅票歸該庫經售，凡轉託者亦皆由該庫為之，現在因未努力做去，故直接出售收現者尚少云。

1月5日　星期五　晴

師友

下午，到南昌路訪周傳聖兄，閒談業務，據云渠所辦會計師業務仍以公產管理處為主，但該處對會計師清算案件多方刁難，收入又少，自承辦以來至今尚有數千元未曾收到，又談吳崇泉兄所接該處清算案台灣拓植會社規模最大，但據云公產處不肯照一般規定按財產額算給公費，而另有合約，內容為六個月辦完，每月最大開支為五千元，其本人則限領五百元，其餘實報實銷，據云吳兄為此事用人十餘，確需若干開支，至如何造報，則尚未知，又談渠已向公會常務理事會辭去總幹事之職，原因為[redacted]不易推動，周兄對劉廷芳特別不快，謂其對公會負責人百般指摘，其本人經手事不明不白，反強詞奪理，殊為可哂，又謂劉兄自稱經辦分支公司改設總機構登記十餘單位，每單位只收費三百元，此與其對余所談者又不相同，此外渠曾以公會名義呈請建設廳轉經濟部省略驗資手續，但尚未奉指復云。到館前路訪于希禹兄，閒談齊魯公司王林渡欠款等案及黃海公司事，據云黃海董事會流會兩次，最近即將再行召集，諒不致再度流會，會後將請余再往將六月以後之帳目加以審查云。訪呂明誠兄，不遇。

職務

上午，齊魯公司科長張炳炎君來請介紹知石綿瓦者，將請偕往新竹驗接公司以前所買之瓦，余為備函介紹大東工業公司于普天、王淑聖兩經理，請予協助。

參觀

到博物館參觀國軍部隊克難成果展覽會，其中最重要部分為器材之修理或廢品更新或代用品之製造，確能節約若干物資與費用，又有若干展覽為文化印刷等類非屬於純粹技術性者，則為廣義之克難，嚴格言之，則屬固有，非新的貢獻也。

1月6日　星期六　晴

師友

上午，到經濟部訪劉桂兄不遇，與張景文兄閒談，涉及黃海水產公司事，認為該公司之董監會狀態十分不正常，將來問題正多，又渠曾在監察人會立場對余之查帳報告提出之黃金兌換帳應轉作財務費用者萬餘元，曾通知公司負責人鄭旭東繳回，但據答認為該款不應繳回，詢余意見如何，余謂該款係兌換科目內夾雜之其他損益，只有轉帳問題而無現金賠償問題，至於黃金進出果有不實不盡之事實，亦多在於其帳列市價與當日實際市價之差別，但此數頗有伸縮，不能確定究為若干，故余不作論斷也云，又經張兄介紹訪商業司羅君詢淪陷區分支機構改為台灣總機構之公司登記辦理情形，據云遵辦者甚少，大致均有困難，惟辦法已有變通，且展期一個月，或見踴躍。

瑣記

連日因年終之台灣銀行對外匯緊縮供應辦法公布後，外來物價趨漲，故亟需準備必需品，今日上午在物調會門市部買官字麵粉一袋，限此數量，聞每日只賣一百五十袋，頃刻即罄，又勒吐精奶粉二磅半裝者已漲至每聽四十四元，昨日以四十元買到一桶，今日又遍訪各店，結果買澳洲貨十二磅一大桶，貨與小桶者相同，而價則低廉許多。

娛樂

下午，到皇后戲院看電影，哥倫比亞公司出品，「胭脂虎」Love of Carmen，主演者為 Rita Hayworth，全部五彩，寫一吉普賽女卡門之一生經過，無往而不是禍水，演技尚佳。

1月7日　星期日　晴

師友

下午，到羅斯福路二段訪石中峯君，補賀其元旦新婚。訪鄭洛非兄，不遇。訪李青選參事於龍泉街張子奇委員寓所，張氏在物調會參與其事，經託其代為金永恕君保持或調動工作。到浦城街參加同學茶會，王保身兄報告林蔭松同學在海南死難經過，賴興儒兄報告去年份辦理匪諜統計及近來不隨便公布消息原因，馬星野報告國際大勢，方青儒報告參加革命實踐研究院一個月之生活報告與所檢討之國際前途與台灣形勢，並作種種可能之揣測與準備，謝澄宇報告台灣縣市長選舉之控制問題，劉桂報告內政部勞工司長出缺可薦人等等，計自下午三時開始，至六時半始結束，尤以方兄報告草山方面對國際局勢之準備至為詳盡可靠。

職務

晚，新任齊魯公司會計主任鍾挺秀同學來訪，徵詢關於重估資產與對會計工作之意見。

1月8日　星期一　晴

業務

昨接山東漁農基金會主委孫伯棠來函請於今晨到第四信用合作社查核該會帳目，余於今晨前往，據孫主委云，最近因山東在台物資問題，卜文瑛、曲翰丞等五、六人控告秦德純、裴鳴宇、許先登、宋延平及孫伯棠等，所涉及者有物資保管處理委員會與漁農基金保管委員會兩部分資金問題，後者部分由孫主委主管，會計由馬德夫君掌理，馬君只懂中式帳，雖記載詳明無誤，但因未立科目，且不合一般準則，經於一兩月前約有相當經驗之簿記人員代為整理，但科目由於臆定，過帳後所結之數多不能合乎事實，而此等人亦均離去，現在已無法再延，故請余指示原則，從事整理抄寫，余即與馬君將過去情形詳加研討，並就已經抄寫之分錄帳加以審核，將科目有誤者予以改正，記載方法不妥者予以調整，面告孫主委所託之四信用合作社職員蘇君根據整理抄寫，至於所用科目，大體因仍其舊，只有一二略加變動，以符實際，同時在總帳上之應有次序亦予以排列，以備造表之用，又此科目有兩套，一套為表示全部財務狀況者係以貨幣為本位，一套為表示棉紗借貸進出者，係以貨量為本位，二者之間有相連貫之處，其情形有如銀行之多單位法兌換帳焉，余此次為之整理帳目只在技術上著眼，管帳人馬德夫君再三聲明帳內所載完全與事實相符，就此點論尚屬不易也。晚，與吳崇泉、劉廷芳、周傳聖、林有壬在富伯平事務所談公會當前若干問題，一為經費收不敷支，現在房租一百五十元，薪給二百四十元，而所收常費不過五、六百元，尚有不能收到者，幾乎事業費完全無著，開源不易，預備著眼節流，將進行借用無代價之房屋，只對於人事上採用兼任職員之辦法，則開支可以減半，此事討論時間最長，因各人事務所或不適合或不自願，皆不能利用，乃決定向外方借用，又討論各會計師因公產管理處違約將委託辦理清算案收回者極多，今後亦不復有委辦之事，擬向該處交涉賠償損失，經決定仍推以前所推定之富伯平、廖兆駿二會員前往，又推吳崇泉與劉廷芳二人到建設廳交涉能否借用房屋，此外對一般業務普遍交換意見，十時散。

師友

到大東公司訪王淑聖經理，談齊魯公司石綿瓦事，並訪于普天經理，不遇。

1月9日　星期二　晴

師友

上午，楊孝先氏來訪，謂旬前曾來訪未遇，其時係將手存美鈔一百五十元售出，擬改為存款，當時美鈔價只十二元餘，現在則漲至近十五元，大為吃虧，惟重新買回已不相算，故仍託余存款，同時預料金價不至再漲，故將手存售出二兩，一併亦作為存款，均託余代辦，余即於下午往訪，將現款及金塊取來交第四建築信用合作社李公藩兄代為處理，憑證明日可以交來。上午，呂明誠兄來訪，余與談齊魯公司石綿瓦檢驗事，呂兄認為事實上不能每張檢驗，故大東不能派人，諒亦係此項困難所致，又台灣所謂石綿瓦與西康者不同，西康石綿有纖維，此地則無之，其纖維乃龍舌藍，作法不同，故不能等量齊觀，最好之辦法為即在此出售，在廠交貨，由買方與售貨之廠直接解決也。余又託呂代為介紹辦理分公司改組總機構登記事務，渠允量力為之。訪廖毅宏兄，不遇。于國霖兄曾允贈香蕉籽兩聽，前次來時為人取去，今日託人由台中帶來。

職務

下午，到中央改造委員會第七組訪陳副主任漢平，因余為齊魯公司常董，自第七組成立後並無謀面機會，長久如此，殊為不宜，遂於今日往訪，略談公司近情，渠對去年查畢、黎等舞弊一事表示讚揚，又訪郭主任澄，未遇，託代達一切。

業務

下午，到會計師公會更改通訊地點，因以前寄至衡陽路卅六號之件皆未收到也。下午，到第四建築信用合作社繼續料理漁農基金會帳目，指導謄清，已成兩個月的。途遇李洪嶽律師，謂有業務介紹，即約晚間至其寓所，至時往訪，據云係其最近代理訴訟之當事人新中央橡膠廠經理與其中股東兼董事之一因債務興訟，此董事欠公司款項甚多，已超出其股份之數，而對公司百方搗亂，此訟案正在審理，日內即將判決，大致可以無何問題，該公司經理因遭受此次事件，擬對其帳務有所查察與整頓，託李律師代為介紹會計師，李律師認為必須人品學問均孚人望者始可擔任，其合作之姬奠川會計師因瑣碎事務太多，對於太麻煩之事項亦不願插手，故詢余可否承當其事，余允予承辦，當約定明日由彼與該廠接洽，約定時間余到廠接洽，至於著手時間當在下星期，因本星期余在信用合作社查帳也。

1月10日　星期三　晴有陣雨

師友

上午，楊孝先氏來訪，因其日昨託余代辦之件或已辦就，為免余往送而或不在家，故來面取，余因亦未接到，故約定今日下午五時餘由余送往，下午余到第四信用合作社時，李公藩兄告余，日昨之金塊兩塊皆為香港所鑄，銀樓必須下價，按今日金價又漲，九八五成色者銀樓收進已至六百九十元，但對此貨只出六百三十元，故不敢擅辦，余即告以隨市出售無妨，計賣得一千二百六十元，整數存入第四合作社，余於下午將存單尾款送楊氏收。

1月11日　星期四　雨

師友

午前，呂明誠兄來訪，渠日昨本將余所開內地在台分公司名單帶回詳閱，余託其將所熟悉者予以介紹，余將往代為辦理登記，此項登記手續現已可略為節省，不必需淪陷區外之股東全部開具名單也，今日呂兄將其所知及可以轉託他人介紹者向余一一指明，經即另紙開出，約定改日往與其所熟悉者直接訪問，至於需轉託他人問詢者則只彼一人往與聯繫，此項接洽不必限於辦理登記，即如將來一般業務之聯繫亦無不可也。

1月12日　星期五　雨

業務

日昨余正不在寓時，漁農基金會主委孫伯棠來字謂因要事請到第四建築信用合作社一談，余歸時已五時，乃於今晨前往，知係法院檢察處昨來傳票，傳孫及宋延平總幹事開偵察庭，傳票上註明須隨帶基金會及有關機關商號帳冊，故臨時商量整理帳簿，趕速完成，但因余未到，故即將就原有中式帳重抄一份，以備法庭將帳索去時有可以查考者，今日周旋冠律師亦在座，頗以為應以原有中式帳呈庭，因該帳馬德夫會計比較熟悉也，余認為此亦可行，改作西式帳並非余所主張，余乃就其所記西式帳指出錯誤加以改正者，又該會存款銀行有第四信用合作社，周律師云此款係存入暗帳者，應注意無從對照之漏洞，研究結果請該社前負責人開具結單以作證明，又關於棉紗進出帳未用余所定之科目亦重抄一遍，余為省時起見，僅略加審核，並指示作成資產負債表一份，即亦將就不再重抄矣。

師友

下午訪呂明誠兄，告以明日下午齊魯開會，所約下午往訪之時間改至下星期一。

1月13日 星期六 雨

業務

上午，續到第四信用合作社指導漁農基金會會計馬德夫等整理帳目，今日工作為將所存單據與日記帳核對，數字均屬相符，略有缺欠單據之小數開支，又有次序排列錯誤或發票要件不完全者，均囑其照改，其中開支有浪費者但尚未見有何假造之單據，故此項帳冊確能代表其事實真相，至於措施是否合理則為另一問題，今日又將數日來所整理之新式帳抄錄情形加以核閱，現在正趕過總分類帳中。

職務

下午到齊魯公司出席常務董事會，報告事項為橡膠廠工程進行狀況，大致月底可以竣工，而流動資金尚無法籌措，故下月間之頭寸上的難關殆甚難度過也，討論事項有會計月份報告、職員給與規則、公產是否買進等案，月份報告併決算、給與規則公司詳擬後再提會，公產房屋暫時不買，最後又談及職員加班費辦法，照所提條文通過，但為主管人是否照支一點頗費研究，因在理論上主管人亦無不准照支之理，而事實上則無此等機關，倘不明白規定，頗有職員而有主管身分者支與不支而感困難，經討論決定按其情形由董事長按期特致特別費，在討論此問題時，劉文島常駐監察人又提及關於去年查案數月之數董事、監察人公司不能不給酬勞，在劉氏提起此事，已經達四、五次之多，而直至今日為止，姚大海董事長仍木然有若未聞，同時公司同人對於今日所議決之辦法姚氏能否照辦亦深致疑問，因渠之作風均已洞悉也。

師友

晚，楊天毅兄來訪，閒談，並告其印刷廠因今年統一發票關係不能不辦登記，現已辦妥，但帳目須相符，向余查詢去年經營一年之帳務應如何整理，余略告以原則。

1月14日　星期日　雨

選舉

下午，到南昌路投票所選舉台北市長，競選中得各方支持最多者為前任市長吳三連，而各方直接間接向余作此活動者，亦以吳為最甚，余投吳票，按競選人最後共為七人云。

師友

下午到南昌路訪徐嘉禾君，因渠於一月前幼兒被瘋犬咬傷致命，久久未往致慰，今日特往一行，徐君刻在內政部及蒙藏委員會服務，據云各部全因防空關係又將向郊外疏散，即行政院本身亦將外遷，故內政部房屋又有將讓於行政院之說，可謂一遷再遷矣。

1 月 15 日　星期一　雨

師友

下午，踐約到南陽街訪呂明誠兄，不遇，余前日留字本謂渠若有事外出，但去不妨，並請將準備見面之時間留字說明，余今日晤其女，似並無留言，只謂今日整日未能回寓云。

業務

下午，到第四信用合作社續為山東漁農基金會指導整理帳目，今日見所製新式帳已經總帳過完，並製成年底之資產負債表與損益表，所餘工作為日記帳內單據號數未有註明，有幾個科目有補助帳者，應另行登帳並造成明細表，又所製資產負債表與損益表有一混合科目即購貨與銷貨未加分析，即照餘額列入表內，其中包括損益，如不分析即不足以表示精確之資負損益數，今日本將查明予以調整，因管舊帳人其時未來社工作，購銷數量不明，只好待明日辦矣。

記異

今日接姜慧光表妹來信，謂余九日去信疑係被竊另換信紙，信內附有其所接之信，細審閱之，知係詐財者所為，該信首段抄余原信，並因另有致振祥信，亦被取去，而揣摩情形另加一段，謂在此為姜幫忙辦入境證者在港託墊五百元，但牛頭不對馬嘴，慧光生疑，始來函對證，余即回信否認，並詢其接信情形，藉以判斷係在台抑在港被刦，此等事大約在港之成分較多，該地奸詐百出，地方亦無秩序，故不畏也。

1月16日　星期二　雨

業務

今日繼續到合作社指導山東漁農基金會整理帳目，著重兩點，一為資產科目列有購紗餘額，負債科目列有賣紗餘額，此二者照理應求出成本，以盈虧轉入損益內，但因詳細分析太費時間，且亦非該會帳目所需要，故即照列資產負債表，未予分析，二為在余整理以前，曾有數人根據舊式收支帳作成科目分錄，在整理之初余假定其無何問題，現在新帳已完全記清，始發現與舊帳不能對照，乃進而核對，又發現若干分錄所用科目竟與事實不符，大都屬於利息收入應作為欠戶加欠者，自與收現者不同，此中頗有出入，已大致改正之。

參觀

參觀趙澄個人攝影展覽，凡作品一百五十幅，取景配光，均極難能可貴，以人物照為最佳，如「活潑」、「玉立」、「問字」、「簾影」、「母與女」、「人體習作」等是，風景照亦多佳選，如「玉樹交枝柯」、「莊嚴」、「山雨村婦」、「田田」、「竹」、「鄰舍秋風桔柚黃」等皆是刻意之作。

1月17日　星期三　晴曇

業務

上午訪周傳聖兄閒談，並取來公會託轉之會計師顧問證書五十張。上午，訪呂明誠兄洽談推廣分公司變更登記業務並同往揚子木材公司訪其貿易部胡經理，知該公司已經辦過。上午，訪李律師洪嶽，洽談新中央橡膠廠委託查帳事，當以電話約定明日上午到廠接洽。下午，到第四信用合作社指導山東漁農基金會整理帳目，由於以前分錄科目之誤，致影響各科目之餘額不能與事實相符者，又發現數處，經即一一剔出囑繕帳人加以改正，今日已將舊帳新帳之相關事項核對明白，將根據此項確定數重製決算表。

參觀

晚，到中山堂參觀教育部舉辦之體育表演會，凡有節目十七，演出者為省立台北師範及附小、女師及附小、省立一女中、二女中、市女中、國語實驗小學，節目幾乎無一不見精彩，尤以女師附小之「園裡花開」，幼兒舞蹈隊形變化繁雜而井然不亂，殊屬不易，師範學校之雙槓單槓、跳箱、疊羅漢，均技巧純熟，女師之燈舞，純採中國情調，別具一格，二女中之青春舞，純粹西洋舞技，市立女中之採茶舞具有本地風味，均尤佳。

1月18日　星期四　晴

業務

上午，到三重埔新中央橡膠廠訪阮經理並張會計主任接洽查帳事，據云該廠在卅七年冬開工，首一年間會計甚為零亂，卅九年始用估計成本制度，比較有規矩可循，最近因與另一股東涉訟，深覺帳務重要，擬聘余為顧問，並請查核此兩年間之帳務，當即洽定自後日開始，今日余已將委託書空白交其照填，又請將職員工作分配表填送，其所用會計制度及決算又公司章程余今日先行調來，明日先大略閱覽焉。

娛樂

下午，到國際看電影，片為歌倫比亞出品「芙蓉妃子」，原名為Girl of the Year，譯名其實不倫，主演者鐘歌妃（Joan Gaulfield），題材甚低級，無非穿插若干故事，在表現主角之健美，最後為月份牌十二美人之舞蹈，別開生面，在攝製技術上可謂精美之至。

參觀

下午，到中山堂參觀「陶壽伯金石書畫展」，出品以畫梅為最多，字則不過數幅，金石有印存百餘，余觀其全部作品均失之乾枯，但亦即其特色，篆刻以鐘鼎見長，書法臨散盤，臨禮器碑均尚有可取，而行書則神情最不易寓目，亦怪事也。

1月19日　星期五　晴

師友

上午，依前日之約訪楊孝先氏，楊氏有現金及存款二千餘元，鑑於金鈔之價日漲，無由保值，詢余以如何辦理，余以為近日美鈔之價不漲，似可買進，經同往第四信用合作社訪李公藩兄，託其代為購買美鈔一百四十餘元，係由來往銀樓照代台灣銀行拋出之價買進，比馬路交易略上算。

登記

到杭州南路黨員登記站申請發給新黨證，手續甚簡，填表一張，立即填發（因憑改造委員會通知歸隊公函，亦未再查黨籍），號數為組登一九八〇七號，即憑以到古亭區公所所設市黨部登記站報到，編入區分部，係市屬第十三區黨部十一區分部。

業務

續到第四信用合作社指導漁農基金會整理帳目，經辦人已將新式帳總帳、補助帳及正附各表製成，今日大略核閱，無何問題，但日記帳內附記之單據號數皆係開支方面，今日並指導將購銷及其他資負性之憑證另加整理保存，並在日記帳另加編號。此項新式帳與舊帳內容完全相同，只排列次序略異，故該會將向法院聲明任調何帳均可。

1 月 20 日　星期六　晴

業務

今日開始往三重埔新中央橡膠工業公司查帳，包括範圍自該公司三十七年十月一日開始籌備之日起，至卅九年年底止，此兩年餘之帳項經過兩任會計主任，第一任時無會計制度，第二任即現任云有一會計制度，余核閱大體尚屬穩妥，惟不知具體帳項內容為如何耳，今日開始查閱籌備時期之傳票帳簿，傳票雖按日記帳之順序保存，而全未裝訂，大部分亦全未蓋章，原始憑證缺漏更多，一部分以出納所具便條為之，其中在上海購料多由新華橡膠廠代辦，既無單據，亦無新華帳單，而為數特大，今日已核至卅七年十二月底。

1 月 21 日　星期日　陰

業務

上午到第四信用合作社指導山東漁農基金會整理帳

目，今日為將各項開支以外之單據加以整理交余複核，余核無缺漏，至於是否合理此時殆無法再行推敲，經即再行指導理帳人員將號碼寫入現金帳內，惟在寫入時，發覺若干單據有一筆帳包括數張單據，或一單據包括數筆帳者，經一一核對，無他問題，余始辭出。晚，黃海公司會計王馨山來訪，係因去年底決算表已經辦竣持來請余一閱，並研討有關問題，其中在決算表上有最明顯之錯誤，即資產負債表之純益數為全年的，而損益表則只包括半年，以致兩不相符，又據云去年下期曾由暫收款內撥作前期損益十餘萬元，未經由前期帳亦未經損益科目，以致損益表上無法表現此數，此時決算已辦，帳已結轉，殊屬無法補救，余初為之擬未達帳處理，但涉及兩期以前，且該公司既無分支機構，亦不應發生此等問題，最後考慮決定，只能將此數在表上加入，表末註明此科目數目與帳上不同之原因，別無其他方法，又談年終黃金負債，本用定價法記帳，比市價相差甚遠，為確記損益，是否應作一筆估價帳項，次期沖回，余謂照帳理確應如此，惟決算已辦，技術上不能補救，亦只好任其漲落，設不回落，即等於由今年帳代為負擔矣。

1月22日　星期一　雨

業務

今日竟日在三重埔新中央橡膠公司查帳，今日所查為卅八年一至四月份之傳票，此部分較之先一年下半年三個月之傳票為多，而次序凌亂，偶然亦有多缺，與日記帳不全相同，至於單據則比較齊全，核准者則參差不齊，余在審核時凡有經理簽章者一概認為無何問題，無簽章而為數較少者亦然，至於為數較大而簽章無憑甚且單據亦不全者，則特加注意予以記錄，以備與其經理研究該單據或帳項之合法性，蓋其經理且代董事長，亦大股東也。

1 月 23 日　星期二　雨

業務

今日繼續全日在三重埔新中央橡膠廠查帳，今日所查為卅八年五至八月份之傳票，逐一翻檢與昨日程序相同，而次序凌亂更甚，實際用於審核之時間甚少，而用於整理排列之時間反多，此外每月有數張未記帳之傳票，亦有日記帳已記而不見傳票之帳項，均一一記錄，以待查詢原委，此事恐需費相當時日，因原管帳之會計主任業已離職，在職者只有出納一人也。

師友

上午訪逄化文兄，欲詢其是否知陳果夫氏住址，渠亦不知，陳氏昨日到台北，前曾微聞地址為青田街，乃於上午前往為禮貌之拜謁，所幸該街甚短而整齊，一尋便知，其時往晉謁者甚多，未作詳談即行辭出。上午，途遇蔡自聲氏，談及林毓芳女士擬在齊魯謀事，請其轉商之丁鼎丞氏向公司當局介紹一節，認為丁氏不肯，因丁氏對於介紹李伯平到公司一節，外間傳言，感覺不快，至於直接由中央第七組派用一節，亦有困難，因第七組主秘係林在黨史會之同事，曾因住房發生極大不快，故進行亦當顧慮也云。

1 月 24 日　星期三　雨

業務

上午，到中山北路出席山東漁農基金會，因等候出席人數，至中午尚未開會，乃同到仙華樓午飯，飯後回至中山路開會，出席者五人為孫伯棠、曹瑞玉、姜佐舟、宋延平、裴鳴宇及余，報告事項為整理帳目情形，討論事項主要者為周旋冠律師所代撰辯訴狀，經核對帳目數字，兩相符合，其中申述理由之原則亦清楚明白，聞原告曲翰丞等之原呈狀長達五、六千字，涉及山東省政府、物資保管處理委員會，至基金會不過只佔一部分，原狀經裴鳴宇議長託軍方人員向法院借閱，始知梗概云。到長安東路訪吳崇泉兄，漫談會計師公會及業務等問題，據云日內將召開一座談會，商量如何以公會名義配合政府對於以統一發票之手段充裕稅源而又便利納稅，此事實有意義云。

師友

下午，訪廖毅宏、陸冠裳兩兄，代人探詢由此赴港手續及申請入境手續梗概。

1 月 25 日　星期四　雨

業務

今日續到新中央橡膠公司查帳，所查為卅八年九至十二月之傳票，所見之情形與以前各月份大致相似，仍將疑點摘錄，並將頗為凌亂之傳票按日記帳登載之順序加以整理，在十二月份時因有決算關係，故轉帳傳票特多，其時現任會計主任方始到職，決算係此張君所辦，係採用普通商業會計之辦法，先列盤存，所不同者除成品外尚有原料及半成品亦在盤存之內，因半成品及製成品平時帳上並無記載，故盤存數與實際製造數不能由各成本科目內分開，只能籠統的轉入銷貨成本收付兩方以求實際加入成本之淨數，然後轉入損益，此等記載均不入日記帳，由總帳科目自行轉錄。

1月26日　星期五　雨

業務

今日在三重埔新中央橡膠廠查帳竟日，但進度稍遲，只查完去年一月至二月兩個月之傳票，因自斯時起廢除日記帳，故減去核對工作，但傳票與總帳間有無張數多少，則不可知矣，俟將來全部核對序時帳簿與總帳之時始可知曉，又因自斯時起採用相當程序之成本制度，故轉帳傳票特多，廠內表格亦繁，雖未能一一加以核對，然僅審核其分錄之原因，已較為費時，且有若干錯帳沖回，核閱時更不免費時也。

1月27日　星期六　雨

業務

全日在新中央橡膠廠查帳，今日所查為卅九年三月至六月之傳票，此期間之傳票仍係每半年一大包，每月再分轉帳、現金各一小包，因有計算成本關係，故轉帳傳票特多，又此部分傳票皆未編號，因而總帳上亦無對照號碼，恐將來核對分類帳時殊不易易，故先行照日期為之整理先後次序，此事甚無味，而浪費時間也。新中央聘余為會計顧問事，係初次在該廠與阮隆愈經理及會計主任張之文談話時張所提出，阮亦聞知，余初將顧問證書填好送去，照收無異議，隔日又將聘書空白送去，其中列有一條按年致送公費若干字樣，交張後遲遲未填就交余，今日張詢余公費應填若干，余謂伸縮甚大，不必認真，張堅詢後余即示以公會所定標準，連帶的亦即告以查帳公費標準，渠抄後將與其經理商討，在談話之時，張忽謂余，阮經理是否只係請余查帳，余即將上次見面時之經過重提起其注意，當時甚為不懌，渠此等談吐全不知人情世故也。下午，訪李洪嶽律師，談一般情形並及上記張之失言事，李律師云將轉達阮經理，余謂不必，庶可不露痕跡也。

1月28日　星期日　雨

師友

下午三時，在浦城街參加校友茶會，因雨天到者十餘人，首由方青儒兄報告前次依據決議與余部長接洽介紹同學充勞工司司長事，因社會、勞工兩司等於合併，暫不能談，關於林蔭松死難及其夫人之按插事則已有眉目，次由張守謙同學報告養雞之經驗，張中寧同學補充之，似乎成功者太少，而失敗者據云在百分之九十四，即在港者亦失敗者佔大數，最後由賴興儒兄報告共產黨地下活動之新原則，在充分利用靠攏份子及游擊販子，此事極堪注意，且應防範云。

1月29日　星期一　雨

業務

今日續到三重埔新中央橡膠廠查帳，全日核訖去年七月至十月之傳票，此項傳票更接近現在之階段，故更能表現最近以前之情形，去年下半年開支有逐漸增加之趨勢，而按月結算更時有結成損失之情形，若以存料存貨比較之，恐比之以前亦將大為減低也。

師友

晚，丘青萍君來訪，告以至齊魯公司建台橡膠廠擔任勞工課長，希望以後多所指示，丘君到齊魯恐係殷君采氏之介紹，若以過去多年從事民運言之，尚合其選也。

1月30日　星期二　陰有陣雨

業務

續到新中央橡膠廠查帳，今日核去年十一、十二兩月之傳票，至此全部傳票即已核訖，截至今日止之工作為審核憑證部分，著重於單據之內容，又卅八年度傳票均與日記帳互相核對，所餘者為日記帳記入總帳則全部未核對，尤其去年份者最繁，因無日記帳也。

職務

下午，到齊魯公司出席常務董事會，所議者為極瑣碎之案件，即香港房屋汽車之處理問題，現在之市價比置進時低得一落千丈，但仍決定速即處理，以免再有虧損。

師友

逄化文兄來訪兩次，晚間始晤，謂有事託余幫忙，渠昨曾允許代其親戚借予楊天毅兄之振中印刷廠黃金十兩，因其親戚爽約，致遭落空，而天毅需款孔急，大約五兩即足，余即允明日外出張羅，並逕復楊兄之話，又閒談山東漁農基金會事，旋辭去。

1月31日　星期三　雨

業務

續到新中央橡膠廠查帳，今日工作為核對卅八年度之日記帳過入總帳是否相符，法由總帳次序逐一科目逐筆在日記帳上找出，此事極機械而費時，終日未及其半。

職務

下午，出席齊魯公司董事會，報告事項有數十條，多與常董會者相同，討論事項只有一案，即關於公司全部年底現存資產奉中央第七組令重估價值，已經由會計室辦就並造成表格，先提董事會核議，發言者甚多，余亦有意見，主張應先分清此項舉措之目的是統計的抑會計的，如統計的則不妨作專案造送，如係會計的則與固有之會計數字能否銜接，不能不先加注意，討論決定推五人審查，余亦在內。

師友

為振中印刷廠周轉黃金事，於今晨先訪楊孝先氏，詢其美鈔可否貸放，結果取得其同意，數為一百五十元，隨即訪楊天毅兄，備介紹函請其往取，但此數仍不夠支配，余即告以在第四信用合作社存款一千元，可先提取，如此即將近五兩之數，當即備條交楊兄通知德芳著紹南到該社提取，待晚歸寓後知在紹南赴該社之時，楊兄另借到他款，經以電話通知該社候紹南到時告以可不必提取，遂即作罷，故今日之事曲折殊多也，楊兄談其所以如此需款，係因材料出售不易，銀行押款甚遲緩，而年底以前須應酬委印多件之正中書局有關同人美金三百元，迫不及待，遂須先行張羅籌墊云。

2月1日　星期四　晴

生子

德芳自昨晚即有分娩之徵象，夜分後陣痛漸緊，余於四時往請省立醫院蘇護士長，移時即至，旋即臨盆，於晨六時四十分產一男孩，啼聲甚洪，體重三又十分之六公斤，生後一切平安，此為德芳之第七胎，生存者則為第五，在台所生為第二，且間距最近，均可記也。

業務

繼續至新中央橡膠廠查帳，所查為卅八年之分類帳與日記帳餘額收付核對，今日繼續核對一、二十個科目，資產負債類均已核完，損益類只餘數個收付較為頻繁者。

師友

晚，廖毅宏、陸冠裳兩兄來訪，陸兄對齊魯公司並不忘情，尤其橡膠廠樊中天副廠長聞與關係方面不甚融洽，此職本陸兄在青時之所任，陸兄特別有意，廖兄送來余在港託帶之蚊帳，據云姜慧光表妹所託廖太太帶台之件均已轉託友人，除女短大衣昨日已到，蚊帳今日始到，另有奶粉一罐，係與外衣同交劉支藩兄者，因重而未能帶到云。

2月2日　星期五　雨

業務

續到新中央橡膠廠查帳，今日繼續核對卅八年度總帳與日記帳，費時三日，業已全部核訖，大致均相符，惟有一筆日記帳數與傳票不同，而傳票與總帳則相同，雖不影響全部帳務，但處理程序顯有草率之處，此種對帳方法，自甚迂迴，且不易獲得何等重要資料，但在或有錯誤隱藏於中者，則又非此法不能發現，故雖事倍功半，而原則上仍不可忽略也，又卅八年度全用商業會計之方法，於年終盤存後確定銷貨成本，進而算出毛利與純益，其試算表用結帳前者，資產負債表與損益表則用結帳後者，故核對決算表與總帳餘額時，損益科目並不能完全相符，雖與帳理無違，而核對則較難也。

2 月 3 日　星期六　陰微雨

業務

續到新中央橡膠廠查帳，從事核對卅九年度決算表與總帳補助帳餘額，今日方開始，只核訖半數科目，餘容改日續辦，如在核對時感覺帳務有條理不亂雜，則以總帳核對傳票之舉可以省略，因此事極屬費時，且傳票既未裝訂，亦未編號，技術上亦難核對也。

職務

下午，到齊魯公司出席審查會，審查去年終固定資產重估一案，參加者五、六人，於聽取各主辦部分之說明後，決定即用已做成主表，於說明簡略處加以補充，以資明晰。

2 月 4 日　星期日　晴

師友

上午，楊天毅兄來訪，據談前數日為應酬正中書局福利社借款事業已辦妥，但近日又有新需要，緣其振中印刷廠本借有傅瑞瑗美金五百元，現因傅兄眷屬到港，急需帶款前往，故在明日以前必須籌還，現已接洽數處，均在舊曆年底無力協助，某處有四百美金可借，明日始可決定，如不成即零星籌措云，余知其意在重提前日余允借一千元而未用著事，當即自動告以該款隨時可用，並將存單立交楊兄明日派人往取云。下午，到九九商行訪李耀西兄及寄住由港甫來台北之劉支藩兄，僅與李兄相遇，閒談其九九商行歇業之經過，認為生意難做，有非事先所能想像，故仍棄商為官云。

2月5日　星期一　晴

交際

上午，到重慶南路中本紡織公司為其今日遷移新址道賀，並與王士強經理略作寒暄。

瑣記

余借用楊天毅兄之收音機，迄今兩年，因自己對於收音機構造完全隔膜，稍有故障即須送出修理，迄今業已數次，重要修配亦不在少，僅真空管即已損壞更換連今日共計三次，其中玻璃者亦只有三只，等於完全換新，餘五隻用鐵殼者則尚未有損壞，因余對此不懂就裡，故只能聽信修理者之所言，乃一種不知而行之痛苦也。

2月6日　星期二　晴

交際

今日為舊曆元旦，未能免俗，外出拜年，上午係包用三輪車，故所到之處較多，計按路線遠近，先後登門之處如次：宋志先兄家、于可長兄家、張中寧兄家、楊天毅兄家、楊綿仲氏家、陳果夫氏家、余井塘氏家、丁惟汾氏家、鄒馨棣女士家、李鴻漢兄家、張今建兄家、李祥麟兄家、蕭自誠兄家、楊憶祖氏家、崔唯吾氏家、呂明誠兄家。下午則改乘公共汽車，先到周天固、劉階平、汪茂慶諸兄處，然後到侯銘恩兄家、韓兆岐兄寓、隋玠夫兄家、徐嘉禾石鍾琇兄家，遇見本人者甚少，不過十之一二耳。今日來拜年者有李振東兄、韓兆岐兄、冷景陽兄、徐嘉禾兄，齊魯公司同人薛延青、張炳炎、楊象德、蔡繼善諸君與蘇曾覺夫婦，皖省行同人金鏡人、金永恕、趙榮瑞諸君，魯省行同人李德民、鈕鈔龢諸君，前齊魯同人鄭錫華君，又呂明誠兄、張中寧兄、宋志先兄及劉階平兄等。

2月7日　星期三　晴

交際

今日繼續出外拜年或答拜來賀年者，先到周傳聖兄處，再到冷景陽兄處，然後到于振海兄處、李振東兄處、逄化文兄處、趙季勳兄處，下午再到虞克裕、胡希汾兩兄處、馬兆奎兄處、蘇雲章兄處。今日來拜年者有周傳聖兄、蘇雲章兄、夏忠羣兄、李祥麟兄夫婦。兩日來因春節關係而有互相餽贈者，關於壓歲錢部分，收有蘇曾覺廿元，薛延青、蔡繼善、鄭錫華、張炳炎、楊象德各十元，李振東廿元，徐嘉禾廿元，付有于振海廿元，李振東四十元，徐嘉禾四十元，石鍾琇四十元，蘇曾覺廿元，又徐嘉禾、逄化文、李祥麟、金永恕諸兄各贈食品、水果等。

2月8日　星期四　晴

交際

晨，到羅斯福路答拜夏忠羣兄，又到新生南路答拜李伯平兄。今日來拜年者有周叔明女士，並送來克亨雞蛋二十隻，又有楊孝先氏、楊天毅兄、劉鑑兄等，均未值。又有周天固兄，據談刻在中央設計委員會工作，該會另設有研究委員，擬聘余擔任一席，而齊魯公司改組該會可推薦董事已以余為人選送出。虞克裕、胡希汾兩兄來答拜。

師友

上午，訪馮達璋經理，據談其在港兩子正辦入境證，手續極繁云。李德民君來談其所服務之兵工廠有減薪之議，不夠維持，有意到朱國璋會計師事務所服務，就商於余，余主張其可以先行在廠請假，假滿再確定是否變更，又談及林毓芳女士謀事一節，據云或可在兵工廠謀一普通工作，以解決其與弟媳不合之困難。

2月9日　星期五　晴

交際

上午，到南海路答拜劉鑑兄，並閒談其經營油廠之情形。上午，到杭州南路姚大海董事長家拜年，閒談黨營事業現狀，興台等數家公司即合併為裕台公司，以胡家鳳為董事長，經理人員不定，齊魯亦以董事會任滿為理由，中央改造委員會第七組準備改組，姚氏謂該組所提董事長候選人有四，一為其本人，餘為秦德純、陳良、姬奠川等人，正候蔣總裁批示之中云。到中正東路劉文島氏處拜年，所談多書法碑帖事，劉氏現正臨摹方遙碑（似係墓誌），但筆法不脫張猛龍，因其以前多臨該碑與馬鳴寺碑也，劉氏行書並不驚人，但其臨池所見，仿紙幾乎筆筆不苟，且不鬆懈，可見非一日之功也。

2月10日　星期六　晴

瑣記

舊曆年新年已近尾聲，前數日街頭巷尾一片拜年之聲，而互相拜訪，熙來攘往，婦女孩童豔裝淡抹，均樂此不疲，今日則店肆已多半開市，余今日率紹寧出門，看電影未終場而出，繼至國貨公司購買玩具，到華南銀行樓上訂購稅務法規，於是將近薄暮而歸。

交際

午後，到重慶南路王茀青先生處拜年，王氏為德芳之業師，因德芳坐褥未能同往。

家事

上午，到區公所申報戶口，紹彭為出生登記，未領身分證，同時為女傭王媽報遷入登記。

2月11日　星期日　陰

交際

今日前來答拜新年者有石鍾琇、馮達璋諸兄，又有劉文島氏，又楊紹億兄來訪，兼有賀年之意，在此談話為時最長者為馮達璋兄，其中多涉及在安徽之瑣事，渠曾繼吳先培兄為皖省總行總經理，二人頗多不歡，在港雙方均不見面，亦可謂過矣，又馮兄正在此積極謀事中。

家事

嬰兒生後已一旬，發育情形良好，食物母乳及奶粉參半，消化甚為完全，睡眠極為充分，漸有發胖之象，因隔日無糞便，今日首次食桔子水，約一英兩，加水等分，至晚果有通便之功。

2月12日　星期一　陰

業務

春節休息已過，今日續到新中央橡膠廠查帳，今日從事者為上週未竟之工作，即卅九年上期各項表報帳簿之互相核對，核對限於六月底之餘額，為時間所限，平時記帳即不能逐筆核對，蓋卅九年起廢除日記帳，總帳與補助帳均由傳票直接過入，而傳票即散頁包紮保存，如由傳票一一核對，特別繁瑣，好在總帳、補助帳既均由傳票過入，如果此二者能相符，亦可大致推定其與原始憑證亦可相符也，此項工作今日亦已告終，同時另由明細表與明細帳相核對，亦大體相符，只有原料物料兩項，項目不同，而總餘額居然相同（在明細表上如此），明細表與明細帳則不相符，經查係六月終將盤存根據盤查結果加以轉帳調整，表上係未調整前抄出，但何以竟能使總數不變，極為不解。

師友

上午，到新莊訪劉振東先生，並表拜年之意，據談刻已在整理資料，對於戰後復原大陸之財政經濟出路有所闡釋，劉氏主張維持財產分配之原狀，徐圖調整，以資休息生聚，但對於財源之如何開闢，極覺無法落墨，余以為除土地收益外並無也。

2月13日　星期二　晴

業務

繼續到新中央橡膠廠查帳，今日工作為與張會計主任洽詢日昨所發覺之去年六月底財產目錄與半年度者原料物料數量不同、種類不同而金額相同之內容，據云係上半年終了時根據帳面結餘已將月份會計表報製出，是時倉庫管理員實地盤存表送來，頗有盤多盤少，於是在總數不變之原則下，加以調整，致有此項結果，余又詢以會計課是否有定期或不定期之盤貨，據云一向盤存均憑管倉人員之表報，會計並不盤查，即自去年起採行永續盤存制後，雖隨時可以點查，然亦未辦，因廠內多為經理之同鄉親友，人事上渠不能造次也云，又談及去年十一、十二兩月費用單據獨有不齊之現象，據云係抄出一部分記載假帳，以應付稅捐稽徵處云，旋由於加以檢查，以與缺漏者相核對，大致均可互相對照，但亦有少數無法可以相符者，容俟以後再加查詢焉。

瑣記

一月前為歸還姜慧光表妹在港購物墊款，曾向台灣銀行申請普通外匯港幣五十元，經過審核後決定於昨、今、明三天開發匯票，昨日往詢，謂改今天，原來此項匯款之審核辦法係每週彙辦一次，迄今一月只受申請而始終未開匯票一次，最近三週核准者均集中於此三天換票，計共達三千份左右，昨天只辦一千份，余之號碼則在今天也，及期提早於八時半前往，由後門進入排隊，九時開業則人更多，乃將今日號碼分為三段，改成三行，又有昨日未領者本謂下午補發，有軍人抗議，亦同時換發，又成一行，復有新辦申請手續者，亦成一行，於是僅此一項業務，即有五行列數百人之多，可謂大觀，行列中頗有低級公務員及士兵，怨讟備至，謂為此項匯款已經請假三數次，費時一月餘，香港友人等候此款者均已成餓莩矣，至九時前櫃台內行員本已到齊，但非延至九時不肯開始準備，至九時矣，又先整理座位，取茶呷飲，或先行吸煙，十數分鐘後始將預先開好之匯票置之桌上，按順序憑申請時之回條換發，換時須蓋章，但手續甚簡易，取來者為匯票及匯款回單各一紙，有顧客詢以將何張寄去者，櫃台內以鄙夷之神氣告之，余領到時為九時十五分，其時五個行列共有二百餘人之譜，乃由另一側門退出，此項審核辦法及發票手續為當局之傑作，身歷後因詳記之。

師友

晚，朱興良兄夫婦來訪，係昨由台中來此，明後日即還，朱兄將請發會計師檢覈證書。

2月14日　星期三　陰

業務

續到新中央橡膠廠查帳，今日將卅九年下期總帳與補助帳及決算表與補助帳之餘額分別核對，大致無誤，至於總帳收付經過數字，未與傳票核對，其原因為傳票整理未有就緒，甚至編號亦無之，技術上無從順利核對，又總帳補助帳均由傳票過入，其互相核對相符，亦可以推定為與傳票相符也；在年終決算時發現處理損益之特別處理方法，係將去年未分配之盈餘滾存轉入本年度總損益內，將今年之純損變為純益，如此最後套搭，將實際結帳損益情形完全隱藏，且增加所得稅負，亦屬不智也。

職務

下午，到齊魯公司出席常務董事會，通過旬前審查小組審查之去年底固定資產重估價值表，今年三至六月資金來源運用預計表，香港房屋、汽車不問貴賤從速處理，工人進廠簽定約定書之內容，又青島撤出工人八人之回廠問題，會後與姚大海董事長同車，歸途中據告中央已奉圈定陳良氏為本公司新董事長，二人業已晤面，對於董監事人選未深談，陳氏諉之於第七組，想見其中尚有文章也。

2月15日　星期四　雨

師友

上午，訪崔唯吾氏，談齊魯公司改組事之現階段，崔氏在五、六日前曾晤中央改造委員會第七組副主任陳漢平，據陳告齊魯公司新董事長已簽草山尚未核定，並徵詢崔氏意見是否希望參加，崔氏未作肯定答覆，經與余商談，余認為可以參加為常務董事，余本人亦希望蟬聯，因目前董事十七人中，只有六人為山東籍，董監事全部廿二人中則只有七人，比例上殊不為多也，崔氏認為所有山東董事均希望能夠保留，此意甚為切要，崔氏與陳氏極友善，尤其與關吉玉氏雙方均尤為投契，談頃即往與關氏通電話，並定即日往訪陳氏洽談；余又以中鹽公司委託會計師清理帳目事託崔氏協助促成，因清理委員會之首腦為王撫洲，故與其通電話，但未遇，經寫一介紹片由余改日往訪面談，崔氏則將於一二日內再與其先通消息，以資介紹，余另將該會委員名單抄交崔氏備參考。

業務

續到新中央橡膠廠查帳，所有技術工作昨已告竣，今日為複核在此查帳期間所做之記錄，有欠明晰者即再度檢查原始資料，如斯者兩過，又將問題要點寫成一單頁。

2月16日　星期五　雨

業務

到新中央橡膠廠繼續查帳，技術工作本已告一段落，今日為與該公司會計人員研討應行補救之點，上午泛談實行估計成本制度以來手續上尚有未能做到之處，下午開始檢討傳票手續不完善之處，可以先由該廠加以補正，即不必載入查帳報告書內，但下午此項工作方一開始，審查卅七年十至十二月籌備時期之帳務，即面臨若干困難，蓋該期三個月所有科目數字幾乎完全與新華橡膠廠上海辦事處之帳務有關，而均無單據，詢之會計人員始尋出一疊新華寄來之對帳單，其中代付款項有有單據者，亦有無單據者，仍須再作一度核對工作，始可明其底蘊，因之進行至十二月份即行中止，容明日再繼續辦理焉；今日對帳內又有一奇特情形不能不加檢討者，為卅七至卅八年度均有傳票日記帳與總帳，而無明細分類帳，故其財產目錄係由一科目內之摘要彙計扣算，最繁瑣而易生錯誤，今日為他帳核對而查核借入款某戶之收付情形，竟發現某戶在帳內已無餘額，但補助帳尚略有之，竟致不能立致解決，而總帳與明細帳及主要表與補助表則均互相符合，亦可異也。

2月17日　星期六　陰雨

業務

上午，繼續到新中央橡膠廠查帳，因昨日檢出在該廠開辦期間一部單據與新華公司對帳單，自應加以核對，今日即從事於此項工作，計自卅七年十月至次年三月，共半年期，首三月有新華開來之對帳單，次三月則無之，僅有新華開給其總公司之帳單，新中央係根據此項帳單將有關之帳項逐筆挑出轉帳者，其中有摘要簡略，似乎不能斷定其為新中央者，亦無從對證，因上海新華與台灣間久已不能聯繫也，亦有新華開來之帳單未予轉帳者，此中或有特殊原因，當時會計主任已不在此，無從查詢，恐終須存疑矣。下午，參加會計師公會召集之座談會，到有十二會計師，為姬奠川、朱國璋、陳寶麟、虞舜、王庸、吳崇泉、周傳聖、廖兆駿、富伯平、涂方輝、鄒馨棣及余，討論統一發票後如何在政府與商人之間開展業務，尤其所得稅如何請政府規定憑會計師核簽之表報完稅，皆表示極大希望，結果推五人前往交涉後再行討論，又向政府表示公會不能保證會計師之公正，因會計師不應受此污辱，公會亦無此權也。

師友

上午，訪楊孝先氏，係事先來函約往者，晤面後據云將赴台中作短期勾留，或竟遷居云。

2月18日　星期日　雨

業務

代山東省參議會審核其向山東運台物資保管委員會所借維持費二萬元之收支帳目，緣關於運台物資運用情形新近興起訴訟，涉及裴鳴宇議長借用二萬元問題，法院曾詢有無帳目，乃由經管人陳問泉將帳目整理就緒，於昨日交余審核，今日代為審查，因帳目無多，僅以一小時時間將帳簿單據逐筆核對，大致相符，有須補正者則另加記錄。

師友

晚，逄化文兄約便飯，在座尚有蘇文奇、楊天毅、張景月諸兄，飯後並有其比鄰戰步青委員前來參加閒談，多為關於近來青島情形，在座又有由南韓歸來之于仲崑兄。

2月19日　星期一　晴曇

師友

晨訪廖毅宏、陸冠裳兩兄，廖兄云其眷屬下月初方可來台，刻正為其佣人請領入境證中。到中山北路訪梁中一同學，不遇，留字託在物調會查詢金永恕君在基隆辦事處是否將受更換主任之影響，如有影響有何等補救辦法，又以前託張委員子奇向主管方面關照，未知已否發生效力，請於探詢後即行函知余之寓所云。

業務

續到新中央橡膠廠辦理查帳工作，今日為就已查部分之手續欠缺者與原經手人洽詢經過真相，能補救者則予以補救，其中有年餘以前者多亦不可究詰，例如購料多係預付定款，若干時交貨結清，單據或以預付時之估單為之，或作為預付部分款項，而續付者則無單據，或根本前後均無單據，先付時以為後補，後付時以為已有，而致兩頭落空，轉帳記入原料物料帳時亦有張冠李戴以至購置價不符者，此等情形在決算後亦屬無可補救矣，今日所研討者關於普通事項係與方志瀛出納與張之文會計主任接洽，有較重要者則與阮經理隆愈商談，尚未談完，余今日向其提出者為新華公司與新中央轉帳事項之不完全相符，此中即以受盤時陳春生收到盤價金圓券五萬元一張收據不能與帳上同時核對為最困難，此項收據以及以後收據兩件均被前會計王履平棄置桌內，余蒐集憑證時始行發覺，阮君引為意外者，其次即與阮君談估計成本採行後必須加強控制物料成品之實際盤存，又銷貨帳常發生差額，亦由於內部聯繫之不夠與脫節，故各種規定單證不可或缺也。

2月20日　星期二　晴

業務

今日續到新中央橡膠廠查帳，對於應補救之手續作最後之複核，有若干未入帳之傳票或竟有附有單據者，因原主辦會計早已離去，竟無法可以核對，自然亦無法插入，況當時尚用舊台幣，早已在年餘以前辦成決算，當時帳已不可補，補現在帳則微不足道矣，故仍只有作廢之一途，今日與阮隆愈經理作原則上之交換意見，以備作報告書之參考，談話甚多，其中最重要者為此項報告書將來是否可對興訟中之董事公開一節，因帳內處理馬虎，雖未必有弊，亦易資為口實，阮君對此點沉吟良久，謂渠任內事均可負責，但最後謂陳董事索決算表將以外帳之表畀之，因陳勾結稅務機關興風作浪，真帳不能交去也，然則根據真帳之查帳報告自然亦無由交去核閱矣，此外關於決算盈餘之處理，對於卅九年度決算將應在前年分配之盈餘併入一節，表示與帳理不合，會計張君爭論良久，始覺心服，最後以未見該公司章程不知如何分配為自解之詞，又此次查帳有一對該廠最大之無意收穫，即其對受盤時讓盤人之盤價，在帳上尚未付清，但事實上則謂業已付多，而不知原因何在，經在故紙堆中搜出失落之收據數張，連同未失者重新加以核算，確有溢付之事，而阮君久久未決之懸疑，今日已為之大白矣。

2月21日　星期三　晴

業務

上午，到中央財務委員會訪虞克裕、胡希汾、汪天行三兄，接洽將來參加中國鹽業公司清理委員會之清理工作，據三人云如將來聘請會計師時，當盡先延余擔任，惟現在多數意見不能採用清算方式，至有限度之清理則尚未決定云；後又訪鹽務總局王局長撫洲，係持崔唯吾先生介紹片，王局長亦謂崔氏曾來電話，謂談及此項業務時，渠認為因大陸財產不能掌握，且清算費用浩大，故不能辦理，縱然辦理，另有該公司會計顧問可託，余向其解釋並行不悖之理，希望有可能時多加協助，並與其財務處劉鳳文副處長晤談，亦將此點提出。下午，作新中央橡膠公司查帳報告書，先將查帳底稿用紙分別核閱，有列入報告者即先加記號，晚間行文，夜分始就，數字由紹南協助核算。

2月22日　星期四　晴

業務

上午，到中山北路山東運台物資會開始其查帳工作，今日先與經手人陳問泉君談該會處理物資與款項進出大概情形，藉以先知其業務狀況，詢以帳務情形，據云初經手時另有凌亂之帳，因不劃一，乃由他人協助，另用統一日記簿記帳，分出科目，余即粗粗核閱其科目及總帳，知亦不完備，最大缺點為物資處理後所發生之對手方的債權，先不記帳，俟收款後始記，且用其戶名，形成彷彿一種負債狀態，雖其本意絕不如此，但結果則十分離奇，因即決定先定科目，再議整理辦法，余將帳簿攜歸，下午即為之擬定科目，分資產、負債、損益三類，除上記事實添設科目記載外，其餘有夾雜在費用內之資產項目，亦為之分析出來，另立科目焉。下午，將新中央查帳報告書最後審核並製成資負表與損益計算表，晚間約李德民君來準備抄寫工作，並囑其先將其中表列各項數字加以複核，以作最後定稿。

2月23日　星期五　晴

業務

今日全日在山東物資會查核帳目，因該會以保管處理物資為主要業務，是項物資計值新台幣八十萬有餘，而該會正式帳冊則只記現金不計物品，故第一步工作即決定將此部分物資進出數入帳，但此項物資在由省府撥交該會之前雖經一度若干人會同清點，而只有件數與毛重數量，與售出之數不能完全對照，尤其並無價款可計，故接受數不能按原始數記帳，只能就處理之最後結果，作為當時一次撥到，記入總數，「保管物資」科目，作為對省府之負債，另以「處理物資」科目記入資產，表示在處理範圍內之物資之收支數目；俟處理每次收進現款或應收未收時，再由處理物資轉入應收款或現金科目，於此項處理以後，則無論物資或現金均能由帳結表，由表而核對真實財務狀況，均能靡有遺漏矣，又出售物資時倉庫出貨數量本有監提委員開單通知記帳，此項通知雖僅為一便條，但對於核對物資之數量有其最原始的價值，囑記帳人整理善為保存，但據云有一部分係在倉庫當面辦理手續，致將通知之數單條省略，不無缺憾耳，有無補救辦法，尚不可知。

2月24日　星期六　晴

業務

前日交李德民君抄寫之新中央橡膠公司查帳報告書已於今晨交來，遂即趕行校對，發現若干筆誤，加以改正，因而多不整潔，其實李君已有不少塗改，紙幅之形容已不十分美觀，此在報告書之最初予人印象，不無影響也，但亦無可奈何，因篇幅較長，余亦不能自寫，只好如此矣；下午，將報告書裝訂就緒，持赴該公司訪其經理阮隆愈，由會計員楊韻清至樓上探詢兩次，均謂病臥正睡，會計主任張之文復因公外出，余遂將封固之報告書交楊君送至樓上，取得收據，並另留函一件，謂此項事務已結束，特將報告書送來，至於公費一節，照會計師公會所定章程將日數減計應為三千七百五十元，優待八折為三千元，請便中擲下云。下午，到山東物資會指導會計整理事宜，見正在整理單據，與已記之帳核對，詢以昨日開始補記之物資帳，謂僅作一樣帳，余見其所作形式有誤，再加說明改正，因其日記帳先寫貸方科目後寫借方科目，又有現金收支科目不記現金簿亦記此項帳，均不正確也。

2月25日　星期日　陰

師友

下午，到介壽路六號訪楊子位兄，不遇，其夫人述由南京輾轉經過香港來台之經過甚詳。下午，在建設廳招待所舉行校友茶會，由趙葆全、吳望伋報告三七五減租考察團考察之經過與台灣農村之特徵及所發生之感想，林炳康報告立法院會外交部長葉公超之外交報告內容，下午六時聚餐，凡三席，極歡洽，飯後有報告武文同學到港艱窘之極，希望援助，以共同達港幣五百元為目標，當即募捐，余捐五十元，八時散會。

2月26日　星期一　晴

業務

上午，到山東物資會指導整理帳目，該會帳目事實上並不複雜，但因平時登記不甚完整，以至若干準備工作反甚繁雜，例如該會在前年即與土地銀行及彰化銀行開戶往來，又偶有借出生息之款項，但一向只算在庫存之內，並無登帳之事，而算收利息則記入帳內，無本生利，殆不能自圓其說，於是必須按原期逐筆插記現金日記帳內，現在摺據係自卅九年起，卅八年之存摺已被銀行收回，又有一部分係優利定期存款，到期後本息取消，自然亦無可根據，凡此皆須向銀行抄單查對，而又非一兩日所能辦到，於是影響整理工作之進行，又如該會處理之物資係由省府向魯、青兩省市漁業物資處理委員會借來撥給山東物資會處理，青島部分在處理後應得價款六萬餘元，但因該市在滬時曾運回青島若干物資，其運費係向山東省府借來，省府又係由於在滬處理一部分物資作為撥借之取款，加以在處理期間山東物資會之費用亦應由青島負擔部分，於是前者扣還一萬餘元，後者扣還三數千元，實際只撥付青島四萬餘元，該會記帳員即按此數作為現金收進，自然與實際不符，雖知之而不知應如何記帳，今日亦指示原則，即物資數應照六萬餘元記帳，扣還之款應作為省府所存及該會費用收回兩部分處理，一為增加負債，一為減少費用，方與事實相符，類此等事，非耳提面命，即無從下手，故進行甚緩。

娛樂

下午，在台灣戲院看電影，為文藝片「驕傲與偏見」（Pride and Prejudice），由 Greer Garson 主演，係根據奧斯丁名著改編，描寫男女間之戀愛技術，十分入微，演技頗佳，配角方面飾老婦人者最為活潑逼真，在戲內重量不亞於主角也。

2 月 27 日　星期二　陰

師友

上午，陳長興兄由新竹來訪，為辦理會計師登錄事建設廳囑補送事項表，但原送之表並無不合規定之處，甚為納悶，約余同到該廳訪張標銘股長，乃同往，談後知係一科員所辦，因原送之表未按會計師法所定登錄事項之順序填列，故囑改填，其實內容絕無區別，殊無謂也。晚，許蓮溪同學來訪，渠在台中縣任鹿港中學校長，因多有掣肘，決心擺脫，雖地方挽留亦所不願，談至晚飯後，互詢所知友人情況而別。

2月28日　星期三　晴晚雨

師友

下午，訪楊天毅兄於博愛路振中印刷廠，該廠曾借余一千元，今日欲給余利息，余因與楊兄之私人交誼，實不便接受，故璧還之，又將楊兄介紹余為財政經濟出版社常年會計顧問之事一則擬就交去，將刊登於其月刊。下午，劉階平兄來訪，其夫人與俱，係為探視德芳坐褥，並有所餽贈，據劉兄談會計師公會事，渠之意見極多出入，表示將有不合作之趨勢，而且本人則將更改姓名，另行登錄之，又云將編輯商業學校教科書，正計擬中云。

3 月 1 日　星期四　微雨

業務

午前續到山東物資會指導整理帳目，該會之物資帳本未登記，現已作轉帳分錄，方法尚無誤，現金部分則因點查部分開支前未入帳，已先將此會成立後之開支登記一個月，致庫存不能相符，在記帳者之意為將此部分開支另外處理，但該項開支雖本由省府借款動支，然在物資會成立後即作為會之開支並將借款撥還，故不能單獨處理，遂決定將此項帳目插入以前帳內，以符事實，於是已經整理就緒之部分又須重新記載而前功盡棄矣，此事進行至今已經數日，而迄無可以預定之完成期限，即因是故也。

職務

下午，到齊魯公司出席常務董事會，姚大海董事長報告奉中央第七組命令本月七日召集股東會，所謂股東即黨股代表人，正在第七組指定之中，今日尚未就緒，在未開會前討論董事會應行報告之事項，約略有所決定，此外討論第七組通知關於畢、黎、褚、李等人之處分辦法，囑由董事會先行擬定，在董事會開會前，今日常董會亦略加交換意見，大致為先請中央予以黨紀處分，再請循外交途徑引渡來台交司法機關法辦云；散會時與宋志先兄同返，據告聞之蕭自誠兄，齊魯改組後山東董監事均尚留任，但渠又聞之劉桂兄，第七組透出消息為陳良（新董事長）所擬名單則山東人無一在內云。

3月2日　星期五　雨

師友

上午，到上海路二段十七號訪許蓮溪兄，閒談前年國民政府在大陸失敗之經過，有若干跡象已顯現當時之必將瓦解，雖明知而無術可以挽回，實一大悲劇也，許兄在四川、新疆均已有與共黨相處之經驗，深知異己者必不可倖存，故認為若干靠攏分子之下場並不意外云。下午，周紹賢君來訪，談寒假謀一教職，終無所成，最近將來必成無業遊民矣，又談聞外間傳說山東漁業物資之訟案中款項帳目原告散布謠言謂係延余代作假帳，云云，此言余本知之，但亦可見原告方面之心虛，且足證明其並無證據可以控人於刑事，只捕風捉影，希圖以謠言攻勢強自掩飾耳，談竟借去十元以為回台中旅費，可憫也。

瑣記

昨、今兩日陰雨，且有大風，頗寒冷，居台已兩冬，以今為最甚，吹氣見霧，此經驗唯在大陸上有之，所不同者，夜不結冰，且可不以火取暖，可見熱帶之冷，徒有聲勢而已。

3月3日　星期六　雨

業務

下午，續到山東漁業物資會查帳，轉帳部分亦即物資處理之不收現款者，已登記完畢，現金部分只記完一個月，以後則因從前存放銀行帳憑摺記數並未記帳，而原摺已由銀行收回，以致補登困難，經手人陳問泉君正向彰化銀行接洽抄給對帳單，以憑登記，此項登記須與其他現金收付之日期按順序銜接，故非待至此項清單抄到竟無由先行整理，從而工作正陷於停頓，時間浪費，殊為可觀，今日又核其一部分已登記之總帳，見係照先發生帳項之科目列前，已無法再按資產、負債、損益等類順序排列，如重新整理，又費時間，故亦聽之，總之該會帳目因經手人不諳會計，其所請幫忙之劉君亦所知有限，枝節時生，指導工作遂更不易矣。

師友

下午，訪崔唯吾先生探詢齊魯公司改組事，據云與新內定董事長陳良及其好友關吉玉均曾晤面，與中央第七組副主任陳漢平亦談過，均強調山東舊有董監不可更改，後探悉所生影響甚鮮，陳漢平云，崔氏參加為監察人，舊董事保留者僅趙葆全、譚嶽泉，新參加人員除陳良所部署者外即為魯、青地方黨部人員，其內容或偏重於團的方面，足見此項名單又已經過一番爭奪詐虞之過程，此亦國民黨新瓶舊酒改選過程中之應有之義，無足怪也，崔氏又謂黨股代表人大會之開會通知業已收到，而余則未到，足見余不但董事被擯，即股東亦被除名矣，余於得失初不介懷，而獨於今日主其事者胸襟之狹隘與勢利之見之深刻，比之失敗過程中之政府作風猶有過之，不免令人嘆息也，崔氏對余之將與齊魯脫離關係首先將發生問題者為房屋，主張另想他方補救，初謂公司有總稽核一職，可否考慮，余即婉謝，謂現有財委會所派舊人，頗能稱職，不可使去，崔氏繼謂將與陳、關兩氏接洽聘余為會計顧問，保持一種關係，或可不影嚮居住，余表同意，繼又研究舊人蟬聯者之可能性，就常務董事而言，現在除余與上記趙、譚二人外，尚有姚大海、殷君采、宋志先、李先良諸人，姚董事長自必求去，殷與第七組有關係，宋兄係地方黨部之人，或兩人可以留任，李兄根本鄙視不就，或可不留，然則必欲逐之使去者，僅余一人而已，余知此係政校關係所得到之意料中的歧視，初不以為意，僅對於此刻當政者之作風不能不表示相當之遺憾而已。

3月4日　星期日　雨晚晴

職務

下午，宋志先兄來訪，談齊魯公司改組事所聞，移時姚大海董事長來約到公司出席第十次董事會，乃一同前往，今日討論事項最重要者為提出三十九年度決算書請求審查，以便提出本月七日召集之股東會，公司之意因時間迫促或可不必審查，但多數意見仍應照例先交審查，結果決定交前次審查決算表之各董事合併辦理，該項審查會係由余召集者，余即席聲明今日之決議不過為一形式，事實上在股東會前不能審查，股東會後本屆董事會未了案件應專案移交，屆時即請董事長代為移交，其次為討論去年借支員工之夏秋兩節薪津，原以年終獎金為底款，現在決算未結盈餘，自然無法提獎，此款不應掛欠，而又無法收回，決定請第七組准予核銷，此外欠款之人已不在者，即與轉消，人在台灣者則分別洽收，最後由董事長提出準備在股東會報告之三年來業務報告一件，經宣讀後修改通過，內容尚稱簡賅，今日為本屆董事會最後一次之會議，此中董監事與將來準備產生之新人大有出入，而又互不相知，故各人情緒似有不同，常駐監察人劉文島氏本準備有監察人員之報告文，但又聞黨股代表人已重新指定通知，劉氏未接通知，渠提出應否出席之問題，因為出席則非第七組當局之意，如不出席則依法董監事之職權尚在，亦有欠缺，公司解釋為至今日為止公司並未接中央正式公文指示任何有關股東會事項，只非正式的有一五十二人之黨股代表人名單，又經口頭詢問後，據第七組云對於停止代表黨股之舊人將另有通知，而對於劉氏之出席則亦將另有通知，至此乃更使在座各人不解，余發言謂，此事本身有法理上之瑕疵，因現任董監會至新董監產生始交代，而股東會開會前第七組即先取消其代表權，依公司法股權消滅之董監事其董監事連帶的認為去職，則在此空隙中有一無董監會之短的階段，且吾人是否出席於股東會，亦屬兩難，在座又有主張中央對舊董監事應均核定為代表人，以補救此項困難者，決定由姚大海董事長與七組接洽辦理，今日劉文島氏在會場對於第七組此次取予隨心且偷摸不甚光明之作風表示深惡痛絕，在座多有同感，但未露聲色耳，事實上此次第七組之措置草率專橫而後支離矛盾，既見其操切，復不能免於幼稚也。

3月5日　星期一　晴

業務

今日續在山東物資會核帳，已將前年十至十二月單據核訖，其中有應補註支付根據者，尚未照補，隨時告知經手人辦理，以憑再核。今日與該會經手人陳問泉談單據中有兩問題，一為補註山東綏靖總部之敵後工作費均憑李玉堂私章具領，有無更詳細之報銷，據云該部拒不照報，實際該部早已奉令撤銷，故亦無向政府領款及報銷之事，然則此種款項領去後完全為一種無監督狀態，此為任何機關所無者，且該會在結束期間，總部又一再脅迫索去八千餘元，其中有山東聞人何冰如為之幫腔，居然由其中向綏總分肥三千元，實為駭人聽聞，二為該會在北投買房所用之款，綏總只出收據，並未提到係為買房之用，會內關於頂進手續一無所存，並聞最近又取去四千餘元作為過戶之用，亦無下文，此等事亦為荒唐之極者。

職務

昨日齊魯公司董事會所談關於舊股東代表之取消應有通知一節，今日余已接到，係即日發出，余見公司之送件簿，共廿七件，若係全部，則其中董事已停止者六人，監察人則全換，至少由今日至股東會選舉完成止之期間為無監察人會之時間，亦一荒唐滑稽事也；又余從此項名單中研究，所取消者全為與此刻中央第七組主持人無派系關係之人，甚至雖非董監事而僅有代表人資格者，在應付上予以保留並無困難，亦一並予以擯斥，器局之小，概可想見，至於政校同學之更為顯著目標，非除去不足以快意，則更昭然若揭也。

3月6日 星期二 陰

業務

續到山東物資會審核帳目，今日為核閱去年一至五月份之單據，大致無甚欠缺之處。

師友

晨訪崔唯吾先生，託其於今晨出席立法院院會之便帶一信致劉文島氏，此信係昨晚屬稿者，大意謂去年齊魯公司查帳一案四人工作數月，曾蒙劉氏數度主張有所酬謝，余以召集人之立場，對此事迄未實現，深有未安，此中為吳風清、宋志先兩兄，皆生計不裕，而為此不暇自謀，董成器兄雖較安定，然亦大貧小貧，其情無異，請再與姚董事長商量辦理，至余本人初無微勞，且曾當眾聲明不接受酬報，此衷不變云，所以發此信者，乃鑑於姚大海為人之罔視大體，謙讓徒以自苦，為此表示吾人並非可以裝聾作啞方式欺矇到底者。到中央黨部訪蕭自誠兄，見慌忙不寧，略談即退。訪楊憶祖氏，不遇，楊氏來兩次亦不遇。

3月7日 星期三 陰

師友

晨，訪宋志先兄，告以昨曾為去年齊魯查帳公司應送報酬一事函劉文島氏，請再度主張一切，此事未於事先徵求其同意，故特補告，今日齊魯開股東會，宋兄參加，容許與公司關係方面晤面，有無其他進行加強對姚大海董事長壓力之方法，並請注意，談頃宋只謂全部黨股代表人名單及董監事現尚不知，但因此次活動期間與劉桂兄有所連繫，聞劉兄在董事以內，此時劉桂兄果至，謂日昨探詢情形，知此事逐鹿者竟多於過江之鯽，結果則按勢力按插，以求平衡，其中山東人仍維持八人之數，但新人有三，舊人有五，而常務董事內則只能有一山東人，其中裴鳴宇、殷君采互相角逐，結果為張靜愚所得，此外董事聞軍人尚多，大可一新耳目云。上午，訪楊憶祖氏於仁愛路，據云因同行者步調關係，台中一行迄未定期，結果只有以後再說，又談在此生活極感孤寂無俚，有時夜不成寐，起坐吟詩，而感傷益甚，楊氏久於官場，自難免有此感想也。

業務

到山東物資會繼續核帳，今日工作著重於利息之核算，包括銷貨客戶欠款利息及銀行存款利息，此二者本皆甚簡單，但因當時並未有完備之帳目，致現在須檢視原始憑證或資料加以斷定實數究竟為何，或併此而無之，即須向對方查抄，如銀行存款帳本即以摺代帳，滿期後摺據取消，記憶不能復現，乃洽由銀行抄單，而迄今尚未抄齊，因而所有利息均不能得一最精確之數字，今日已將問題所在指出，以憑補救。

3月8日　星期四　晴

業務

續到山東物資會核帳，因等候土地銀行補開對帳單，故三十八年帳尚不能開始記入，而開始與銀行或現金之分錄無關者，則由協助陳問泉君之劉汝聲君先開草稿，送余核閱，但其帳理不通，幾乎非逐一改正不可，緣是每日工作進度有限，雖急亦無用，此為該會帳目整理之最大困難。

師友

下午，訪李洪嶽律師，催詢新中央迄未致送公費之原因，據云係因該廠日來資金甚緊之故，繼談此次查帳情形。晚，逄化文兄來訪，係為競選國大黨團小組長，其原因為青年團份子又思壟斷，故予以對抗云，又談齊魯公司股東代表董監事換易極多，而目的全在爭取，並無原則，氣局之小莫可名狀，以此等風度而欲服眾，更標榜所謂改造，謬以千里矣。

3月9日　星期五　晴

業務

續到山東物資會核帳，雖仍終日從事其事，然進度殊緩，因原始資料多有不齊全之處，經手人須分頭出外核對查補，而內部工作因而時作時輟，該會預定於十九日法院續開偵查庭前能告一段落，恐此項目的不易達到，況辦事人員工作效率極低，何日可以告竣，不能預定也。

職務

余在齊魯公司之職務被解除甫兩天，不愉快之小事即跟隨而來，當前官場中之人情薄過於紙，尚復何言？余在該公司去春曾因所領秘書一職之疏散費似有不足，曾外借一千元新台幣，自去年十二月份起按月扣還一百元，故至上月底止結欠七百元，三月份今日致送前任各董監事者，余未在寓，德芳告余係派人送來一空白收據，作為收到二百元，如數扣還欠款，一若視此為最後之機會，再不掌握即有潛逃無蹤之慮者，余初意係姚大海董事長之所為，此人鄉愿氣息極濃，未必有何惡意，下午會計主任鍾挺秀君來訪，余以閒談方式詢之，知全係協理李伯平所為，並謂扣清後尚結欠五百元，將於明日提常務董事會解決，鍾謂不必提會，余謂余之欠款自然要還，但旦夕力有未逮，至李是否提會，當聽其自然，此為光明磊落之事，何所顧慮，余對鍾君提起此事，忖其動機或係刺探余何時可以還帳，或係善意將有關於余之事私下相告，但無論其為何者，余統以上語答之，蓋如此煎迫過甚，實不能不令人起重大反感也，鍾君又談及該公司將來制度上又將恢復以前董事長虛懸之狀態，而董事會亦將成為一形式機構，甚至車馬費亦將停支，權限則集中於經理人云。

3月10日　星期六　陰

業務

續到山東物資會核帳，今日時間幾全部浪費於核對銀行利息，緣卅八年底該會會計陳君記憶曾存放土地銀行定期存款五萬元，該行抄來帳單則開始存本為五萬另三百六十一元，尾數內容為何，已不可考，同時帳上曾收該行利息三百七十元另二分，係何來源亦不可考，又在其草帳上查出在此以前曾存土地銀行五萬元，但利息若干，結至何時，亦無從核對，余因之推定此兩項數字有連帶關係，但因利率日期均無可考，且數目亦非全同，究竟為數幾何，因亦無從斷定，結果費時甚久，而仍無具體結果，又其他收息有以一部分滾入本金湊成整數，以另一部分收取現款者，帳上只記現款部分，自亦與事實相悖，亦非查明全數補帳無由確計也。

3月11日　星期日　晴

師友

上午，蕭繼宗、周天固兄來訪，蕭兄係最近過香港來台，現任陸軍總部辦公廳第一組副組長，已數年不晤，留午餐後辭去。上午，齊魯公司李代總經理伯平來訪，因在座有他客，幾乎未談任何事即辭去。晚，在宴會席上遇崔唯吾先生，據云關於函劉文島為宋志先、吳風清、董成器三兄要求查案報酬一事，劉氏當將函轉姚前董事長大海，渠亦甚強調此項工作之價值，但未有事實表現，亦可訝矣，又云渠曾與李伯平君談及關於余住齊魯公司房屋事望渠不必過問，因監察人會終須延聘會計師，將由該會提出聘余為會計顧問，此事並將與陳良董事長接洽，並透過關吉玉氏之關係以說服之。下午，出席國大黨團第廿組小組長選舉，到者十六人，逄化文兄競選只得五票，另一黨方競選人張衍孔則只得一票，據云係臨時靠攏將票移轉青年團候選人張益東，結果張得十票，聞逄與張衍孔事先未能獲致妥協辦法，本已難免兩敗俱傷之命運，張有四票，如態度光明，應任其作為無用之票，誰知竟投靠敵對方面，此等人之毫無立場，可惡亦復可哀也。晚，廖毅宏兄來訪，談其眷屬尚未由九龍動身，房屋問題將遷居其親戚某君家。下午，到浦城街參加校友茶話會，余因有他事，稍坐未終席而返。

交際

下午，到勵志社參加劉鐸山先生姪女出閣之喜禮，賓客數十人，余送女衣料一件，儀式中來賓演說有謂結婚未必能謀個人幸福，但係為社會擔起一部分責任，亦自成理。

3月12日　星期一　陰

業務

續到山東物資會核帳，因該會有訴訟關係，須於月半以前辦竣，故指導經手人員加速辦理，其有不能取得憑證者，則審酌情形變通處理，但仍須合理，例如銀行利息，在結單所開之外尚有兩筆各三百餘元，銀行不肯於短期內核對，即照出納記憶之數補收入帳，又各項利息總數與該會結束時公佈之統計表不符，計多出一百四十元，因亦係多收入，故仍照較多之數列入均是。

雜務

晚到區公所參加區分部召集之執委與小組長聯席會議，區分部書記因轉移住址請推出新負責人，區黨部指導人員亦主張其說，經余及其他組長提出異議，認為新的小組長須票選而此手續未辦，殊不合法，乃決定先維現狀，趕辦選舉，費時二小時始討論完畢，甚感無味。

3月13日　星期二　雨

業務

續到山東物資會核帳，其三十八年底以前之日記帳已記出，正在與單據總數核對之中，但據謂頗有庫存變成負號之時，自與實際情形不符，卅八年底之庫存竟亦係此種情形，更屬荒謬，其原因為平日無帳可資對照，單據再按月整理時又未注意受款人條據日期往往在付款日之前，更有差數日始付出者，而記帳者則全照出據之日記入，結果乃經常有上項訛誤存在，且使明眼人一見即知為事後彙總整理之帳，但帳已記清，逐日將日期調整亦非常困難，只好聽之，此外已經核算若干日之利息收入，記帳人之轉帳方式均係知其一不知其二，發覺轉帳作為現金記帳者太多，自亦影響現金庫存，又序時帳簿本有現金帳與分錄帳兩種，分錄帳經記帳人認為只有物資進出之無現款關係者始可記入，此外利息之算後未能收現者竟不知亦須作轉帳分錄，迨知時物資分錄均做完，按照日期已無法插入，無已乃亦記入現金帳內收付兩方同時記載，凡上種種均因經手人之糊塗與無條理，遂至不能運用自如，而余指導之時為避免其前功盡棄光陰虛擲，復不能一再令其換帳，只得將就敷衍，以期早有結果，足見凡事不能慎之於始者，絕不能有圓滿之終結，所謂靡不有初，鮮克有終，而況其開端即種下以後不能收拾之種子乎？可不懼哉。

3月14日　星期三　雨

業務

上午，到會計師公會送所填所得稅登記申請書，因台北市稅捐稽徵處透過會計師公會將空白發出，彼以公會為控制之具，自不能搪塞不問也，表內開業日期本應填去年登錄之時，但查稅者在注重今年之稅收，故寫明今年一月起始有業務，事務所則寫在現住所內；又據幹事宋君談，法院委託業務已漸漸有送會者，係按在建設廳登錄之先後為序予以輪流，但其中未繳費者則隔過，又人不在台灣者亦隔過，故只辦案兩起即已超過七、八人云。續到山東物資會核帳，該會因十六日票傳會計攜帳出庭，故預定明日即須完成，但至今日記帳尚有三個月未記，而總帳則全部未記，日昨商調他方人員幫忙記帳，亦無結果，故仍以牛步方式進行，而經手人陳君對於若干分錄之原理不能明瞭，堅欲研究明白，結果愈弄愈糊塗，徒然耽擱時間而已，以今日進度言之，開庭前已無法完成矣。

3月15日　星期四　陰雨

業務

到山東物資會核帳，今日將前數日未能明悉底蘊之蕭清江戶利息之來源根據經手人陳君撿出之小條加以核算相符，但尾數仍有差異，係陳君作帳往往認為零數無足輕重，予以抹去之故，然此等處即可能滋生以後甚大之紛擾，或竟須特別費時始能找出也。山東漁農基金會請余為其出具查帳證明書，余因前次查帳經過數月後已將內容忘去不少，今日乃加以繼續審核，不過作粗枝大葉之閱看，以便喚起記憶，同時與會計馬德夫君談及渠所管者完全根據主任委員孫伯棠之通知，故帳載事項與實際未嘗無所出入，尤以現金庫存當更難免於此種情形，在此種辦事方式之下，只能就帳言帳，余則更只能謂根據所整理之西式帳以與馬君所管中式帳為完全符合，至於原始實際情形則無從斷定，又暫付款項多屬無理由之掛欠，亦殊不合也。

師友

晚，訪楊孝先氏，因渠昨曾兩度來訪也，據云係來探詢陳良接掌齊魯後之情形，將為其友謀工作，又談存款於楊天毅兄處，為取利息曾三數次前往無結果云。

3 月 16 日　星期五　雨

業務

山東物資會所撥款成立之輔導漁農生產基金保管會主管人孫伯棠，要求余就其帳務情形出具證明書，昨日已將帳表憑證重新加以瀏覽，決定余之證明書之內容，今晨起草交其來人帶回，文字表面看為證明其表報帳冊結餘之互相符合，重要憑證亦抽查相符，暫付款多未收回，棉紗貸款亦然，但本息數字均各在帳上分戶登明云云，此項文字若從反面著眼，凡未證明者即不負責也，尚有一點即馬德夫會計所談彼記帳係根據主管人之隨時通知，故日期與經過未必相符，余之證明書則特別寫明帳列數字與會計人員之原始記載相符，而不證明其與原始資料或憑證完全相符，亦一無形之保留也。續到山東物資會核帳，日記帳已完全記完，正開始轉記總帳與補助帳，余初核去年六、七兩月單據，發現若干借支款項竟正式作為開支，如非馬虎不懂，即為有意徇情，經告知嚴格劃分，並俟記帳及整理完畢後，余尚須將單據全部復核，在整理時應將動支根據分別立單據註明，公款如此隨便，不容許也。

3月17日　星期六　晴

業務

續到山東物資會核帳，今日指導整理單據，為迅速起見，決定每月裝成一冊，號碼自成起迄，陳君已將第一冊裝成，余略加審閱內容，發現有方法上極不妥處，一為單據十分之八九為各項費用，需要裝訂編號者亦只此類，但陳君為與其現金帳付方完全相同，將其他無關損益之支付如銀行往來內亦加入在內，且用條自寫一張，編入號碼，又有暫付款單據，雖屬支付憑證，而不能在報銷之內，故亦須剔出，此外凡有資產類之支付，雖亦編號，但不應併入開支一起，當即決定將資產科目之憑證另行保管或裝訂，其中有影響費用單據之號碼時，即在每月合裝本之封面予以註明，庶幾可以核對帳目知其底蘊。

參觀

到女師參觀該校職員楊宗道金石展，包括兩部分，一部分為篆刻，均係詩詞歌曲如滿江紅、正氣歌、陸游詩、鄭成功詩等，拓於條幅上，定價出售，第二部分為碑拓，有魏、齊、唐墓誌六十三張，舊拓淳化閣，影印夏承碑及三希堂帖等，亦標價出售，此部分當係附帶，其印則甚高古，作風尚不失於怪誕，惜所用印泥似乎欠佳，美中不足耳。

3月18日　星期日　晴

參觀

下午，再往女師參觀楊宗道金石展覽，余於其篆刻昨曾記之，今日再度瀏覽，覺其印法篆不如隸，分隸雖非印之正宗，然有時反更能發揮作意，其隸法又多有晉魏楷意，如有一印云：「石頭石頭，破悶消愁，雲痕任挹，鐵篆憑鉤，浮名浮利不須求，但願長相廝守」，石形不規則，而渾然天成，堪資深賞；余今日以長時間觀摩其所藏魏唐墓誌六十三頁，墓誌全為武進陶涉園拓石，癸亥年物，故甚新而清晰，最大者有三，一為魏冀州刺史元公（諱珍字金萑）墓誌銘，二為另一墓誌（諱壽安字修義），三為魏故侍中特驃騎大將軍尚書左樸射司州路司空公鉅平開國侯元君（諱欽字思若）神銘，此拓三十七行，行卅二字，神似張黑女，結構草法，無一不出神入化，其中「流」字凡五，而無一相同，可謂逸品，獨不知包康論書何以不及此碑，余流連久之，不忍遽捨，如財力可及，必購藏也，此外宋拓淳化閣，紙墨不佳，高麗紙鑲裱，疑東瀛物，三希堂價雖高而常物也。

集會

下午出席區分部大會，主要工作為選舉小組長，因主持會議者不善運用，幾乎兩小時一事無成，而選舉且將改期，余力主不可再拖，卒照預定步驟選舉，本組余使汪聖農兄當選。

3月19日　星期一　晴曇

業務

續到山東物資會核帳，該會人員全部過總帳工作已經完畢，餘補助帳尚未記，單據編號工作尚只完成其半，今日余將已裝訂之單據卅八年十至十二月份加以審核，此項單據已將有會議根據之支出分別註明，但余核後知尚有遺漏未註，不知或係並未經過會議，有待查明，而此次開始以前又有所謂清點物資與開辦費開支兩筆，註明單據另行保存，不免須又多一步手續，此外又聞兩會計人員報告全部日記帳結存現金相差甚遠，必有遺漏之帳，正從事設法核對，其方法就該會舊有片斷帳冊與新記之總帳核對，並對照工作報告中之收支總表，或可發現錯誤之根源云；又此項帳目係結至去年七月底，八月以至現在該會已不存在，但有時仍依據前省府主席秦德純之通知有所發放，如何完成合理之手續，不能無解決之法，或即將支出總數作為省府掛欠，尚未確定，但無論用何法處理，此項收支情形既不能不與以前啣接（因所用之款係催收以前之應收帳），又不能混為一談，在技術上固須大費斟酌也，現法院催索該會之帳甚急，今日又開庭傳訊證人數人，聞即將接近尾聲云。

3月20日　星期二　晴曇

業務

續到山東物資會核帳，因卅九年之帳尚在核對錯誤之中，故未能由余繼續審核單據，今日將借出省參議會二萬元之帳加以複核，大致相符，此外即為提示其尋找錯誤之方法，現在總帳過完已有各科目餘額，雙方數字相差過鉅，已核出者有借貸方記載顛倒失衡，又其現金帳因尚未能將庫存數核明，致迄未過入現金科目，亦為總帳各科目餘額雙方不能平衡之原因，現在須先設法將記帳錯誤更正，然後始可知處理尚有無錯誤也。山東物資會曾撥款交前山東綏靖總部在新北投頂房一所，至今並未取得契據，本月底以前照公產管理處規定如本名不符須過戶或承購，而物資會並無款可付，正設法借款繳交，俟取得產權後即變賣歸還，尚可收回以前頂費而有餘，否則公產處有權可以標賣，頂費等於虛擲矣，此事已將屆期，而辦法毫無，聞近因市區疏散，達官貴人往看房者甚多，山東物資會既無力承購，恐結果只有為強有力者賤價取得而已，物資會亦無租用證件，即標買優先權亦無之，政府事往往如此，恐限期屆滿亦只有坐令喪失矣。

3月21日　星期三　陰雨

業務

續到山東物資會核帳，只督促二職員從速核對單據並過帳，但仍未完畢，余則繼續研討其手續未完備者之補救問題，有若干單據雖已批過但缺乏委員會決議案，在責任上仍須有解決之道，但委員會已經解職，縱目前原人尚在，亦不能重開會議也。

瑣記

上午，到三重埔彰化銀行提取新中央橡膠廠支付余之公費，係預填今日期之支票一千五百元，出納員只付余十元券一千元，餘給五角銀幣，實太不合情理，經交涉始改為五角券，經著人到合作金庫託隋玠夫兄換成大券，始克攜帶之煩，可見輔幣之泛泛現象已甚可憂，因現在台灣銀行之限內限外兩種發行均須以二成數另行印發輔幣，則限外新近增至九千餘萬，輔幣之新流通者自然更多，此非一般社會之福也。

師友

下午訪楊天毅兄，渠談將有二十餘人有友誼結合，余詢內容甚模糊，未再詳談。

3月22日　星期四　雨

業務

上午，新中央橡膠廠張會計之文來訪，係日昨約定來談余查帳報告書所列事項之調整帳目方法者，其中有若干在查帳期間依據談話結果即行改正者，詢余報告書是否尚必須列明，余告以此項報告書係截至去年底止，今年之帳目余既未核過，則無論已否調整，初與余之報告書無關也，又關於陳春生股東在公司取用原料，帳上曾作為呆帳支銷，余予以剔除，渠亦已由壞帳準備轉至應收帳款內，惟尚有一筆尚有類似情形寫在報告之內，余因在查帳時遺忘寫明戶名，以致誤為陳之所欠，經張君指明，非是，余即發覺有誤，在報告書加以修正，此為余查帳工作中所發生之僅有錯誤，但以從事會計師職業言之，雖此等錯誤亦不能強自寬解，因縱與信譽影響不大，於自己之信心則發生些微之衝擊也，蓋余從事查帳工作皆一手躬親到底，有關係之帳項則多半一核再核，始能斷定錯誤，故余之報告書送出後在原則上固屬斬釘截鐵也，而居然發生漏洞，且耿耿者，此也，又研究股東更名變通辦法，余即代擬舊股東讓與書一份聲請過戶，因無股東，只能憑此，又詢其所欠公費，希望月底前送到，渠表示無何把握，因貨品滯銷之故云。下午續到物資會核帳，已在補記補助帳中。

3 月 23 日　星期五　雨

業務

第四信用合作社由理事主席孫伯棠兩度來訪，均未遇，今晨到該社接洽，與彼及李紫宸經理晤面，云係因其社名為建築信用，欲開展建築業務，適接市政府通令，謂合作社之經營業務有與特殊系統法規有關者仍應從其規定，故須洽請建築執照，將委託余代為辦理，余因此等登記領照業務全須奔走衙門，敷衍小官，非向所習慣，故不願承接，但李兄一再要求，估允接洽試辦云。續到山東物資會核帳，今日將已整理就緒加註支付根據之單據自卅九年一月至七月結束時止，逐一加以審核並與日記帳對照。

參觀

上午，到中山堂參觀郵政總局主辦之郵票展覽，出品甚多，除該局所藏數十年來發行之郵票外，尚有所藏世界各國各版郵票，而最名貴者則為集郵家李東園等所參加展出之中外特種郵票，如世界最早之郵票一八四〇年英國發行，最大之郵票在美國，以及各種變體郵票、紀念郵票、風景郵票等，可謂美不勝收，欲求全部詳觀，非一整日莫辦，余則為時間所限，只流連半小時而已，走馬看花，深有未饜，會場發售郵局新印之地方自治紀念郵票，每套四張，又不鑽孔者四張，小全張一張，買兩套以上者贈送紀念刊一版，會內且有紀念信箱、紀念郵戳等，甚為周全，而招待亦復殷勤，在官辦之展覽中，如此生色者實尚不多見也。

3月24日　星期六　雨

業務

續到山東物資會核帳，該會人員仍在核對日記帳之滾結數，尚未竣事，現在成問題者為其現金結存滾結後未必與事實相符，且差約數千元之多，但亦未能知曉係真正庫存數應為若干，現在所希望符和者即該會對外公布之工作報告數與現在之結數不應有異，以免外間懷疑，惜乎該項報告數之來源原經手人亦不能復按，故現在發生差額亦不能知其來歷，結果則又須耽延時日加以研討矣。今日同鄉會在該會開會，討論該會所置北投房屋因原係李玉堂名義買進，遲未過戶，省政府因李伏法竟欲將房收歸公有，遂決定趕速交涉補救，聞過戶費早由物資會取去而遲未照辦，且經手人推諉責任，甚至口角。趙季勳兄在該會看單據之與彼有關者，且對於郭雲秋經手事項特別提出研究，余略表意見。

3月25日　星期日　晴曇

師友

下午，同德芳訪宋志先兄夫婦，蓋自德芳產後能起床以來久應前往答訪也，閒談移時即同宋兄到浦城街參加同學茶會，由周方兄報告在湖南共區所見所聞，及由港來台前所悉大陸情形之演變，此外有張金鑑兄複述蔣廷黻氏在立法院報告聯合國動態，特別強調民主國家之新口號即不反對共產主義而反對史達林主義，此口號之意義為希望有類似帝託者在其他蘇俄附庸國出現也，又有黃強兄報告香港第三勢力之一許崇智所領導之集團以彭昭賢、張發奎、李福林為中堅之向國際方面活動情形，極堪注意，但有小的宗派以買空賣空為事者，亦不勝枚舉，此等現象可重視亦不足重視云。上午，到杭州南路二段訪潘維芳兄，不遇，就近又訪逄化文兄，亦不遇。李德民君來訪未遇。

3月26日　星期一　晴

業務

續到山東物資會核帳，該會職員陳問泉昨日來信謂帳表單據均已整理完竣，盼余到該會指導，余答復因有他事須翌日前往，今晨往時見各總帳餘額均已結出，余以該項餘額與該會以前所發工作報告所附收支對照表相比較，不甚相符，其中重要項目無重大出入，費用方面有前後所用科目不同者，亦有資產性之支出以前誤入費用者，現金結存則多結二十餘元，余將其各科目比較差額加以分析，向陳君說明，備其到庭作供，又代其擬註明單一紙於附表之後，渠抄正附黏，此時各帳餘額既已確定，乃將各科目順序加以排列，因損益科目幾乎只有費用，乃囑其只製一種綜合平衡表，免列損益軋差之數字，並將明細表作法告知，即開始作表，關於表之蓋章問題，余本謂應由常務委員組長會計製表等逐一加蓋，裴鳴宇氏主張加稽核委員，乃請趙季勳稽委到會，趙兄有難色，引證該會組織規程之規定，稽核委員只蓋特定戳記不蓋名章之規定，主張只蓋公章，余見條文亦合，決定全部應蓋稽核委員會之公章，且照該會規則一切帳簿亦須加蓋，常務委員則只須過半數之蓋章已足，余最後將單據之應補正手續者加以複核，一部分補批補註均已照辦，一部分則尚未補，余均一一摘出，容在證明書中概括寫明，以上各事均將於明晨完成，即日送至法院云。

3月27日　星期二　晴

業務

續到山東物資會核帳，今日將全部記完製完之表報帳簿加以最後之核閱，並在正表上蓋章，並提供證明書交該會一同送至法院，所未送者為資產類支出之憑證，亦指明交陳君另行保管，至此全部工作即已完成，至於陳君結束時移交郭雲秋君保管，郭不久離職，又交陳君，此中帳目因均不在物資會所送帳目之內，雖為日無多，然情形極其特殊，反不易納入正軌也，其原因為物資會結束後餘款六千餘元應收款二十六萬餘元，議決以七成用於敵後工作，以三成用於同鄉會，但二者均無正式可以接辦之人，其中同鄉會先後支四萬餘元，毫無正式根據，亦無畫一之權責，並聞郭君交陳君時又有掛欠款項抵在現金內移交，此種情形非正式物資帳所有，殊屬不易整理，其原因為主管機關及負責人模糊，款項動支無法案根據，現款亦無保管之合理方法，一切皆無是處也。

師友

晚，同德芳到崔唯吾先生家拜訪，因數月來德芳未能出門，現在須補行前往拜訪也，所談者為立法院最近討論之省縣自治通則及出入境放寬尺度事。

3 月 28 日　星期三　陰雨

業務

前數日第四建築信用合作社曾委託余代為辦理營造業登記，余因對此業向屬茫然，允先行調查探詢再為辦理，本已託徐嘉禾君在內政部查卷，僅取來中央公布之營造業規則一種，而最詳盡有用之台灣省實施辦法則未有附來，本應向該部或建設廳查詢，但法規多有公布修正曲折極多，在官署內殊無充分時間與地點詳加研討與抄錄，故於今日下午到省立圖書館檢查省政府公報，由後向前追溯，逐一翻檢，結果尋出該項辦法以及兩次修正條文，但條文中有涉及資本額及營業額等建設廳得隨時調整報府公布等規定，自卅八年底以後有無此種情事，即未再翻檢，尚須問過官廳始能明白，此外已大體有輪廓矣。

參觀

到中山堂參觀反共抗俄美術展覽，作品極多，首為西畫部，以劉獅所作被共黨殺害人士數幅慘象為最大而動人，以次為國畫、書法、金石等部，金石部有古代名臣作印，甚可珍重，此外即與書法則皆不出正氣歌、滿江紅，千篇一律，顯見作家所知中國文獻之狹隘，攝影部分多郎靜山作品，以外則多記實之作，最多者為漫畫，用筆與立意並佳者殊不多見也。

3月29日　星期四　雨

師友

下午，到南昌路訪石鍾琇君，因閱報有朱鼎兄在明日結婚之廣告，詢以內政部友人如何表示，可否參加喜分，據云內政部同人係依照所定節約辦法，每人扣薪百分之二，故每人只出六、七元，自不宜參加，後又遇徐嘉禾兄於途中，所談相同，余自須單獨送禮矣，在街市購適當餽贈物品不果。

見聞

過重慶南路時，遇青年節大會後大遊行行列，各學校學生及部隊達數萬人，在大雨滂沱中前進，雖若干學生略有倦容，而衣衫濕透，寒風撲面，亦均有難言之痛，此在主其事者之風頭主義不能有真正愛護青年之意念，恐三小時之遊行後，病者相繼也。

3月30日　星期五　雨

交際

下午三時在陸軍同學聯誼社參加朱鼎兄與吳振文女士之婚禮，由余井塘氏證婚，行禮後以茶點款客，到者六、七十人，送禮多為現金，幛品則只有陳辭修、趙志堯、楊綿仲等所送者。

師友

晚，金鏡人君來訪，送還以前攜去渠為辦理主計人員敘薪請余保證資歷所附余之本身經歷證件，謂憑此證件認為證明確實之期間與證件所含期間同，故可作八年資歷之證明，另有皖省財政廳方面主管人證明二年，合計十年，經核定薪級為二百八十元云。

家事

四女紹因今日適滿十七個月，正滿地學步，牙牙學語，飲食睡眠俱有次序，大人說話亦能領會，今日有一小事極能表現其聰穎與心地，女傭抱紹因，紹因聞幼弟紹彭臥啼，乃牽王媽手連呼「弟弟」，迨王媽將彼放下往抱嬰兒，彼隨後行走，一若所主張者已達到目的，較之一般兒童惟知爭寵嫉恨者完全不同，余與德芳對此事皆深為激動焉。

3月31日　星期六　晴

師友

上午，夏忠羣兄來訪，告昨日中鹽公司清理委員會議決聘任余及另一會計師為清算人，但為避免負擔過重之公費，希望作為普通查帳，夏兄又談公司關係方面意見紛歧，一部分商股因大陸財產不能立即清算，又不許成立保管處，等於斷送，意在拖而不決，公司方面則利於速決云。

業務

第四信用合作社復派人來洽辦營造業登記事，余先略告情形，渠將先送表格來。

師友（二）

下午，訪胡文郁委員不遇。下午，訪楊子位兄，詳談其來台後尋覓工作之計畫與現狀。

娛樂

晚，看電影，Bremer 主演 Yolanda and the Thief，故事無可取，僅在表現舞技耳。

4月1日　星期日　晴

師友

上午，李公藩兄來訪，談已脫離第四建築信用合作社，在基隆所設報關行亦因生意清淡，正在結束之中，其將來之目標將非正式經營錢業，目前準備先回台中休息一個或半個月云，旋留午飯後辭去。下午到水源路訪楊子位兄，係與德芳同往，並贈米一袋，約四十斤之譜。下午同德芳到羅斯福路二段七十五巷訪夏忠羣兄，因其夫人久曾來訪，迄未答拜也。上午訪徐嘉禾君，催速託人介紹建設廳土木科經辦建築登記主管人。

4月2日　星期一　晴

師友

上午，王慕堂兄來訪，歷述濟南為共產黨佔領後，在交通銀行交代後，調赴昆明再度「解放」後，一月前間關來台灣之經過，據云大陸上共產黨已將人心盡失，比諸一年以前大不相同，又談及在大陸昔日濟南同業友人之情形，以在滬者為最多，且仍為銀行界，其本人來此後正在請求交行予以設法，但目前人事已非，尚須再作一度努力也云，留午飯長談五、六小時候始辭去。上午，徐嘉禾君來訪，送來內政部同學都專員所寫介紹余到建設廳土木科接洽營造廠商登記之名片，此片係致土木科長及另一技正者。

業務

下午，到中央財務委員會訪汪天行兄，談中鹽公司清理事，據云前日已經清理委員會議決聘余與另一會計師（似為朱國璋君）擔任，公費不希望負擔太重，汪兄詢余如何，余謂雖有規定但決不在乎此，至於實地開始尚俟與清委會接洽後再定，汪兄站在商股立場，認為不宜進行太速，且希望余能多多顧到財務委員會之利益云。

4月3日　星期二　晴有陣雨

業務

上午，到建設廳土木科為第四建築信用合作社辦理營造業登記事，與科長劉永樹接洽手續，會晤者尚有劉科長所介紹之陳技正金木，研究各項手續極為詳細，辭出後即到該合作社轉知從速填寫各項表格。上午到中山北路訪李洪嶽律師，送致第二次新中央查帳公費之介紹費。

師友

晚，到台灣紡織公司訪王慕堂兄，閒談。遇于國霖兄，據云今晨曾到余寓過訪，余不在家云。

娛樂

晚，看電影 The Three Musketeers，美高美出品，即俠隱記，演員為 Lana Turner、Gene Kelly、June Allyson、Angela Lansbury 等，表情、打武、彩色，無一不佳，堪稱名片。

4月4日　星期三　晴

家事

今日為兒童節，亦為余與德芳結婚十七年紀念，燕居終日，又今日為舊曆二月廿八日，為德芳之生日，明日則為余之生日，故兩日間有四節日，日昨為德芳買絲汗衫及眉筆以作餽贈，又為紹中、紹寧及紹因各買糖果一包，嬰兒紹彭無紀念品，晚間與德芳持友人所贈禮券到商肆為購服用布料，以為夏季之需，興致甚佳。

業務

上午，趙季勳兄介紹郭雲秋君來訪，接洽自山東物資會去年七月底結束後，由郭接管一段之款項應如何整理帳目完成手續問題，當即約定於明日到該會指導辦理。

4月5日　星期四　晴夜雨

業務

上午，到山東物資會核帳，此一段為郭雲秋君經手自去年八月至今年一月，又陳問泉經手自今年二月至現在之收支，在形式上物資會已經結束，當結束時決議餘款按三成作為同鄉會救濟學生與辦理公益，七成為敵後工作之用，故原則上此時期所付之款只能作為代付性質，不屬於甲，即屬於乙，但事實上此時期仍有其開支必須由物資會負擔者，此外撥款有同鄉會取現者，有撥付補助學生者，均可屬於應撥同鄉會款內，亦有少數敵後工作領款者，即當屬於七成範圍之內，而款項來源則為物資會結束時之尚未收回的帳款，依據以上種種事實，余即決定一初步處理方式，所謂初步即先不記正式帳，只作為一分錄之草帳，因以上種種必須事實與根據完全顧到，譬如物資會結束後尚有開支，以及撥付同鄉會之手續是否完備，非經開會不能有所決定，而此項款項內容情形又非先行記帳不能有條理的供給於會議，故只能一面記帳一面開會，如所記之帳經會議將應完成手續加以補正或承認，即可抄入正式帳，同時為數若干亦可有核銷之議決也，至於整理之方式，余今日已經擬就，除收入款為以前之應收帳款，仍記原科目外，其餘均另設新科目，非會內開支用「結束費」科目，以示性質之特殊與短暫，凡補助學生及同鄉會支用均用「撥同鄉會款」科目，示三成決議之實施，至於單據均向同鄉會換取總收據附帳即可，凡屬敵後工作費均用「撥敵後工作費」科目，示七成之歸宿，此二科目均列資產類，至於各費之核付均有非正式秦前主席德純之批示，可勉強作為過渡時期無人負責之補救也。

4月6日　星期五　雨

業務

今日續到山東物資會核帳，所核者為上月核畢後自卅九年八月至今年一月半年來之帳目，今日見已照余昨日所開之原則登入現金帳，當即告以過入總帳之方式，其中有為固有之科目，仍須延續登記，有為新增之科目，則為此一時期之特殊帳項，科目大別為三，一為結束費，二為撥同鄉會，亦即約計三成之數，三為敵後工作費，亦即約計七成之數，隨即將總帳與現金帳核對無誤，自然告一段落，但有特殊之先決問題須待物資會會議決定者，一為所有代付同鄉會各款一律將單據移交該會，換取該會收據作為記帳根據，二為結束各費須有議決案或批示手續，三為敵後工作費各筆須有會議議決之根據，四為續付同鄉會新北投房屋過戶費，如該房作為同鄉會所有，該款即列該會之帳，用途如何，即不再問，如作為物資會之房屋，則此款即不作為撥交同鄉會，而應由經手人取據向物資會報銷，此外二、三月尚有少數發款，陳問泉君繼郭雲秋君經管者，遲遲不肯對入帳內，余在業務立場上亦不相強，惟至下午各事已畢後渠又表示將補行入帳，而單據尚未整理就緒，余因太過瑣碎，即行辭去，據云物資會開會時將約余開會參加，余表示並無不可，候通知前往云。

4月7日　星期六　陰雨

業務

下午，出席會計師公會理監事聯席會議，進行事項首對劉廷芳撤銷登錄及公會會員並水啟寧因案通緝，二人均為理事出缺，由後補鄒馨棣、徐光前二人遞補，次討論在台灣省辦理納稅業務之接洽情形，決定繼續洽辦，對於財政廳所提對案，第一在台北劃區試辦，第二須有增加稅收之把握，第三公費由政府支給等三點，決定希望在台北市全市試辦，稅收不能有包辦意味，公費希望由商人負擔，如超過預定數額，政府另外提獎。又此事本推五人前往交涉，中間有同業二人誤以為此五人與財政廳洽妥包辦，竟到廳大加不滿，旋即另有若干會計師聞風而至，奔走請託，希望參加業務，為對此點予以糾正，由公會將此事接洽情形通函全體會員，請對本案發表高見，以憑交涉辦理，自然不致再有個別行動之事，此外並議決請經濟部施行商業會計法，並請建設廳將各事務所助理人員彙報經濟部，以重資歷。

4月8日 星期日 陰雨

集會

民眾自衛古亭區隊部召集訓練，於今日至後日三天，晨六時半開始，余今晨前往參加，地點在螢橋國民學校，今日訓練二小時，有國民大會某代表講總統言行一小時，其後為軍訓立正稍息與轉法，據報告此項訓練目的在納入組織，故學術科甚淺，但非主要目的云。下午出席黨團小組長張益東所召集之重劃省區問題座談會於武昌街十八號，到者七、八人，余因另有他事，故坐一小時即退席，會內討論問題集中於山東省之改劃，改革方案多半為將東西兩部分為兩省，名稱東部有膠東、膠海、山東等，西部有濟南、泰安、泰岳等，余主張以東部為山東或膠東，以西部為泰岳或山東均可云。

業務

上午，到中山北路列席山東物資會常務稽核委員聯席會議臨時會，討論事項十餘案，多為關於去年七月底結束後至今日為止，中間發生若干款項問題之處理，並對於此次查核帳目之報酬問題，亦有所決議，關於余之公費部分，各常委詢余章程如何規定，余云不能照定章，因負擔太重，但亦告以章程定數，經該會商定為二千元，開會後余根據所作各項決議通知帳務人員將若干帳項之科目確定之。

師友

下午，訪馬兆奎兄，告以中鹽公司查帳案似有其他會計師仍在鑽營活動，望轉告部方清理委員如張體乾、金克和諸君等加以注意，馬兄謂不妨到財部分別訪問云。

娛樂

下午，參加同學茶會於電影檢查處，其實只放映電影，未有談話，余到時已經開映約二十分鐘，詢片名為「花開蝶滿枝」，西名以及演員姓名則未可知云。

4月9日 星期一 陰雨

師友

上午，夏忠羣兄來訪，面交汪天行兄介紹片請與中鹽公司清理委員會主持人王撫洲一晤。上午，宋志先兄來訪，渠被推審查齊魯公司去年度決算表，已先由譚嶽泉董事核過，係由其公路局會計人員所代辦，寫有意見數點，宋兄詢余應作何表示，如將決算表及其所提意見略加核閱，發現其所提意見雖不無中肯者，而多半並不確當，例如將結匯證作為有價證券，呆帳準備認為應逐年攤提，皆誤，如提至董事會或為公司會計人員所見，均將構成笑話，又有一小事，譚所提意見有一項為暫付款內吳某（指余）等多人個人欠款應予收回，余查閱財產目錄所列，應為前董事長現常駐監察人居前，但數目比余為少，而職員中則有為數比余更多出若干倍者，故無論以何標準言，均不應以余居首也，宋兄將予以改正之，宋兄又談及前日齊魯公司代總經理李伯平對於余自身住該公司房屋而又令衍訓住於該公司獨身宿舍不無微詞，此等人器局太小，專從此等細節上著眼，況公司如需用房屋，儘可明白表示，何必背後議論，此等風度均非撐持一種局面者所應有，宜乎公司內有大事糊塗小事清楚之現象也。下午，訪楊天毅兄，轉達楊孝先氏之通知，希望將所借美金於一週內還付五十元，楊兄當即首肯，談妥後即到仁愛路楊氏寓所復命，不值，留字將上情告之。

業務

下午，到鹽務總局訪王撫洲局長，談中鹽公司清理事，據云將於星期四開清理委員會一次，對於所聘會計師余與朱國璋君之公費將有所商討，因不願照清算公費支付也，余表示無所謂，因此係政府之事，自須雙方兼顧也，王局長談清理步驟將由財部中鹽公司與鹽務總局所出五職員先作初步整理，然後再交會計師核閱，現在此五人已先赴台南該公司總公司所在地著手辦理初步工作，將來會計師亦須赴台南云。

4月10日　星期二　陰雨

業務

上午，山東物資會職員陳問泉君前來致送公費，並談其二、三兩月結束費用尚未完全登記，有原則數點須與余商討，余大致告以處理辦法，囑先草成底稿再送來核閱云。

家事

紹寧女自昨夜發燒，今日面頰現紅瘢，知為痲疹，上午延蔡文彬醫師來診察，肺部無恙，僅略有支氣管炎，開藥兩種，兩天劑量，至晚疹漸普遍，手腳亦均現出，可見過程十分良好，惟因熱度過高，頻作囈語，且煩躁不安，大人亦不寧貼耳。

4月11日　星期三　陰雨

業務

上午，到中國鹽業公司訪何維凝總經理，為初次之拜會，並未談具體業務事項。到財政部訪馬兆奎兄，託介紹分訪該部參加中鹽公司清理委員會委員張體乾、金克和兩君，以資聯絡。

師友

下午，楊孝先氏來訪，談後日去台中，存振中印刷廠款託余數日後代取，並談前數日在街頭被汽車撞傷經過。晚，廖毅宏兄夫婦來訪，其夫人上週來台，帶來姜慧光表妹代購贈奶粉，並閒談在台北居住情形。晚，王慕堂兄來訪，閒談三年前在濟南時種種故實。

4月12日　星期四　晴

師友

日昨楊孝先兄來訪，因預定日內有台中之行，託余兌換美鈔廿元，適數日來政府因金鈔波動太甚，規定新辦法，外幣只許持有，不許交易，兌換時由台灣銀行收兌，但價格甚吃虧，余今日下午到第四建築信用合作社探詢有無可以非正常買賣之方法，據云情形甚緊，無法可辦，只有遇友人前來商洽之機會可以設法，余乃將楊氏之美鈔自行留存，因無行市，乃照台灣銀行收兌價略加，下午到仁愛路送楊氏，其台中之行因日昨又患腰痛至時能否前往尚不可定云。

4月13日　星期五　晴

集會

民眾自衛總隊古亭區隊之訓練改為五天，余因雨中阻一天，本應昨日結束，乃於今日參加次期補訓一天，在通知單上共蓋章五次，作為全期完成，將憑此到區公所在身分證驗印。

娛樂

晚，到植物園看電影，由美高美出品「小婦人」，根據名作小說拍攝，由June Allyson、Elizabeth Taylor等主演，前者飾二姊蜀，後者飾佩斯，在片上為四妹，但憶書上為三姊，似為角色按排而有所改訂，全片以蜀為主角，形容個性均極貼切可愛。

4月14日　星期六　晴

師友

下午，胡文郁委員來訪，以前互相造訪，均未相值，據談由港來台不過兩月，其眷屬尚在澳門，一部分則在大陸，未能走出，又談皖省淪陷後耆宿凋零，人事日非，不勝感喟。

體質

患咳嗽已月餘，自食咳精，又服蜂蜜，最後並由蔡文彬醫師處方服藥兩次，均一直不見任何效果，現每日清晨咳嗽仍較為劇烈，嗽後即吐濃痰，色黃，下午較輕，但如午睡為時較長時，則亦有晨間之現象，此症本屬尋常，而何以如此難愈，殊不可解。

4 月 15 日　星期日　晴

師友

上午，訪夏忠羣兄，因自台南未返，不遇。下午，同德芳訪張中寧兄夫婦，因其幼子臥病，贈水果一籃。下午，到楊天毅兄寓與另外山東籍友人二十餘人晤聚，在座集議為將來回魯爭取為地方服務之機會，應有所結合，即以結盟為兄弟之方式出之，余到時已遲，故未發言，因其中一部分人士尚有足取，故未能自外，亦即加入，但此事終場必不易有何成果，蓋照結合宗旨首重品德，次重才學，此二者有瑕疵者大有人在也，且宗旨模糊，吸進新人亦所不易云。

4 月 16 日　星期一　雨

師友

上午，到杭州南路訪姚大海氏，此為余在離開齊魯公司後之初次訪問，不過因久未晤面，過訪閒談而已，姚氏自動提起余在上月初對於查帳董監之報酬問題，曾函劉文島常駐監察人有所表示，渠曾商之中央改造委員會第七組，認為公司經濟困難，物資報酬不易，不妨予以榮譽表示，渠認為即可不必，又關於崔唯吾氏提出因余居住房屋係屬公司所有，不能無一名義，此事渠認為監察人會向無編制，公司本身則詢之李世澂代總經理，亦不主有何名義，只謂房屋不妨先住，以後再說，姚氏又謂曾有人在中央告余與吳風清，何項內容，渠亦不便不願細問，云云，閃爍其辭，使人不快，余所談者則為在齊魯公司三年來之一貫作風，對於此次查帳既不能事先消弭或單純化不使連累太多，即不能不認真處理，暗示其此事之所以使姚氏頭痛，殆由其自己應付不善，咎由自取，此人在主持齊魯公司時期，誤人自誤，可謂不易之論。訪李祥麟兄於台灣大學法學院，不遇，留字，因衍訓所住齊魯公司宿舍必須遷讓，請詢其學院學生有無在外賃居者，可否參加及有無其他辦法。到紹興南街訪楊孝先氏，因其決定停止台中之行，故將楊天毅兄代存款之收據面交楊氏請自行接洽處理，據云楊君已先送回一部分，係新台幣，既不能使用，亦只好設法存放，余為介紹李公藩兄，俟其由台中回台北後即可辦理手續，等候數日間，只好吃虧數天利息云。

4月17日　星期二　晴下午細雨

師友

下午，到警務處訪姜春華君，探詢關於請領入境證之詳細情形，不料渠所知亦甚鮮，且謂其處內主管此事之旅檢室曾不准處內職員代人接洽辦理入境事宜，但謂仍將往與詢問，余略談即辭出，到該處訪副處長劉欽禮兄，渠主管此項業務，余告以父母到港，有妹一人，不知是否照直系親屬之規定須父母到台後始再為妹申請，據答可以通融，渠當予以批辦，至於初步手續須有國民大會之公函，並須填申請書，覓保，經派出所對保後，送分局用印，此時本應即送博愛路之申請機構，但為迅速起見，可以直送彼處逕批，至於親屬關係之證件，亦必須完備，惟如何始算完備，亦無十分具體之規定可以預為引用云。

4月18日　星期三　晴

師友

上午，訪李祥麟兄於台大法學院，據談關於衍訓須在成功中學附近租借住房事已與該院講師關君談過，可以在其宿舍居住，惟關君休養肺病兩年，最近自稱已愈，實際情形如何尚未能十分明悉，故以此處雖十分適當，而此一條件則特別應加考慮，經商討決定先到李德民君服務之工廠借住，一面再在附近注意適當機會，因路遠並無多大關係也。

家事

四女紹因今日發燒，疑係紹寧後所引起之痳疹，經蔡文彬大夫診察後亦疑是此症，而未敢斷定，處方服藥兩種，不使退燒，入夜與德芳幫同照料，因熱度甚高，時有寒顫現象，且不思飲食，僅飲牛奶充飢。紹彭兒已兩個半月，今日為種牛痘。

4月19日　星期四　晴

交際

晚，在全聚德宴客，到者楊綿仲、楊憶祖、侯銘恩、王慕堂、虞克裕、胡希汾、汪天行、郝遇林、汪茂慶等，未到者李鴻漢因赴香港，夏忠羣因赴台南，張中寧因事著其子前來通知，因即就坐，今日宴客原因為一年來之會計師業務多荷協助，又有三數客人則為自香港來台甚久，本應接風，以限於經濟力量，久久未能如願，席間汪天行兄便中見告，謂中國鹽業公司查帳聘書正在辦稿之中，絕無變化，望余可以著手與另一受託會計師朱國璋先行接洽，此外該公司原有會計顧問劉階平兄經該公司何維凝總經理提出希望參加，但方式不同，似乎為俟清理完畢後由該公司交其複核云。

4月20日　星期五　晴

師友

下午，姜春華君來訪，係為答復余前數日往詢關於辦理入境證之直系親屬解釋問題，據云在台申請其父母入境者，如另有弟妹，可以同時申請，不必等待其父母到達後再以父母名義再作一度申請，但此項條件須為就學而有證明文件者云，余因其所談者亦非詳細知曉，故亦未再詳問，不過渠對此事尚算肯予助力者。晚，李德民君來訪，為衍訓住其工廠宿舍事詳告情形，其本人則正在進行資源委員會基隆造船公司職務，據云待遇可有四、五百元，而在工廠則只有百元左右，相差懸殊云，又談其兵工廠內之腐敗情形，非但未見改善氣象，反又派入政治工作人員，干涉行政，又利用職權巧取豪奪，改造聲中，事事往往如此。

4月21日　星期六　晴有細雨

業務

下午，到信孚會計師事務所訪朱國璋會計師，談關於共同接受委託清理中國鹽業公司債權債務事，據云其被該公司清理委員會委員陳勉修提名事先全無所知，並取出該會通過後致陳公函請與朱接洽之通知交余一閱，余於朱君之為人頗有所知，其所談自無掩飾之情形亦無掩飾之必要，惟以此證明陳何以提名似不甚充分也，渠對於能與余合作業務由於深知余之作風而極表愉快云，旋閒談在此處理業務之一般情形與困難，對於中鹽公司之公費一節，不主張完全以生意眼光處之，曾對該清理委員會表示可以由該會酌定，本人殊無所謂，余謂余對汪天行兄所表示者亦與此相同，可謂不謀而合，至余之提名事先知有其事，因與汪兄在永業公司有同事之雅也，朱君為一學者，相談甚投契。

師友

上午，馬懷璋、佟志伸兩兄來訪，留午飯，馬兄前日由港抵台，談在港經營毛巾廠失敗之經過甚詳。晚，李祥麟兄來訪，閒談，多涉及台灣大學法學院一般情形，尤以經濟系內教授中不能協調之狀況所談最多，一部人與財政當局結納，殊失身分。

4月22日　星期日　晴

游覽

校友茶會今日由石鍾琇、吳望伋、謝澄宇三同學召集，事先商定到南郊圓通寺旅行，上午十時在車站集合，分乘卡車南行，至川端橋過河，約四、五里至山腳下，徒步而登，石路平坦易行，此寺在山腰，建築極新，由老尼主持，聞開山極艱難，今則規模畢具矣，在寺用素齋後下山，循原路回市區，此寺今日遊人頗多，聞近處僅此，幽邃者別有之，則為程較遠矣，聞名川大山者見此，若小巫之於大巫，然都市塵囂餘暇獲此，亦多所調劑也。

4月23日　星期一　微雨

家事

余終日因家事未外出，亦因近日並無業務之故，自紹寧患痳疹愈後，紹因漸有發燒之現象，但數日無痳疹徵象，醫師亦只謂十之八九不外此症，而不能完全斷定，至昨日下午面部及四肢之斑疹幾於同時出現，於是斷定仍為痳疹，因熱度較高，甚為煩躁，夜間幾乎全由德芳把持入睡，可見其不能忍受之程度，至今日則生出更多，尤以面部為甚，幾密集成為一片，熱度則未繼升，不斷服藥，今夜似有逐漸下降之象。

4月24日　星期二　雨

家事

今日全日仍在家看護紹因女之疹症，今日紹因遍身均已發出紅疹，且多處均結連成片，必因時作奇癢，至情緒燥急，有時則十分平靜，參加諸童嬉戲，有時即突然急暴，不顧一切，只知嚎哭，抱持摟臥，無時不然，雖嚎哭至於有氣無力，仍不休止，夜間亦然，體溫則逐步降低，幾於恢復正常，飲食皆不思進，稀粥本易消化，亦只食數口而止，稍硬如餅乾則更不食，因口腔作痛之故，諸兒患疹以因女為最劇，亦最難看撫也。

4月25日　星期三　晴

業務

晚，新中央橡膠廠張之文會計主任來訪，商談其最近黃金借款之調整與帳務處理問題，據云該廠現負普通債務以新台幣為少，黃金為多，現欠約十餘條，按百分之六行息，一年來約係如此辦理，現在政府禁止黃金買賣，殊未明言不許作為借貸本位，但既無法可將黃金購進或售出，此項債務亦只能照另一虛擬之價格折成新台幣計算本息，此項虛擬價格照目前市面情形可能有二，一為銀樓飾金掛牌，此項掛牌為金價波動以前所定，政府自規定不許黃金買賣以來，飾金供應與掛牌等問題迄未解決，故此項舊有掛牌殊不能應為切合實際，二為照香港金價按新台幣與港幣之結匯證價格計算，因現在新台幣之真正外匯價格係反映於結匯證，照此計算等於在港交黃金之意，自與事實比較相近，與風聞中之黃金黑市亦比較接近，現在客戶中接洽調整方式者，以此項為比較易於處理，但在帳務上發生之問題為黃金借進時不過每兩三百餘元，現在無論照飾金亦無論照結匯證折合，均在每兩七、八百元之譜，此項借入款今後無論折改新台幣，亦無論仍按金兩為單位，對於此項差價均不能不有合理之處理，在昔因借還本息數較少，均以製造費用內設貼水子目處理，現在為數較大，一次轉入，影響本月成本太鉅，殊覺無法處理，余告以此項折算損失之發生實不在將來而在過去，故照純理論言之，應調整加入過去之成本或損益，但決算已辦，事實上不可行，故亦只好先列入遞延資產科目，分月攤入成本，庶幾較便，張君亦同意此說，旋漫談該廠近來業務與訴訟情形，移時辭去。

4月26日　星期四　晴

業務

下午，朱國璋會計師來訪，適余接汪天行兄來函謂關於中國鹽業公司清理事之公費若干，希余與朱會計師交換意見，遂以此意轉告，渠無具體意見，但余等曾分別向該公司清理委員方面表示可以不照財產百分比計算，故決定不照此標準計算，實際上如照此計算，如財產有千萬元，即需公費十萬元有餘，自屬官營業所無由負擔，除此以外即只有按時計算之一法，而需時若干亦非目前所能知，經決定立即共同往訪汪兄，商談初步意見，遂聯袂前往，汪兄謂清理委員會方面本亦可按時累積計算，但主持人王撫洲之意，仍以先行洽妥全案總數為宜，余等對此均不願先行表示，遂將公會所定公費算法標準留置汪兄處，請與王撫洲局長及其他委員參考商談，只須會方認為過得去者，余等無不同意，於是在歡洽空氣中作此初步決定云。

師友

下午，訪楊孝先氏，據云數日前有日月潭及台中之遊，昨日始回台北云。晚，鄒馨棣會計師來訪，因王培基律師會計師開業發出請柬，余等為同業亦為國大代表同人，似可略有賀儀，決定再糾集同業及代表同人數人共同辦理，明日作具體決定云。

4月27日　星期五　晴

師友

下午，到博愛路訪楊天毅兄，不遇。以電話與朱國璋會計師聯繫，詢其對於王培基會計師兼律師三十日開業擬作何表示，據云王對於同業遍發請柬，渠雖為同鄉，並不相識，其鄰近事務所若干人亦多為同樣情形，已商量辦法，將於當日面往致賀，不復餽贈云，復以電話與吳崇泉、林有壬兩兄通話，結果二人不在，亦即未復詢問他處，詢問結果，余亦自覺既與王不相識，自然可以如此照樣應付，遂往訪鄒馨棣會計師，告以同業中情形，主張如無特殊友誼，大可不必送禮，鄒君表示另作打算云。

業務

會計師同業中有遷居者，均事後通知或登報，今日前往補賀，先到虞舜事務所，此人語言無味，寒暄後即辭出，次到廖兆駿事務所，據云其新事務所係由彼將房屋全部租下，然後分配於各律師會計師者，其以前參加王庸之會計事務所係租賃房屋性質，其他數人亦然，而王則矇混對外謂為一個事務所云。

4月28日　星期六　晴

師友

昨接汪聖農兄通知，今日下午舉行區分部小組會議，遂依時前往，渠甫由台中歸來，正另辦區分部通知，明日續開全體黨員大會，計須四十餘件，余乃協助複寫並將住居於余附近者代為將通知送來，據汪兄云，渠之小組長產生後即參加區分部會議，又被推為召集人，故須召集此項會議云。途遇龔祖遂兄，據云粉廠早已不經營，現為商人幫忙，每日至中菲公司辦公，龔兄對於當前政治場合中之排他主義，感覺特別敏銳，認為當政者如陳誠、蔣經國、吳國楨等皆有相互間之矛盾，此等作風決不能使政治有嶄新之前途，吾同學已被壓迫得奄奄一息，且多消沈，渠認為絕不應使此種現象發展下去，蓋吾人對國家民族無所辜負，一時得失不必縈心，如不有自餒之現象，無人能滅亡吾人也云。

4月29日　星期日　晴

集會

下午二時出席國民大會小組會議，討論研讀總裁在紀念月會演說，決定將閱讀心得分別條舉，於兩星期內寄至召集人張益東處，又由張益東報告總裁及行政院長陳誠分別招待各組長經過情形及所報告事項之內容，宋志先兄報告政府應明是非善惡之辨，不應將靠攏分子吸收回來後反做大官，寒忠貞人士之心，此外即為閒談，一小時餘即散會。下午出席區分部大會，一連串的上級報告，全係打氣作用，尚未語及有何具體工作可作，但開會時能足法定人數，已屬不易，定能鼓舞於一時，欲垂之久遠，尚須另有作法。

4 月 30 日　星期一　晴

交際

上午，到博愛路為王培基律師兼會計師遷移新址道賀，據云發柬極多，但收禮品甚少。于國霖兄之封翁樂亭昨夜逝世台中，按回夏儀式治喪，晚託李公藩兄帶現金六十元為奠儀。

師友

上午，到博愛路訪楊天毅兄，商討為姜慧光表妹設法申請入境事，將請趙庸夫參議員在基隆設法謀一職務或名義。晚，李公藩兄來訪，談一週前已回台北，計畫中之收受存款事尚未積極進行，余為介紹楊孝先氏一千元，囑明日洽辦，又李君定明晨回台中為于樂亭氏治喪，事畢後或移至台北圓山一帶居住。十日前接同鄉牟瑞亭君來信，謂在高雄任軍職入不敷出，妻病子幼，近復失業，奉父來台北謀事，窮困不堪，希望援手，如此落魄，不足為外人道也，余因事未往探詢，亦未作復，今日按址往尋，其地為金山街，名為二十六巷四號附四十九號，事實上並無顯明之巷弄，不過為湫隘之若干小房建築於界限不明之地皮上而已，道路水溝混淆不明，繞行數週始勉強尋到，台北市此等聚居情形，余尚未見，蓋亦山東難民掙扎生存之具體途徑，甚不易也，牟君謂其房係租自一同鄉，與父合住一家，余見其衣衫不整，家徒四壁，數年來軍公生活竟獲如此下場，不知在高位者知之，當作何感想，余告以限於能力，未能多所資助，當送現金五十元，並囑三、五日後到余寓取米若干，復探詢其家眷情形，始行辭出，今日下午所感受者與晨間為王律師道賀時所見之一種虛浮排場，恰為一強烈對照。

業務

上午訪朱國璋會計師，面轉昨夜汪天行兄轉來之中國鹽業公司清理委員會聘余等二人清理該公司台灣資產負債之公函，並商定由朱君擬稿會函具復，公費該會定為每人二千五百元，為數在政府機關言之，無所謂多少，如工作特多時再臨時商酌云。

5月1日　星期二　陰

業務

晚，山東輔導漁農生產基金會保管委員會會計馬德夫兄來訪，據云後日法院又單獨傳彼應訊，因以前整理之帳目所製資負等表底稿係在余處，特來調閱以備到庭時說明，又據云渠所管帳目絕無漏洞，至現金則非彼之責任，銀行往來亦然云，又談及余之查帳公費事，認為孫伯棠、宋延平一再拖延，殊不客氣，余告以曾將數目範圍告之孫伯棠，渠一味馬虎，余亦無機會再往詢問，馬兄當謂明後日當催其速辦云。

5月2日　星期三　晴

師友

訪楊孝先氏不遇，歸後始知渠曾來訪，謂本欲存李公藩兄處一千元，因用去五百元，故只能將以前交余代轉之五百元作為存款云，此五百元余前日交李兄，聞再往取五百元時未遇云。

體質

患咳嗽已將兩三月，晨起仍咳痰，惟咳稍覺輕減，續服乳白魚肝油，未見顯著效果，數日來又似有患感冒之徵象，而鼻雖不流涕而飲食無味覺，移時即須擠出濃涕一次，狀如黃痰，每咳嗽一次後即連帶有之，余十餘年無傷風，是亦奇矣。

5月3日 星期四 晴

師友

下午，訪張中寧兄，據云現在日常生活為收聽各電台英語廣播，雖有若干課程為基本性的，但可因而矯正不正確的發音，此等發音習焉不察，根本不易有發現錯誤之機會云。在溫州街訪佟志伸同學，不遇，留片。到羅斯福路八十五巷訪夏忠羣兄不遇。

業務

晚，山東物資會輔導基金會會計馬德夫兄來訪，謂今日到地方法院檢察處應訊，費時兩小時，所詢為帳內所記應收利息之轉帳方法問題，檢察官對於利息收入時隨將同數轉付客戶帳然後經過若干人再由此帳收回之記載，認為重複，無論如何說明，終不能明瞭，此事深出余意料以外，又云該會主委孫伯棠對此亦完全不懂，門外漢之難於應付，有如此者，又謂棉紗日記帳所記息紗數間有筆誤，此為陳問泉君根據中式帳所抄之西式帳，余在核帳時均係根據馬君所云核算無誤之說明不再加以複核，遂有此誤，可見辦事非眼到手到不可，好在原始中式記錄無誤，余之證明書亦只提及原始記錄，對此項序時帳簿未予提及也，馬君對余之公費事，今日未有提及。

5月4日 星期五 晴

家事

嬰兒紹彭數日來染患腹瀉，日三、四次，初作黃色，有硬塊，自係不消化之現象，經將食量降低，每次餵奶半杓，杓為勒吐精聽內所裝者，和成水為三英兩許，每日六、七次，又至小兒科醫師蔡文彬處診療，服藥兩天，未見效果，今日複診，更換新藥粉，諒有消炎粉在內，現糞便不稀而略帶綠色。七弟瑤祥因來台北參加效忠宣誓，今日來寓告受訓情形，刻在桃園大溪受電訊特工訓練，預定三個月結業，現聞將略有延展云。

5月5日　星期六　晴

家事

季節已入夏季，週末無事，在寓與德芳處理雜物，後院為向東南方向，陽光甚足，連日將配給熟煤粉末加泥和水製成粗放之煤球塊，兩日即乾，前係以煤末換市製煤磚，因交涉費時，且交換無何比例，故德芳決心自製自用，又前院養雞三隻，生蛋輒入地籠，歷係由紹中從疊席下入內收取，久之不勝其煩，今日德芳將地籠通氣處暫時關閉，使不復可以入內，夜間棲息於庭外木箱內，生蛋時亦如之，今後可使不無限制抱窩矣。

5月6日　星期日　晴

家事

兒童在其發育過程中當因應其年齡而施教，此事看來簡單，其實十分不易，例如次女紹中自上學以來對於整理課本簿冊最不利落，寫字時必將全部書筆散置案上，任他兒挪取，寫完後又每每棄之不顧，若干時後始放置書包內，習以為常，無論如何誥誡，終不肯聽，今晚自在書包內尋找寫字本，發覺不在，遍尋屋內他處，亦無蹤影，哭鬧不休，似乎應由大人負責，即如此等問題，殊非三言兩語可以解決也。

5月7日　星期一　晴

體質

近日感覺體質有若干新的特徵，是否與年事日長有關，頗堪注意，十餘年來因用冷水洗臉，從不傷風，數日前患咳嗽吐痰尚未見愈，現在鼻腔又覺有異，其感覺為味覺減退，若干時後必須除去濃黃之鼻涕，晨起最甚，下午漸佳，次日復然，鼻孔無流水及使眼流淚之象，次為行房後雖當時只覺輕鬆而無倦意，但非經徹夜之休息，四肢必覺滯重不堪，起床後則否，雖隔半月後一次，亦復如此，乃昔時所無也。

5月8日　星期二　雨

閱讀

讀考詮月刊第一期錢穆作「中國歷史上之考試制度」，於中國史上歷代考試制度、選舉制度之沿革，敘述極為簡括，且將其特性指陳極為明白，最後論中國考試制度被西洋人模仿實行於文官，中國則學西洋須全學，已有者廢棄，反再向人家學，此點最為痛切，如云「中國趕不上日本，回過頭來主張不僅制度要全改，連文化學術也該全改，日本還未廢絕漢學，中國則主張改用羅馬拼音，一面又盛讚西方，如英國之善用習慣法，卻不許自己尊奉習慣法，只有海關郵電各機關因經外國人主持仍用考試制度，不致大擾亂，其他中國近代各機關一切用人，連像曹操陳郡時的九品中正制也沒有，政治安得上軌道，而反肆意抨擊中國傳統政治之專制黑暗，於已往一切制度，漫不經心，……」可為慨乎言之。開始收聽美國新聞處新編英語廣播，今日為第一次，因該處教材所採用者為現代應用美國語言，有若干字彙語法為一般專選名作乃至古典文學所不能見之者，故學習有其必要，且有若干地方感覺新鮮有味，教授者趙麗蓮博士，發音講解俱佳，惜太低沈耳。

5月9日　星期三　晴

師友

下午，到振中印刷工廠訪楊天毅兄，告以楊孝先氏所存該廠美鈔尚有五十元未取，因其有遷居準備，故擬全取，希望籌措，余詢其有無困難，據云並無困難，定於明晨往與楊氏面洽一切云，又云為姜慧光表妹謀事一節，據云曾函趙庸夫兄謂如來台北希望晤面，此信發後未有答覆，必係至今未來台北，或在信發之前已經來過，故無從相晤，經商量決定明日聯袂到基隆訪趙兄面談，即在車站會齊，當日返回云。

5月10日　星期四　晴

師友

中午，到台北車站候楊天毅兄於十二時四十分乘汽油車到基隆訪趙庸夫兄，於一時廿分到達，即換乘三輪車到其信一路十四號寓所相訪，不遇，謂在市黨部其弟冰如處，乃至義四路市黨部，始獲相遇，據云接楊兄信後，因準備即赴台北，故未即復，然連日又未能動身，昨日其夫人小產，今日黨部又有會議，故終未抽身云，談頃即以姜慧光表妹之謀事或謀證明文件相託，趙兄允與市長謝貫一商談，或在其他方面設法取得公務身分，以求入境云，據所談情形甚屬情懇，此事或不無希望，當將履歷開出交趙兄云。

游覽

中午，自市黨部辭出後循信二路西行，地為山麓，適為獅頭山下，山上為中正公園，乃與楊兄登臨，其大門為以前日本大廟，牌坊仍在，山上有市長謝貫一所立碑，述開闢公園之旨趣，以「智者樂山，仁者樂水」起，以「智者樂，仁者壽」終，通篇用白話文，新式標點，在碑刻上為特具一格，下山後行數十步即為鬧市，瞻覽後即至車站回台北。

集會

晚八時到和平東路參加汪聖農兄所召集之小組會議，到者僅三人，未過半數，改為小組會議談話會，決定事項為：一，黨費依照規定為六級，自一元、二元、五元、十元、二十元、四十元不等，各須認定一級，限十五日以前繳納，二，關於自我檢討反省定於下次會合併舉行，時間在廿日下午八時，該次主席由余擔任，檢討大綱尚未完全發出，由汪兄向區黨部補索分送研究，三為整肅問題，依照上級規定酌量辦理，下次開會地點因求其適中並希望全體到齊，將改定為廈門街九十八號區黨部內，十時散會，此次會議內容仍欠充實，上級文件未能全行報告，且文字欠佳。訪袁守成兄不遇。

5月11日　星期五　晴

師友

下午，到仁愛路訪楊孝先氏，據云仍在急於賃一房屋，以便飲食起居可以自由安排，現住台灣大學傅啟學訓導長處，十分不便云。下午，閱報知周旋冠律師移至重慶南路設立事務所，乃往道賀，不遇，留片。訪王慕堂兄，不遇，留片。晚與德芳到牯嶺街訪廖毅宏兄夫婦，因廖兄移眷來台後，曾來訪問，而余則數女相繼患病，一直無法出門，致延至今日始克前往答訪，據廖兄云其所營電影事業情形尚可也。

5月12日　星期六　晴

師友

上午，王慕堂兄來訪，因昨日余往訪未遇，特來詢有何事，余託其詢問中本紡織公司所聘余之會計顧問上月已滿一年，未送公費，恐係忘卻，望有方法可以提醒，並託進行蜀餘公司會計顧問，王兄經多奔走在交通銀行復職，刻已解決，由交通銀行派為駐蜀餘公司稽核云，繼又談此刻政府內派系觀念之深，較之以往有加無已，例如派駐聯合國人員因有美金待遇，近已撤換一空云。下午，楊甲兄來訪，據談工作尚未定，但更改姓名辦法尚未辦好，將約余往與內政部方面友人一談云。

交際

晚，在寓約廖毅宏兄夫婦及逄化文、楊天毅兩兄晚飯，主要為廖太太接風。

5月13日　星期日　晴

師友

上午，齊魯公司服務同學蔡繼善君來訪，閒談該公司近況，謂自行車胎已有出品，但生產量較預期相去甚遠，現在又擬添辦搾油廠，並將投資華南電泡廠，電泡業務在台灣極有盈餘，原因為省內能自製者不准進口，但進出口業反對極烈，電泡廠只有兩家，力殊孤單，遂思結納特殊力量，以資屏障云。上午，李德民君來訪，謂正進行台灣造船公司工作，不久可成，此舉可使生活情形大較優裕。晚，隋玠夫兄來訪，談及託余介紹女傭事仍屬切要，將再來接洽，此外即閒談一般政局變動。下午，到浦城街參加校友茶會，有馬星野報告美國朝野對台灣與中國政府之真實態度，方青儒、張子揚兩兄報告中央改造委員會奉總裁指示下半年籌開全國代表大會之內幕原因與操縱企圖及國外反應，分析甚為詳盡，最後談及復校問題與高考訓練事，議論甚多，而在現勢下則全屬白費也。

5月14日　星期一　雨

閱讀

收聽廣播英文，本只為星期二、五之今日美國新編會話，今日亦收聽其餘四日所用之課本及師範學院趙麗蓮教授所編之學生英語文摘，今晚所授者有會話與時事短文，會話中之日常用字多有不能前知者，例如今日之會話背景為火車，有關車上設備及生活起居等名稱用字，昔皆陌生，今則可以學知，可見雖屬極通常之事務，有不可以忽視者，晚又聽空軍電台英語，係講解禮俗，文字與內容亦多所不知之事，或知而不能十分詳盡，聽講後既感獲益之不少，亦更知自身荒疏之程度也。

5月15日　星期二　雨

瑣記

今春購豢小鴨凡兩度，初次四隻，不數日即全數夭亡，數日前又購兩隻，昨、今兩日又相繼死去，其中第二隻今日以最痛苦之狀態掙扎竟日，初僅不願多動，繼則有如臥睡，下午則頭不能抬起，側伏地下，但移時即仍抬起，無力又仆，如是者若干次，其實已有蒼蠅紛集，頭部眼部最多，小鴨已無力驅之使去，方之昨日活潑跳躍之態，真有虎落平陽之悲哀也，余不禁感夫無論人類或動物生命之大敵仍未袪除，故生之意志雖堅，生之希望甚切，而害生之外力仍如此其不可抗免，悲夫！

5月16日　星期三　雨

師友

上午，到中山北路新生活俱樂部訪李洪嶽律師，因前日曾接其來信，希望能合用其事務所，余今日前往面答，擬俟于國霖會計師回台北時再為決定，因現在與渠合用衡陽路現址也，李律師云其租用代價甚廉，每月不過一百五十元，另貼該屋主裕國建築公司職員抄寫及工役共一百五十元，故負擔甚輕云，但余現在則完全不負擔，故須考慮也。

閱讀

此間出版經濟刊物內容比較整齊者有中國經濟月刊與財政經濟月刊兩種，後者已訂閱，前者每月零購，本月出第八期，價目已漲，余乃就肆閱讀，居然較之在寓自讀為有效率，既不打盹，亦無孩童吵鬧，更無買書入架因循不閱之弊，今日所閱各文多為對於此次台灣銀行新設結匯證制度之批評，有崔唯吾、金紹賢諸文，均有見地，尤其在實務上對於此制度之存疑各點，余亦知之，而未嘗有具體資料據以寫作也。

5月17日　星期四　雨

師友

下午，到金門街訪劉階平兄，探視其舌病，據云費時數月，延醫數位，直至最近始試驗用鐳，每次一小時，共六次始畢，用後舌部大腫，然後復原，現在舌上白斑已去，所不可知者為以後是否再發，在治療過程中參閱中西文醫學叢刊數種，此症中國人患者絕少，醫師多無臨床經驗，甚至連近二、三年此症之治療新經驗亦無知者，尤其舊的老的醫師為然，可見治病不能全靠醫師也云。又談其所知中鹽公司情形，此次清理係聘會計師四人，其中除余與朱國璋外，原有顧問即劉兄，更有王庸似臨時聘為顧問，但又無公文，不知係何狀態，不十分明白云。下午，訪吳崇泉兄，探詢財政廳委託會計師代完所得稅接洽情形，先是鄒馨棣會計師來詢，余不知之，據云財廳公函已復公會，託余向公會方面詢問云，據吳兄云，此項公函已到，只謂原則可行，詳細辦法由公會擬定，現公會已擬一草案，將於下星期一在理監事會提出討論，余詢其梗概，據云假定將台北市分為五個區，成立五個聯合事務所，每處由五個至廿個會計師擔任，惟商業盛衰大小不同，工作繁簡與報酬不同，且多為反比例，在公會方面不能不有統籌之道，財廳方面仍主張公費由官方負擔，但對於方法則甚模糊，吳兄之意照稅額百分比計算，但公費一律由公會代為算收，公會留百分之二十作為基金，並將用以補貼費時多而稅收少之事務所，余對此項原則之精神甚贊同，但認為不易預計，最好先向官方索取統計數字，知稅收數額在各區各為若干，單位大小（吳兄擬分四級）分級各為若干家？照此計算稅收與公費之比例若何？如此則在下星期一開會時即可多一資料可以根據討論。吳兄謂恐無如此完備之統計，余則主張不妨不分單位大小，定一律數額，由公會代收扣下基金若干後轉給各會員，必甚簡單易辦，此為無辦法中之辦法，雖不足取而易行也云，又吳兄談及山東物資保管機構之訟案，謂為該方面在兩三月前曾輾轉託人來洽請代為證明帳務，謂公費不妨略高，當時未作肯定答覆，其後即未再來云，余不知是否即係山東物資會抑基金會，其事殊為可異焉。

5 月 18 日　星期五　雨

師友

　　下午訪李公藩兄，不遇，與趙君晤談，據云現正在繼續覓屋移居中，前所定中山北路房屋因距學校太遠，作為罷論，余託其注意如有租房者代為接洽約二、三間，此係代吳先培兄所託者。下午訪鄒馨棣會計師，不遇，今日本擬告以財政廳委託會計師公會統辦稅務完納事現在進行情形及應研討之問題，請其著手加以研究以便開會提出商量者。

閱讀

讀自由中國半月刊最近期所刊譯述星期六晚郵報所載 Sumner Welles 作「美國外交之謎」，文為威氏新著一書之末章節本，主要在討論自波茨坦會議以來美國對蘇聯外交所發生之錯誤，此錯誤在西德在遠東無處不是，威氏曾為羅斯福總統之副國務卿，參與機要，所論多十分中肯，而認為美國自羅斯福總統逝世後，杜魯門及其不健全之外交策士所鑄一連串錯誤並非羅氏所能預料，可見世局安危係於大人物者為何如也。

5月19日　星期六　雨晚晴

師友

周方兄來訪，不遇。鄒馨棣會計師來訪，探詢余所詢問會計師公會與財政廳接洽代完所得稅之進行階段，一切均在擬議之中，將於星期一開會商討，不妨先行研討云。

閱讀

到圖書館參考卅八年冬政府公布營利事業換算資本額為銀元單位之條文，緣余以前剪報存有該項條文，查閱知中間有缺少亦有錯誤，此表最有使用之價值者為其所插之物價指數表，自廿六年法幣時期起至卅七年改金圓券而卅八年即壽終之一段皆甚詳細。

5月20日 星期日 晴

師友

晨，張中寧兄來訪，閒談政情，旋即辭去。下午，吳崇泉兄來訪，據云會計師公會所洽財廳委託完稅事又有變化，財廳表示將不再以公會為對象，又將考核資歷指定五人為之，此事顯有陰謀，應謀對策，余主張先由全體理監事表示公正風度，一致不接受此種污辱性之委託，蓋此事公會方面始終為全體會員著想，財廳方面亦一再表示只能以公會為對象，今忽又變卦，公會曾向各會員表示者勢非食言不可，此在理監事為不可忍受之事，設其中有接受財廳變卦後之委託者，自然無以對多數會員，又聞陰謀中之會計師為王庸，渠亦為理事，此舉可予以打擊也，吳兄頗同意余之見解，據云已與其他理事數人交換意見，多數人對此均深惡痛絕，明日理監事聯席會當有激烈意見在會場發表云。

參觀

台北紡織公司登報今日在板橋正式開工，歡迎參觀指導，乃於今晨到該公司門首乘交通車前往道賀參觀，其地為板橋與中和鄉之間，一神社故址，廠房全新，係仿自美國紡織廠之建築，機器亦為美國最新出品，效率甚高，總額一萬錠，日可出紗二十五件，現在開八千錠，入廠後循其工作過程由清花併條成紗打包一一寓目，比以往參觀其他紗廠，殊有清新之感，另有實驗室檢查原料成品之性能，參觀前並先到休息室用茶點，係野餐一份，所費甚多，但殊少滋味，十二時返。

集會

晚，到中山堂光復廳參加母校廿四周年紀念式及晚會，由馬星野主席，略作報告，又有程教育長天放演說，此外即為餘興，有焦鴻英之清唱生死恨，甚為嘹亮，又教育廳交響樂隊演奏管弦樂兩曲，亦甚和諧，再次為丁一、張三之相聲，未見精彩，後為吳驚鴻之春到人間主題歌、阿里山風雲插曲等，亦尚悠揚可聽，以下尚有三數節目，余早退出，今日在座友人多有於母校將成歷史陳跡，校友分道揚鑣，多數受人排擠而深致其喟嘆者，然則今日之盛會殆有近於苦中作樂耳。

5月21日　星期一　晴

業務

下午，出席會計師公會理監事聯席會議，討論財政廳代理完稅問題，首先由吳崇泉、廖兆駿二常務理事報告發生波折之經過，經在座會員理事虞舜、富伯平及余相繼發言，均極激昂，虞所談者只為上次理事會有人報告誤以為渠為個人鑽營破壞大局者，現已證明是非，富則認為財廳出爾反爾，其間可能有內外串通博取回扣，並侮辱本會及同仁之處，誓應與之周旋到底，並通告會員不必接受此項業務，余認為財廳玩弄本公會及會員，甚且謂份子複雜不健全等語，皆屬失言，應予以反駁，勿使長此目中無人，在本理事會既為全體會員謀福利，為表示坦白，應首先議決擔任理事之會員概不能接受其委託，又此事既有財廳復文，自應繼續進行且應由原推之代表繼續負擔，各代表為全體會員任勞任怨，本會應致其慰勞之忱云。旋即將各案議決，並加推余與鄒馨棣會同程烈、成蓬一訪財政廳長任顯羣，又會議中眾目所指之王庸，亦未敢違拂眾意。

5月22日 星期二 晴

業務

上午，鄒馨棣會計師來約同到懷寧街訪程烈、成蓬一、徐光前三會計師，談昨日公會議決經過，程、成二君因今日有立法院院會，故不主張立即往訪財政廳長任顯羣，擬於後日任列席立法院審查會時與其約定時間吃飯，再以較自然之方式與之接洽，在此一兩天內不妨先由正面接洽之代表照舊進行，同時昨日所推之朱國璋會計師請其往訪副廳長周友端，從側面告以此事之利害者，亦不妨先即進行云。余等亦甚同意此項見解，辭出後往訪朱君作非正式之聯絡，適日昨所推負責與其聯繫之廖兆駿會計師亦至，於此會同將昨日會場之公意與朱君詳談，朱君謂昨日曾訪周友端副廳長，渠似將一意孤行，不復以公會為對象，而自行選擇數人，朱君之意並非官廳不可如此，但既已以公會為對象，如再更張，選出數人成為眾矢之的，稍有分寸者即當不為之，且犯眾怒樹政敵亦非良好為政之道，故認為此案或仍持原議或即擱淺，均無不可，但不宜再滋紛擾也，朱君謂此中有涉及口舌是非處，有會計師中不良份子向官廳破壞本案者，渠殊不以為然，故非與大眾利益有關，其本人殊不願介入也，其態度甚為正當，今日談此事時間甚久，甫經告一段落而害群之馬王庸至，略閒談後，余即先辭出。到館前路訪于希禹兄，談黃海應再付公費事，並面交一函，適該公司有秘書在座，余即交其帶交鄭洛非兄。途遇劉階平兄，閒談其近來業務情形，據云會計師中爭奪業務有卑躬屈節絮聒不休奔走當事人之門至五、六趟之多者，殊為不顧身份，但目前社會上最適宜於此等人之生存，其將奈何，實則劉兄之作風與此亦小巫見大巫也。

師友

上午，到水源路卅一號訪馬懷璋兄，據談可能在財政部謀一工作，俾使眷屬入境。

集會

晚，到和平西路汪聖農兄寓舉行第三次小組會議，由余擔任主席，到者五人，甚為整齊，參加上級代表二人，照規定程序進行，每項所費時間並不甚長，但兩小時倏忽即失，且未作較重要政治報告，乃閒談政情，多為馬路新聞及內幕刊物所載各項，實際未必即有其事，又談及黨員整肅事，亦非如想像之簡單也。

5月23日　星期三　晴

業務

下午，到交通銀行訪侯銘恩、王慕堂兩兄，詢中本紡織公司聘本人會計顧問第二年公費事，據云該公司負責人已遺忘其事，當時有無聘書亦未能查出案卷，余即告以聘書係侯兄面交，聘書文字並無期限，故此刻有續支公費之依據云，余告以該公司又加聘他人為會計顧問，足見其事須爭取，故余決不能將已得之機會為他人變相奪去云。

師友

晚，李德民君來訪，謂所進行基隆造船公司之職務俟在四十四兵工廠辭職即可前往，在此期間擬在兵工廠六月份上半月照例所發之雙薪領到後再行言辭云。

5月24日 星期四 晴

師友

下午，李公藩兄來訪，據談日內將回台中一行，連日在台北覓房搬家，迄無當意，將覓地皮在城北一帶自建，該區域為外僑及官員集中之所，如建築較佳，可以出租獲致外幣，數月之後又可建一新屋，此項生財方法為近來自軍援顧問團來台後若干人所發掘，極為有利云。晚在楊天毅兄寓談天，在座者七、八人，所談為關於將來如果能回大陸，此刻應首先注意之問題，咸認為一為地方武力，一為地方政治，前者在建立政治力量，後者在建立基層組織，而在第一階段尤其以前者為重要，目前在港之第三勢力各派活動多著眼於此，且有相當基礎，而發展國際關係，實際亦賴乎此，此外又各據所知分析台灣政情及美援一般內容，又決定分組研究辦法，十時半余先辭返。

5月25日 星期五 晴

集會

晚，到和平西路汪聖農兄寓所開小組會議，自我反省與檢討會議，事先由各人依照上級黨部所規定之條目十項，各作書面報告，於今日開會時各自宣讀解釋，然後提出值得注意之問題，加以討論，將意見集中記錄後填報上級黨部，此項檢討每月舉行一次，此為第一次，並未以投票方式決定其虛實真誠，會議凡兩小時始散。

師友

上午，訪夏忠羣兄於羅斯福路，據云在此將所擔任之功課授畢即遷至台南居住，現已改任中國製鹽廠之管理師，談及中鹽清理工作，據云關係機關之五人尚未作完初步整理工作，故會計師何時應邀前往尚未敢預定，恐須候清理委員會之通知云。

5 月 26 日　星期六　晴

業務

上午，新中央橡膠工業公司經理阮隆愈君來談，該公司董事陳春生在報章刊登誹謗之啟事，已委託李洪嶽律師擬就駁復文稿，但其中有涉及會計者一點希望余為之加入，余當允其所請，照陳啟事所云渠為該公司常務董事，對外業務須由彼簽印，又在公司清理期間凡有債權債務糾葛均請至林有壬會計師事務所登記，各節加以駁正，大意為陳春生既非執行業務之董事，所云債權債務須由彼簽印一節，自屬毫無根據，又公司始終照常營業，並無援清理例登記債權債務之可言，且對外亦無帳款糾葛，除陳春生對公司延不履行其債務外，均無糾葛，乃陳擅請會計師為登記之公告，目的在破壞對公司信譽並規避其對公司之債務，昭然若揭，云云，擬竟後余認為是否需要會計師一同出名，請斟酌，因對方為兩律師、一會計師，所以有會計師者，因係公告向其事務所登記之故，今除駁復並聲明將告訴誹謗外，並無會計方面之積極事項，故列否均無關係，下午余與阮君在李律師家再度晤面，其時已由石美瑜律師另加一段於後，經決定亦採二律師、一會計師之方式，故余亦列名於內，定明日在中央日報與新生報分別刊出。

師友

下午，訪楊孝先氏，據云將在紹興南街長住，不復移居。下午訪崔唯吾氏，閒談，據告正在進行包採金礦業務，其方式甚特殊，將來擬約余為設計會計章則，又在崔寓遇上海金融實業界人潘士浩君，談吐甚佳，渠主持星五聚餐會，約余參加云。

5月27日　星期日　晴

師友

上午，到松江路訪張景文兄，託其在經濟部會計處及附屬機關為表妹姜慧光謀一職務或空銜，以便入境，張兄似有詳加酌議之準備。訪馬聯芳兄，閒談，渠與張寓為比鄰，今日訪問兩家，均與德芳同往，並率紹中、紹寧兩女順便作郊遊。下午，到浦城街參加同學茶會，張子揚兄報告立法院黨部之種種暗潮，吳望伋兄報告與行政院洽商出入境放寬尺度之進行情形，又有同學報告蔣總統將調訓全部國大、立委同學之經過，賴興儒同學報告偵察市府房地產舞弊案情等。

5月28日　星期一　晴下午雨

瑣記

政府按月配給米、煤、油、鹽四種實物，其數量照大、中、小口計算，按實際需要言之，米有餘，油不足，煤、鹽差近，米一項目即多出不少，本月因添食麵粉，益感米多，市上米價以現在為最低，無論米店、用戶皆不肯買進，且因為在來米，更無人肯要，無已乃售於分配實物之合作社，渠肯照市價買下，但所謂市價比市上仍相差甚遠也，而一般物價步漲聲中，只有配給品只跌不漲，矛盾現象也。

5月29日　星期二　晴下午雨

瑣記

余居台近兩年，自初來至今日，生活費用逐步增加，現達三倍至四倍之間，即每月須有一千三、四百元新台幣，始足支應，然固定收入不過三、四百元，其餘則賴會計師業務收入以為彌補，此項收入雖有平衡收支之作用，但因淡旺不均，未能與事實需要完全配合，故豐嗇因時因地而易，即如近一週來，收入尚未見現款，支應即費周章，無可奈何時德芳由菜金內勉強支配，亦居然得以度過，生活彈性之大如此。

5月30日　星期三　晴雨互作

家事

余近來無亟須伏案之業務，故甚少外出，今日所雇女工辭去，因屢屢求去，不便再留，於是聽之，此為幼兒出生後須自理家事之第一次，現在比之去年自行操持家事時期，因子女加多，乃更覺繁瑣，經與德芳商定，在新人未用到以前，儘量利用晚間諸兒女入睡後之時間，整理房間，掃地洗地板，留一部分次晨為之，庶不致再感晨間十分忙迫。

師友

晚，楊子位兄來訪，同往訪石鍾琇、徐嘉禾兩兄，請在內政部注意楊兄更改姓名核准事。

5 月 31 日　星期四　晴

集會

上午，到中山堂參加國大代表立監委員魯青聯誼會第二次大會，李郁廷主席，劉志平報告半年來幹事會工作，有會員楊樹棠因細故厲色挑剔，孫伯棠繼之，制止不能，叫罵而去，經若干其他人士發言籲請顧全大體，始平息，然已浪費時間兩小時，尚未入正題，余深感置身吃講茶場合，極為不耐，復因另有他事，未終會而退。

師友

上午訪張景文兄於經濟部，不遇，將姜慧光履歷留置，並與劉桂兄閒談。

6月1日　星期五　晴

師友

晚，李德民君來訪，據談為維持較好之生活，本決定本月上旬改就資源委員會基隆造船廠之工作，現因又聞軍人待遇經美國軍援顧問團察斯建議有提高數倍之可能，實現後其原服務之四十四兵工廠自可提高薪給，此項機會又慮失去，因而躊躇不決，乃就商於余，余以為須再加調查軍人提高待遇之可能性再為決定，較為審慎云。下午，牟瑞亭君來訪，據談余前日函託物色女傭，已另外託人尋找，其本人工作頗有赴市府軍事科可能云。

6月2日　星期六　晴

業務

下午，到會計師公會繳納三至五月份常年會費，事先以電話與吳崇泉兄聯絡，據云正在公會開會，但余到達時會議已散，惟據宋治平幹事云，會務在積極進行中，尤其財政廳完稅事項，似已有成功之望，據財政廳副廳長答覆朱國璋會計師云，渠本無成見，其實此人本來表示極有成見者，此外消息靈通之會計師新近有加入公會者，可見係鑒於此項業務有從事之必要，至於王庸方面之奸計似可不致得售云。

6月3日　星期日　晴

業務

晚，新中央橡膠廠會計張之文君來訪，詢問前度查帳發現陳春生讓盤價款收據金圓券五萬元之下落，因該項收據為余發覺時並不在傳票之後，當時余示該廠經理阮隆愈及張君，均所共見，此項證據足以表示受盤盤價均已付足，而帳上所記少於此數，照帳列總數實未將盤價付清也，此證據之重要為阮、陳二人涉訟，當時檢視後，即仍收起，並未照余之查帳報告予以補正分錄，從而如何保存已不復可知，阮、張二人互認不在己處，結果又來詢余當時情形，余以為時過久，已經模糊，不復可憶，張君無結果而返，但余告以當時實應照報告書分別補帳，而張則認為係彼到差以前之事，故不照辦，阮君亦無如之何，此等情形，顯示該廠內部亦不協調，內外均不和協，將來業務進行殊多障礙也，又余今日複閱上項查帳報告書底稿，見此段分錄之敘述文字竟有兩個數字錯位者，雖結果未寫錯，而有此筆誤，亦屬粗心之至，余起草時均在深夜無人嘈擾時，而仍不能完全心靜，此實應予痛改之病也。

6月4日　星期一　晴有陣雨

瑣記

上午，齊魯公司代總經理李世瀓來訪，形式似為閒談，實際則掣至住房問題，謂前次衍訓遷出杭州南路時，事先其本人應前來面談，因便中託志先兄較便，故以此事託其轉達，後聞余表示須有書面，故亦補辦，云云，余即告以並無此言，此等語殊屬無味之至，又謂公司同人趙錄絅向其質問余何以不搬讓房屋，為便於應付，亦將來公函通知，余謂無所不可，余所以未遷，因未籌得此款，且小孩上學不能下鄉之故，其實余當然要遷，不過各機關慣例亦不能不顧事實，至於趙等所言，余不認為公司職員可以如此不知人情，故如公司職員接住，余不願考慮搬遷，如係公司為籌款賣房，則又當別論，李問余可否自買，余謂余願下鄉，此房缺點太多，余不願買也，以次又談該公司近來資金困難情形，生產情形，油廠與電泡廠有意經營而不果之原因，不久即行辭去。

師友

晚，楊子位兄來訪，余徇其請託代函石鍾琇、徐嘉禾兩兄代為催辦更改姓名事，並詢如能發給公文副本並直接將證件退其本人，則更所希望云。下午，到政校校友會面送調查表，並將登記要項之職務欄加以修正，因原只列會計師而未註明國民大會代表也。下午，到醫事職業學校探望張磊之肺病，據云並無關係，不久可以復原，余將其母帶來之套鞋面交，並將購贈魚肝油一瓶面交。

省克

余昔讀曾文正公書，於其懲忿之說，曾三致意，而不能效法其髣髴，余自中年以後漸漸記憶衰退，有時寫好之信件必須於出門時帶走者，往往臨時忘卻，迨發覺已行走多時，或回寓始再見之，甚至有帶至口袋內至回寓而仍未照發者，今日到重慶南路三段校友會送所填之表，已到達始發覺照片漏貼，其實照片已於數日前尋出待用，而一旦又忘之矣，更有出門遇友告以住址，立刻無由寫記，乃一再強憶，數分鐘後回寓即必寫下，但一轉身之間，又復忘之，或雖未忘其事，而號數又不復記憶矣，諸如此類情事，經常對神經造成一種煩擾，往往自怨自艾，忿火中燒，有時家居不免發洩，不免引起家庭誤會，有時獨自忿懣，事後往往追悔，可見懲忿之事，其不易為有如此者，甚矣修養功夫之不易也，今一生已去其大半，而情緒之不穩定有如此者，可哀也。

6月5日 星期二 陰雨

師友

上午，訪張中寧兄，探詢公務申請入境辦理經驗，並請為姜慧光表妹擔任保證人之一，張兄於當前政治圈之愈縮愈小，認為險象環生，而主其事者方自鳴得意，可悲也矣。訪張景文兄於經濟部，託其為姜慧光表妹入境試辦一公函致警務處，因其會計處現無方印，只仍用小官章，恐警務處不認為正式公文，故再請其加一私函致副處長劉欽禮，請其明瞭主計機關之現在特殊情形，且非不能獨立行文也云。

6月6日 星期三 晴

師友

上午，汪聖農兄來訪，係為朱珍三君謀事，目標為台灣電影公司，但不知該公司內部組織情形，余乃偕往訪問周傳聖兄，彼曾為該公司辦理股權清理工作，自然知之甚詳，當承將所詢各節一一解答。晚，徐嘉禾太太來訪，因前日楊甲兄曾託余去函詢問對於省民政廳轉呈為其更改姓名之公文可否分批楊兄本人一節，據云該項公文尚未呈送到部，屆時如需要分批，應由其本人備呈文送部以為根據，否則不便從權辦理云。

6月7日 星期四 晴

師友

下午，到廈門街訪黃海水產公司總經理鄭培仕兄，意在催付該公司應付會計顧問公費，但未遇，留片，渠亦當知來意也。到水源路訪楊子位兄，告以昨晚徐嘉禾太太所告之更改姓名批示問題，希望備文逕送內政部。下午，到水源路訪吳先培兄，渠係今午乘盛京輪到達台北，前日由港動身，今午行經基隆者，略談即辭出，約明日同訪楊孝先氏。

業務

今日見報有新開業之會計師同業公告其擔任顧問之行號有為余所協助之友人事業，但並未聘余為顧問者，類此情形本已數見不鮮，如公路局本已允聘余為會計顧問，但終未實現，而王庸則登報列入之，農林公司前曾接洽，據云前未曾聘，不願開端，但有事時必先聘余，經深信不疑，而結果聘劉階平，中本公司大聘其顧問，余本為已有者，迄今不送公費，皆是其例，自忖所以致此之由，仍有數點，一為余非接人聘書，不願口頭一言即自行登報，二為余不願自行登報，廣告費例須由對方負擔，三為余對各方雖欲切取聯繫，但不能經常奔走接洽，四為在業務上有時受人暗算，但不願一般見識，以牙還牙，遂有此失焉。

6月8日 星期五 雨

采風

下午，到市店取存款利息，本旬利率已降低，每日每百元為四角，然以台灣物價漲風不甚之情形，此項市息已甚高昂矣，取息後到商肆購糖餅之類為兒童明日過節，市上幾乎家家有角黍出售，此則內地風尚傳遍島上，尤其無論是否食品店皆有粽子應市，其情形與去年中秋之月餅、春節之年糕，大相彷彿，因每枚售價一元新台幣，成本不過三、四角，利之所在，人爭趨之也，然就大勢觀察，顯已有供過於求之象，亦可見生意路線之狹隘也。

6月9日 星期六 雨

家事

四女紹因連日又有發燒現象，尤以晚間為甚，昨夜輾轉不能熟睡，徹夜照料，大人因亦不能安眠，今日上午就診於蔡文彬醫師，檢查後斷為流行性感冒，取來藥水與藥粉兩種，每日各食三次，先是德芳曾於昨日給服消炎片三數片，似亦有見效之表徵，而溫度則仍反復，今日下午熱度漸退，遊戲亦有精神矣。今日為端陽節，未能免俗，德芳昨夜自作粽子，夜分後始煮畢，今日午晚餐略加豐盛，因無傭人，一切自理，故亦未請客人焉。

6月10日　星期日　雨

師友

上午，吳先培兄與袁守成兄來訪，吳兄為攜來在港時姜慧光表妹代買之小鬧鐘，並略談數語即去，前日所約同往拜訪楊孝先氏，據云昨日已自行前往，談其貴州家鄉，其家人情形皆已不復能通音訊，詳情不能獲知，為之黯然傷神，「見鄉情更怯」，此之謂也。

集會

晚，到廈門街九十八號十一區黨部舉行小組會議，劉燦霞主席，除作政治報告外，並決定下次會廿日舉行，地點在汪聖農兄家，因區黨部設備簡陋嘈雜云。

6月11日　星期一　晴

師友

下午，到經濟部訪張景文兄，不遇，留字請為姜慧光表妹辦一公文，致警務處申請入境。

瑣記

三數日內室內有臭氣散佈，如霉豆腐味，晚間遍尋疊席地籠，均無異狀，迨察看玄關上空天花板上，發現有魷魚一尾，業已腐敗，必係鄰居之貓所為，今日幫忙者甚多，隔壁蔡維谿夫婦參與其事，得力不少，然搜索時固已煞費周章，直至半夜始完畢其事，入睡後又須起為幼兒餵乳，照料便溺，實際睡眠不過四、五小時耳。

6月12日 星期二 晴

業務

基隆天航輪船公司經理岑旭初來接洽其整理帳目事，渠於去年將帳據送來，因中有缺少，謂將補來，一去不返，幾將一年，今日為其自卅八年六月至十一月所缺一段已補登草帳，十一、十二兩月本有帳據，十二月至三月半正繼續整理，三月至年底另有經理，亦接託余整理，今年至現在止又歸渠主持，亦將補登，談竟將十一、十二兩月之日記帳與總帳取回參考，定於後日偕其會計前來研討如何著手云。新中央橡膠公司經理阮隆愈來談，該公司與股東陳春生之刑事訴訟，本已至結束階段，前數日法院又來傳票謂須攜該公司全部帳據應訊，傳票上所列帳簿表據名稱達十餘種之多，非該公司所全有，余判斷為陳所請會計師按一般工廠所應有之會計資料儘量提出，其目的在使該公司發生困難，因該公司真帳不公開，向稅捐稽徵處所提出者為假帳，陳知其情，如法院所調者為真帳，則渠可向稽徵處舉發，反之如為假帳，其中所記與陳往來數目並不確實，且盈餘數不符，陳固按年由真帳內支取股息紅利者，今帳列盈餘不符，渠由此可獲挑剔之根據，阮君左右兩難，渠與李洪嶽律師研討辦法，亦無結果，余亦覺不易應付，只謂不妨先與搪塞，到庭說明與本案有關之帳只有資本帳，而資本帳可以送來，實際此帳只有數頁，下次送來亦無困難，阮君同意此點，但頗願將假帳託余加以審核，余覺此事頗不易為，亦不應為，但在不明其內容以前，亦覺無法判斷，故約定明日到該公司將該項帳目略加瀏覽，稍明底蘊，再作計議云。

師友

晚，逄化文兄來訪，談國大代表黨團小組奉令抽籤參加草山受訓事，曾開會檢討，抽籤則由組長代辦者，似不致有其他情節，至余所接之開會通知係在開會以後，則亦似非出於預謀，因當日開會只討論如何提供意見，到人甚多，且逄君任主席云。

省克

近來因家居事務瑣碎，閱讀時間甚少，僅每日看報，有時閱覽刊物而已，然亦引起若干足資反省之資，前日獲讀「大眾醫學」月刊有文一篇標題「自欺」，描寫一般人在心理上所受潛意識之支配，無意中只有在自欺情緒中始能維持心理之正常，分析入微，行文暢達，余於文墨本有興趣，然多年汨沒，思路滯塞，閱後深愧己所弗能也。

6月13日　星期三　微雨

業務

下午，到新中央橡膠公司與經理阮隆愈、會計張之文談昨日來洽之法院調帳問題，阮君云李洪嶽律師主張將正式帳於必要時送院，因法院不與稅務機關聯繫，不致爆發所顧慮之處罰問題，況卅八年度之決算表曾送陳春生一份，與稅捐稽徵處之一份不同，陳雖勾結該處，但亦尚未發生此項不符之問題，余意此項看法大致尚可，但此次法院忽又調帳，傳票開列名稱繁多，必係根據陳方之請求，彼既有此項請求，自然有其步驟，決不能如此簡單視之也，不過現在勢不能將外帳送往以自暴漏洞，自然惟有送真帳前往，余意初次可到庭申述帳冊繁多，正在使用，而與本訟案有關者反甚少，如必須調閱，亦以此為範圍，隨時可以送閱，俟開庭後再看如何作第二步之應付云，當即如此決定，其外帳內容究為如何，余本不願多問，至此亦即不再檢視矣。到中興油行訪于希禹經理，意在催索黃海公司之公費，但不遇，留片，渠應知余之來意也。

師友

到公路局訪譚嶽泉局長，轉達廖毅宏兄謀工作之意，渠表示困難，閒談移時辭出。

6 月 14 日　星期四　雨

師友

下午，宋志先、周叔明夫婦來訪，閒談，據云不久或參加交通技術人員講習五星期云。

瑣記

家居瑣事繁多，皆德芳與余親任之，庭前竹籬因雨水太多，兩年間皆有動搖或腐爛之處，籬外三輪車經過眾多，動輒衝撞，損壞益易，大約損去三數根時所養之雞每每逃逸，而連日未購鐵絲，不能動手修理，今日由鄰居蔡家取來鐵絲，乃動手攀纏，同時又須將雞由巷外追回，此等瑣事常有發生，佔去時間不少也。

6月15日　星期五　雨

瑣記

下午，為姜慧光表妹申請入境證事，將余與張中寧兄所具之保證書送南昌路派出所請予對保，並送分局用印，據一警員河北人侯君云，保證書樣式已經更換，余所用者為舊式，已不適用，至現在手續凡有機關印信證明之保證人亦勿庸再由警察局取對保云，余乃至博愛路該局聯合辦事處詢問果然，即購新表備填，但又見晚報載新入境辦法即日正式公佈云，按該辦法規定公務員不用保證，故所購新表暫時未填。

6月16日　星期六　微雨

交際

中午，到新中央橡膠公司應其邀宴，在座尚有師範學院鄒教授及李洪嶽、石美瑜兩律師，席間討論該公司最近控告陳春生誹謗及誣告兩罪之進行方式，兩律師本有歧見，經解釋後完全照李律師之步驟辦理，席間石律師對法界之不上軌道貪污黑暗，列舉若干事實，表示深惡痛絕，其本人似將棄去律師業務改任軍法職務云，鄒教授研究心理學，正從事採集社會有地位人士之血型，以作性格統計之對照，並根據其經驗判斷余為O型，繼即由余耳取血攜回檢驗，數日必有結果，據云其已採集者已有二千餘人云。

師友

下午，到溫州街訪張中寧兄，託為姜慧光表妹改填入境保證書，不遇，將空白保證書留下，託其夫人轉達一切。因應收入之款項均陷呆滯，今日用度已屬毫無，乃以電話與楊天毅兄接洽借款一百元，兩日即還，接電話者為張玉如兄，堅問可否告渠係為何事，余即相告，謂不必待楊兄歸來，渠可代辦此事，遂於晚間到博愛路將款取來，近來收支不能合節，已成經常發生之問題，維持一平安之生活殊非易易也。

6月17日　星期日　有陣雨

業務

上午，到和平東路訪黃海水產公司張子文副總經理，探詢公費何以至今未送，據云，該公司在前次董事會議決成立四人督導小組，使公司內權限混淆，款項方面更無人負責，結果遲遲未付，余催其務於日內交來，渠允在三數日內售魚款內在台北扣回照付，當時在座者尚有張雲泰董事，據云將請余續查自去年六月至十月之帳目，以結束去年鄭旭東案之後半段云。

公益

上午，到山東漁農基金會出席，討論例行案件，會後並至慶香居吃飯，在座者有宋延平總幹事，談及政府目前所推行之紗布產銷統制，立意甚佳，而技術上遭遇困難極多。

師友

上午，到浦城街參加同學茶會，由余與夏忠羣、劉桂、賴興儒召集，所談者為香港第三勢力之發展與美援顧問團對政軍改革建議所給於當局之困惱，對大局均有關係。下午同德芳到新店碧潭大平頂訪友，計到孫典忱、叢芳山、韓質生及崔唯吾氏之家，在崔寓所談為齊魯公司向余索房問題，崔氏堅主不理，研討結果，以不十分僵持為宜，一面答覆支吾，一面促成會計顧問之聘請，以為釜底抽薪之計云，碧潭今為初次往，風景甚佳。

6月18日　星期一　雨大風

師友

下午，訪夏忠羣兄，將昨日召集茶會應攤分金送還。下午，訪楊天毅兄，並向張玉如君歸還前日所借一百元。到博愛路探詢警務處辦理出入境證辦事處前日政府公布放寬尺度之入境辦法後，該處辦理情形，據云該項辦法雖對外正式公布，但該處尚未接到公文，故現在申請入境，仍照舊有辦法辦理，新舊辦法對於公務人員入境之區別為舊辦法需保證而新辦法則省略。到經濟部訪張景文兄，詢其昨日來訪託在港購物事之詳情，但未遇。

6月19日　星期二　晴

師友

今日為姜慧光表妹辦理入境證事分訪有關友人，事先到國民大會秘書處為保證書請用印，保證人張中寧及余皆國大代表也，繼至經濟部訪張景文兄託其在申請書上以主管長官資格填明並用印，至此一切妥貼，到警務處訪副處長劉欽禮兄，將入境申請書保證書機關公函及派令一併送請轉與旅檢室盧主任洽辦，劉、盧二方對於張景文兄之印信為小官章一節，均覺不甚正式，經余分別解釋其機關只有小官章，始不表示異議，但審核時有無問題尚不可知，惟盧君導余將申請表件送至收發方面，收發員認為已無甚不合之處，立即照收工本費，並謂一星期可以辦妥，並回與劉兄約定三日後以電話聯繫，如印信有問題時即採取余所提出之辦法，由張景文兄備函說明其印信使用情形，即不能由經濟部用印之理由也（與部無隸屬關係）。

6月20日　星期三　晴

業務

上午，訪中本紡織公司洪董事長蘭友，請賡續擔任會計顧問，並將去年四月所接聘書面交一閱，又裴鳴宇議長介紹信亦交洪氏，並聲明以三種資格訪問，一為政校校友，二為國大代表同人，三為中本舊關係人，洪氏面允交公司查卷辦理，辭出後並將聘書送王慕堂兄一閱，請轉告侯銘恩兄與該公司繼續接洽，王兄所擔任職務之蜀餘公司亦表示聘余為顧問，又與其總經理李鴻漢兄面洽一切。訪陳舜畊總經理於農林公司，聯繫業務，並面定聘余為會計顧問。今日之作風在不放鬆一切可以獲致之機會，此為執業所必需也。

師友

在中央改造委員會訪虞克裕、胡希汾兩兄，略談中鹽公司事，又訪周天固兄閒談。

6月21日　星期四　晴

業務

連日對會計顧問已接洽續聘，及去年已聘而迄未送致顧問證書者加以回溯，補填分別送往，計純屬補送者為第四信用合作社、山東漁農基金會、立達染織廠、復興東染織廠、中央日報社、黃海水產公司，屬於續聘者為中本紡織公司，屬於新聘者為農林公司、蜀餘企業公司。中本聘書今日送到，諒係昨日接洽所發生之效力，可見聯絡開展業務必須以全力爭取，有時勉強為之尚屬可通，適可而止則反致功敗垂成也。

瑣記

下午，到公用事業管理處購買公共汽車票，並照該處新規定換回舊票，但換票買票均不能離開票之封面，而舊票今日始換，新票非換後不賣，於是均於今日到該處辦理，排成長列，等候在一小時以上，而換票者又只圖自己方便，囑余改日再來，余因等候過久，已不耐煩，至此厲色向其質問，始收回其議，殊可怪也。

師友

晚，楊子位兄來訪，探詢其改更姓名事內政部如何作最後批示，余因昨晚徐嘉禾君曾來談及此事，故以實情相告，請等候其逐層發還，並等候批示即可。

6月22日　星期五　晴

業務

上午，到中本紡織公司拜會其上級職員，並支取顧問公費，其總經理王士強日間不在公司辦公，今日所晤及者為協理趙耀東及汪稽核與朱會計主任，相談甚洽。夏忠羣兄來訪不遇，下午余往訪，據談中央財務委員會對中鹽公司清理事頗有獨特之見，胡希汾總幹事來函託其就所提意見加以分析補充，夏兄認為其所見完全正確，但實際上有甚大之困難，蓋僅就財委會言之，握有股票一萬股有零，現在鹽務總局與中鹽公司後身之製鹽廠提出兩案，照比較對外股有利之算法，每股只能得五十餘元，照中央財委會之計算，須二百三十餘元，故財委會之所得或五十萬或二、三百萬，相去懸殊，聞以前預計黨費可照五十元算數，近因支出浩繁，無從挹注，乃又堅持第三種算法，而可以有如此之差別，則因鹽務總局所提之案對於以前董監會決議有曲解與纏夾之處，夏兄刻在製鹽廠服務，故其立場不無尷尬之處，渠意此案若由余加以補充，當更使人有公正客觀之感，余允其請。

6月23日　星期六　晴

師友

上午，到水源路訪吳先培兄，又到羅斯福路三段訪唐季涵兄，約明晚晚餐。以電話與警務處劉副處長欽禮聯絡，詢姜慧光表妹之入境證事，據云審查機關認為該申請書所附之機關公文僅有官章而無方印為不甚正式，將函經濟部主計處請由經濟部轉為妥，余於下午訪張景文兄於經濟部，據云改辦部稿將引起多種誤解，且在體制上亦無此必要，決定由張兄以私函致劉欽禮兄說明其印信使用之根據，希望不必固執，由余持函再往懇切商酌，同時並請張兄以電話說明云。

6月24日　星期日　晴

師友

上午，到南京西路訪隋玠夫兄，約晚飯，不遇，留字。到水源路訪楊子位兄，前託買七七牌香菸未交價款，今日歸還，惟煙尚未取來，此外並約其今晚到余寓吃飯。

交際

胡希汾兄之祖母在大陸逝世，其劬育成人全為祖母之力，因二歲喪父，九歲喪母，孤苦伶仃，惟祖是依也，今日下午胡兄在十普寺作法事為老人超渡，余事先不知，因夏忠羣兄來告，遂於下午往行禮致弔，主其事務者為虞克裕等三數人云。晚，約吳先培、唐季涵、楊甲、隋玠夫、黃梅生諸兄在寓吃飯，菜餚全由德芳自辦，席不暇暖，因尚須照料嬰兒，有時無法分身，故約每日來寓洗衣之女工臨時前來幫忙，加以紹南星期日在寓亦可幫同照料，然亦直至客散後十一時始勉告理楚。

6月25日　星期一　晴

師友

晚，王慕堂兄來訪，談蜀餘公司聘余為會計顧問事，決定年送公費二千元，望余開具收據洽收，或由彼送來，余明日有事外出，當親往洽取，王兄辭出後在余門外水溝內不慎落足，渾身泥沼，且將鑰匙失落溝內，良久使行尋出，余覩狀深為不安云。

瑣記

余所居羅斯福路二段房屋衛生環境極壞，除水溝由巷內流出，動輒淤塞外，垃圾處理亦感困難，余之垃圾箱在門外，鄰居有不顧公共衛生只知有己不知有人之輩，私以肉類或腐敗之雞禽傾入，以致臭氣沖天，如照有的人家將箱置之庭中，又因庭院太小，且清除不易，亦感不便，而窗外對南路邊又有他人垃圾一箱，亦屬無法干涉焉。

6 月 26 日　星期二　晴

師友

上午到警務處訪劉欽禮副處長，洽談姜慧光表妹入境證事，關於該處發生問題之印信一節，余面交張景文兄所致劉兄之私信，說明其體制與印信使用情形，但劉兄仍堅持必須有大印始可，此節余告以確有困難，渠又謂上案已函張兄之主計室，希望正式以公函見復，說明主計室有用人權，有獨立對外行文之資格，主官為簡任，印信使用官章，係經上級核准，等四點，余遂再與張兄洽談，張兄頗認為太過留難，經余再四拜託始允待其公文到達再為核辦云。在經濟部遇黃海水產公司關係人李蔭堂與張景文、劉馥齋兩兄，洽談該公司開董事會事，據云經濟部漁業善後物資管理處有意將公司商股收購一部分，使官股股份超過半數，以便改為官方主持云。訪王慕堂兄於蜀餘公司，洽取顧問公費。到新生南路訪趙君，請代為存放款項，趙君謂近來市面銀根太鬆，利息亦低，恐不易辦，但必設法辦到云。

6 月 27 日　星期三　晴有陣雨

師友

上午，李公藩兄之表弟趙君來訪，昨託代存之款，已送至華誠五金行，此行亦為膠東人經營者，但彼亦不歡迎存款，故只出日息三角，且須每月結算一次，無法可想，亦自當照辦，據趙君云，近來市場頭寸鬆濫，大部原因為台灣銀行結匯核准太少，以致無法運用款項，而進出口業遂感覺極大之困難，聞去年五金行業曾因官價結進外匯關係，均有大利可獲，譬如怡大行在市上倒風瀰漫之時，獨屹立未動，職此之由也。

6 月 28 日　星期四　晴

師友

下午，訪張景文兄於經濟部，探詢關於姜慧光入境證事，警務處之異議公文已否到達，張兄云尚未到達，余乃以電話詢警務處劉欽禮兄，據云前日該項公文已經詢明發出，或係公文旅行尚未到目的地之故，此事無其他法可想，只好再行等待矣。關於齊魯公司向余索房及欠款事，崔唯吾先生來信云，已與該公司副總經理李伯平談及，謂房可不索，款盼還，聘余為會計顧問事表同意，但仍須多方進行，余今日復崔氏函，謂款當早還，顧問盼提，並請與董事長陳良一談，監察人裴鳴宇、盛長忠處余當往洽云。

6 月 29 日　星期五　晴有陣雨

交際

中午，立達工廠王豫民經理在厚德福請吃飯，在座尚有孫伯棠、宋延平兩山東漁農基金會負責人，第四建築信用合作社經理李紫宸、泰豐紗布行經理范立煜等，飯後同到第四合作社洽談，據王君云，渠向基金會曾借紗十七件，另以各小戶合組之友聯記借三十件，渠數日前見晚報登載法院檢察處對孫、宋二人提起公訴，理由為貸紗集中於大戶，且立達為數更多，認為必有默契，渠對此深表氣憤，為不使二人蒙受不白，決將上項欠紗歸還，但此中頗有計算上之困難，按基金會決議對於貸紗還本須用實物，紗息則可按經濟合作總署配給廠家之定價，即現在唯一之公開價償還，事實上現在紗支無法購之於市，故該廠對於歸還實物無法辦到，無已，決定照配價歸還款項，其方法為將款提存銀行，開具支票送由法院公證送達，云云，據宋君云，立達還此現款後，繼續經營即感覺十分困難，又云此次法院所以起訴，係因檢察官索賄不遂，因羞成怒所致云。

6 月 30 日　星期六　晴

業務

會計師公會常務理事吳崇泉、廖兆駿、林有壬及會計師姬奠川、劉友琛、成蓬一、程烈等在厚德福請吃晚飯，在座客人尚有財政廳周友端副廳長、會計師鄒馨棣，聞未到者有財廳主管稅務之科長鮑亦榮等，飯前據周副廳長談及所得稅委託會計師代辦事，已在廳內作最後之研討，決定尊重公會意見，務期能達成圓滿協議，廳方所準備之原則為希望由公會選定十至十五人，分配於全台北市五個稽徵區，人選由公會推薦送財廳照聘，報酬由財廳負擔，至於公會希望如何，請具體研究云云，在座對於財廳已放棄其對各人不對公會之主張，均表示滿意，於是用餐，飯後各會計師即作初步談話，皆認為此事必須公開，公則不致引起內部糾紛，但為防不肖份子之破壞阻撓，故亦須有所籌慮與防範，至於此中技術問題，應先行交換意見，再由常務理事綜合後提理事會，如理事會認為必要時再提會員大會，其中最大之問題即為人選，以及聯合組織事務所之配備等事，訂於下週一作進一步之討論，散席後與姬奠川會計師同行，知此事之所以有現在之成就，彼居間運用之力為獨多，渠又談參加齊魯公司董事會情形甚詳。

7月1日　星期日　晴有陣雨

師友

上午，到浦城街參加校友茶會，所談者多為時事之不見於報章者，計有潘澤鈞兄報告防諜工作及其缺點，吳望伋、李鴻音諸兄報告自由中國半月刊為批評經濟措施引起保安司令部之干涉及調解經過，尹樹生同學報告台中八同學大致情況，余未待散會即出。

公益

上午，到中山北路出席山東輔導漁農基金會，主要問題為前日立達工廠以法院認證方式送來紗價十九萬餘元在本會應否照收，會議決定應商同律師向法院請示，目前暫不轉帳，以期根據之充分而謀處理之慎重，今日出席者有孫伯棠、裴鳴宇、許先登、姜佐舟及余，詢謀僉同，蓋在訟累之中，一切當謀立場之穩慎也。

7月2日　星期一　雨

業務

下午，在程烈會計師事務所舉行談話會，討論代辦財政廳委託查征台北市營利事業所得稅事，到者有程烈、成蓬一、鄒馨棣、吳崇泉、林有壬、廖兆駿等人，所談時間甚長，所涉及技術問題亦甚多，綜合意見將透過理監事會向財政廳交涉，今日所獲初步結論如下：（一）財政廳主張由公會提名十至十五人為代表人，由廳聘為顧問，此項人選廳方意須有標準，但此標準甚難規定，人選更難推出，有主張理監事退讓以示大公者，有主張全歸此次交涉最有力量者即立法委員會計師擔任者，但有力意見為每五人分為一小組，自行糾合，自推一人為代表，向公會報名，現在公會會員五十人左右，適足分配；（二）公費分三部分，顧問部分由廳決定，辦案部分擬定百分之三，超額部分擬以預算所列之數為界線，其百分比由廳決定；（三）聯合事務所希望設於各相當區之稽徵分處內；（四）查帳應有限度，即以資產負債表審計為主，如需詳細審計或整理帳目，應另案辦理，此項審計之程序，由公會定一普遍性者共同作為依據；（五）公費由公會統一領取支配，公會扣收適宜之百分比為事務經費；（六）參加此項業務之會計師以事務所在台北市者為限，須先行登記表示自願參加；（七）為處理此次業務，公會應訂定公約，以資參加會員共同遵守云。今日所討論之結果甚為具體，意旨亦甚集中，但應防止者即搗亂份子有居位於理監事者，為防其破壞阻撓，應於詳細實施辦法擬定時充分考慮云。

7月3日　星期二　晴

師友

上午，到經濟部訪張景文兄，談警務處為姜慧光表妹申請入境證事函張兄主管之主計室請由上級機關轉請應如何擬復事，上週余與劉副處長欽禮所談結果為，可由張兄覆函聲明其主計室有權用人，且對外一向直接行文，其主管為簡任，印信在渝遺失，現奉准用小官章，以示可以直接申請，張兄允照此意為復該處一公函，交余持向警務處與劉兄面洽解決云。

業務

在經濟部遇黃海水產公司董事賀仁庵，據云彼為清查該公司主持業務人半年來之內容，已委託富伯平會計師查帳，所以未委託會計顧問即余者，因渠個人與余一向不熟之故，余對其所云根本摸不清楚，故余下午到中正東路訪該公司董事兼去年鄭旭東案清查召集人之張雲泰君，據云渠亦係風聞有此一事，現在公司董事會開不成會，但最近之過去曾開會一次，提出現任總、副經理鄭培仕、張子文停職已經通過，而繼任人選則因事先雙方所同意之于希禹君不為鄭旭東等人所接受，出乎意外不能通過，以致陷於擱淺，於是鄭旭東、賀仁庵等以僭奪之方式到公司發號施令，並聘會計師查鄭培仕任內之帳，一說連去年六月起鄭旭東任內未查部分亦在其內，此事既未經過董事會自屬非法，刻正謀對付之道，惟望余能與富說明箇中情形勿受其愚，余允便中可與談及，但不便為此事專訪，以免引起同業隔閡云。

師友（二）

晚，蕭繼宗兄來訪，據談在陸軍總部服務，根本不足維持生活，殊為可慮云。

7月4日　星期三　雨

業務

晚，黃海公司董事張雲泰、張子文來訪，謂渠二人及值月常務董事于希禹希望余能對富伯平會計師面談黃海公司由一、二人委託查帳之用意及防其變造證據云，余謂可以照辦，但希望彼等致余一函，余持作根據與富磋商，否則根據不足，富只能當閒話聽，並無若何意義，且易使富認為余與其在業務上發生摩擦云，二人又談現正約集該公司商股申請經濟接辦清理，以對抗現在少數人之刦持，徵求余以股東資格參加，余本不願捲入漩渦，但股票長此等於廢紙亦非辦法，故即將號碼抄交並在冊上蓋章云。

師友

下午，陳開泗同學來訪，閒談其由港澳計畫赴山打根或來台之經過，結果仍以名義提出請得入境證來台，現經行政院聘為設計委員，住所在中和鄉，為自建房屋云。

7月5日　星期四　雨

師友

下午，同鄉范召南夢周君來訪，惟來此已兩年，刻在中華路開設煤炭行，聊以自存，余與范君係在青島競選國民大會代表時相識，此外無何過從，今日來訪係託余為其保證參加國防部總政治部中上級政工人員甄選，其保證人已另有一東北國大代表趙全璧擔任，余以情不可卻，故亦為之擔任，其文字有以生命擔保字樣，未免太富刺激性矣，范君又代另一同鄉林和亭君特託為同樣之擔保，余因另一人為誰何尚不知之，且與林素昧平生，故婉拒之，渠等入夜又來敲門，余因當面措辭不易，故告以外出未歸云。

體質

鼻腔不通已有一兩月，呼吸雖通而嗅覺不靈，晨起有黃濃涕排出，上星期六就診於省立醫院城南分院耳鼻喉科，斷為鼻炎，塗藥而外，內服藥兩天，主要為消發大安淨，前、昨兩日自行購服六片，今日又服四片，晨起已無鼻涕，但嗅覺仍不能復原，昨夜入睡前服藥，飲濃茶一杯，食香蕉一枚，上床後腹內極為不舒，噁心而有便意，大解兩次，將近天明始入睡，今日除感覺疲倦而外，尚無其他病痛，於其原因則終未知也。

7 月 6 日　星期五　晴

師友

上午，到警務處訪劉欽禮副處長，為姜慧光表妹入境證事面遞經濟部主計室張景文兄之公函，此函為答覆該處駁回原申請公函請由上級機關轉洽者，覆函大意已將上週與劉兄面談各點，即該室為獨立行文，可有權用人，印信在未奉頒前權用官章，該室主任為簡任職等項包括無遺，劉兄初尚仍謂須由上級轉函，余謂上次所談似不包括此點，因如包括此點，以上四項豈非辭費，渠即不再堅持，即寫字介紹余往與旅檢室盧主任面談，盧又轉介主管入境手續之蒲君，此人初仍堅持須由上級核轉，但不謂主計處即謂經濟部，余謂主計處正式核用有案後非數月不可，而主計室有權派代豈非又等於無法行使職權，經濟部又非其上級機關，彼不願如此，渠乃謂如此渠可以不作肯定表示簽請劉副處長批示，余謂如此甚好，乃與劉兄再度洽談，請其屆時務作肯定之批示，彼有允意，並謂將先關照旅檢室，余謂此事關鍵在彼一人，務請幫忙，否則不達目的絕不休止云，先後費時一小時餘，尚不知結果又將如何，以余度之，大約可有七成把握也。晚，李德民君來訪，查閱新會計師法，其所計畫之請領會計師證書事，已無法進行云。

7月7日　星期六　晴

業務

昨日李洪嶽律師來函謂有太安行委託查帳，今日上午余到李律師事務所接洽，據云該行為福泰行之債權人，福泰歇業，各債權人不能全部同意比例分償債務，太安行將單獨查核福泰之帳，以便發現其瑕疵為進一步之對付，經決定於後日在李事務所約太安行負責人同談一切。晚，山東漁農基金會主委孫伯棠約在會賓樓吃飯，在座尚有周旋冠律師，經取出法院檢察處之起訴書，曲翰丞等所控孫與宋延平侵佔案已提起公訴，所列主要罪刑為經管紗貸所買之廠有名無實，供給立達與友聯記之紗四十七件，內有三十七件無擔保與押品，理由一段所述並有該會會計帳表記載方法與科目運用殊與會計原理不合，不能表示資負與營業狀況，但所根據數字又與帳相同，所用文字更多影射抽象，甚至有「數典忘祖太阿倒持」等語，殊為不倫不類，現在法官水準之低，由此可見一斑，如有其他內幕，更可鄙矣。

交際

下午，郝遇林兄在寓約宴，在座尚有陶百川夫婦、陳紀瀅、劉欽禮、陳有維、陳長興等，陳紀瀅為初次相識，其文藝作品散見各處，陶百川亦為作文甚作之人，最近由港來台。

7月8日　星期日　晴

家事

今日閒暇無事，在寓幫助照料家事，此本為日常工作，至少近兩月來如此，因自女傭辭工以後，一切家事均由德芳自任之，而事實上獨任不易，例如買菜外出，須有人在寓照料諸兒女，又彭兒已五月餘，除睡眠時間外，即須抱持，此時不能再做他事，其睡眠習慣凡小便必醒，如能醒時立即攜出使便溺，則立可再睡，且不致遺床，故時時必須諦聽其睡後之動態，至於幼小之兒女須每日之洗面洗浴，整理物件，亦極為煩瑣，故往往自晨七時至晚十一時幾乎無甚餘暇也。

7月9日　星期一　晴

業務

上午，到李洪嶽律師處與太安行副理言穆淵君見面，據談其所擬委託之事為查福台公司之帳，該公司欠太安行木材二千石，另有其他債權人亦有若干金錢債，因不能得公允之償還，故將以查帳為對付，因聞其帳內有其他違法之處，非如此不易就範也，又福台經理已居鄉，現在由廖兆駿會計師代理之，經決定後日先由余查核其有關資料，然後再決定方式向廖開始交涉云。

師友

下午，楊子位兄來訪，送來以前託代買軍用雙喜即七七牌香菸，因無稅，價較廉。

7月10日　星期二　晴

師友

下午，訪韓兆岐兄於立法院，不遇，留字云，接宋梅村兄母喪訃告，意欲參加公份致送奠儀，在立院休會期間不便聯繫，請韓兄代為探詢加入，或與韓兄一同辦理，均可，請速函示云。

參觀

在中山堂參觀國際合作節合作實績展覽會，以生產合作之產品與信用合作之圖表等為最多，前者有布疋、織繡、大甲草及食品罐頭等，又有合作農場產品如稻穀、甘蔗、香茅、香蕉、鳳梨、鴨蛋、西瓜等類，均係其結實之大而且多者，洋洋大觀，其一部分產品且當場出售，如草席及食品、布疋等，余則購毛巾二條，另台中合作農場之鴨蛋十五個以為紀念，後者以省合作金庫之各項圖表繪製為最精美，但有若干強湊充數，無甚價值，至各合作社之圖表或業務圖表說明，則多屬蕪雜，文字且多日文氣息，非朝夕所能改進也。

7月11日　星期三　晴下午雨

業務

下午，出席會計師公會理監事聯席會，討論事項有三，一為一部分會計師提案請建議政府凡在大陸上專用商標使用權暫在台灣之未登記者應停止生效，並准予在台首先申請註冊使用者在台使用至政府回大陸為止，此點有根據政府現在規定表示反對者，決議先推代表向政府口頭交涉，再作計擬，二為受財政廳委託在台北市查核代完營利事業所得稅一案，常務理事會擬具意見草成辦法提請討論，宣讀一過後，一、二人強調此事責任大而報酬少，不易有圓滿結果，意欲對是否繼續接洽一點發生問題，經反對者予以澄清，認為此事不能再有懷疑，始無異辭，遂就其草案要旨提出三點重要原則加以商討，決定代表會計師亦即財政當局所聘之顧問為二十人，以便每人可以作小組二至三人之代表，查帳範圍以稅捐稽徵處用印之帳簿及其決算書表為對象，查帳工商業以公司全部及獨資資本五萬元以上，或合夥商業資本三萬元以上者為限，約在二千家之數，以免勞務多而收穫少，查帳公費照完稅額之百分之三計算，但每家不滿二百元者以二百元計，根據此項原則再向財廳折衝，三為經濟部準備實施商業會計法，已經召開座談會，並決定關於第七條所定會計章制表式由公會擬送經濟部參考，經全體推吳崇泉、王庸二人擔任，但王固辭，當場無何結果，今日會場意見雖不十分集中，但大體融洽。

7月12日　星期四　晴

業務

下午，太安行副理言穆淵君來送該行與福台公司債權經過文卷，並談委託查帳公費事，余將委託書空白面交，公費容再商定，渠有意同時聘余為會計顧問，將聘約空白取回，公費一節余未明言，謂多少毫無關係，渠將先與李洪嶽律師洽談，言君具有聲請會計師檢覈之資格，渠將請余協助向考試院接洽辦理云。下午，夏忠羣兄來訪，謂中國鹽業公司清理委員會最近開會，依金克和之意見，將先由所聘會計師查帳，一面等候行政院指復關於以鹽價或物價指數申算資產償還商股股份之基本算法云。

師友

晚，劉道元兄來訪，渠回國後任行政院設計委員，並屬於九人駐會辦公者之一，明日開會後先回台中，將來如台北無居住之所，將仍住台中，每月回台中一次，餘時在此辦公云。

7月13日　星期五　晴

體質

上午，到省立醫院再度診治鼻炎，醫師為敷布藥水，並配服消炎片，每次二片，每日四次，今日起即開始服用，現鼻腔已無流涕現象，惟早起時之嗅覺仍有障礙。

師友

為姜慧光表妹入境證事與劉副處長欽禮通電話聯繫，並於下午到警務處面洽，劉兄示余以旅檢室簽辦意見，仍然否定之見，而其秘書則簽函經濟部核復，以致劉兄不能完全作相反之批示，詢余如此辦理在張景文兄處有無困難，請余與張兄面談，余謂原無不可，但原簽所謂將函詢經濟部者不知係何事項，如問其是否簡任官，此最明顯，原為不必，如問其是否有權用人，是否獨立行文，則張兄來文已經述明，自不可以懷疑，如問其印信何以只用小官章，是否合於規定，則其來文已自述明，如必須向其上級查詢，則只能詢行政院主計處，非經濟部所主管也，劉兄聞余提出此點，亦覺不能解答，乃召主辦之喻專員面洽，喻君謂要點在是否獨立機關，余向其解釋確為獨立機關，但形式上因無大印（尚未奉頒），似係部分主管，而所以如此，其來文亦有說明，極合情裡，故如對此點前提予以解決，希望不必再多一次公文周折，否則請向行政院主計處詢問其有無獨立行文之資格可也，喻君相當瞭解，劉兄即交其重簽，尚未知是否有望也。下午，到考試院訪隋石孚兄，據云請病假，未到辦公室云。

7 月 14 日　星期六　晴

師友

上午，訪張中寧兄，託其轉託與警務處中下級主管入境證之人員為姜慧光表妹請領入境證事分別疏通，據張兄云，該處完全為一官僚組織，主管批示之事項未必即辦，故主管者未肯率作相反之批，因而對於中下級之請託似乎不可避免云。到立法院訪韓兆岐兄，不遇，歸寓後知其曾來訪，告參加宋梅村兄母喪之賻儀已經代辦云。

業務

中午，山東漁農基金會孫伯棠君來函約往指導其上期決算，此次係由馬德夫君仿照去年底余指導編製之各表加以編列，但因數字錯位，致資負表上之損益數與損益表上者不能對照，經余會同查明改正，但表之所根據之帳上數字則未遑加以核對，此外技術上有錯誤者即損益表只能包括上期決算日以後之時間，而所製之表則包括以前滾計在內，已囑改正之。晚，黃海公司董事張雲泰來談該公司董事會已開成，議決請經濟部接管，鄭旭東案去年六至十一月份之帳目仍委託余查帳，十一月以後至現在則託富伯平會計師查核，以遷就賀仁庵等之既成事實，公費希望先定約數，恐未必能立即支付，公司將先來公函相委云。

7月15日　星期日　晴

師友

下午，隋玠夫兄來訪，為女傭問題所困惱，問有無可介紹之人，適余亦未用人，且知現在用人代價又趨昂貴，暫時殊無可以介紹之人。中午，同鄉牟瑞亭君來訪，談正在進行工作，一為市政府兵役科增設人員，正在積極準備參加審查中，二為國防部總政治部中上級政工幹部甄審，證件均已送往，總數取九百人，申請者逾四千人，證件不合退回者二千人，此二千人中尚須二人取一，又云同鄉范夢周君曾託余保證參加，因姓名不劃一被拒云。

體質

鼻炎自前次診治後略有進步，但仍未復原，前日到省立醫院配藥二日份，今日即完全服完，似乎繼續有相當進步，而仍不能除根，同時晨間起床後略有冷氣侵襲時，即使嗅覺受阻，午睡後亦然，又兩月來斷續不止之咳嗽病，亦只略見減輕而不能根除，現在晨起後仍有咯痰現象，至早飯後始漸止，其間服用魚乾油時期略愈，近日未服用，即未見減輕，日間揮汗即不覺異樣，甚矣斷根之不易也。

7月16日 星期一 晴

師友

下午，到立法院訪韓華斑兄，送還代墊宋梅村母喪賻儀九元五角，並閒談該院一般情形，在座尚有朱建民兄，於該院委員之不顧院工福利只知見款即分，享受任何階層官員所無之待遇，均表示氣憤。上午，叢芳山兄來訪，談及此次美國共和黨領袖人物杜威訪台，政府所安排之日程，未將國民大會代表招待會列入，一般國大代表均表示不滿，余尚未知其事。

業務

上午，黃海水產公司張子文協理來送該公司董事會通知，請余會同其五人小組查核去年六至十月鄭旭東任內之帳目，據云在董事會席上鄭方董事賀仁庵謂余為公司顧問，不必另支公費，但並未成案，與會者均謂以後再說，余表示查帳可照辦，但因其中有人既抱有成見，為免以後糾葛，並為赴基隆期間旅膳開支，須先將公費數確定並於著手前先支半數，此即暗示在未見款以前不能開始，張君謂須與于希禹常董接洽云。下午到中央財委會訪胡希汾兄，談中鹽公司清理工作即將開始，各關係方面之清理方案距離甚遠，財委會方面希望余能充分顧到該會主張云。

7月17日　星期二　晴有陣雨

師友

晚，李公藩兄來訪，談此次回至台中約住兩個月，多半時間為助理家事，現因子女放假，可有其餘裕為家事幫忙，故來台北察看有無業務，近來因棉紗管理及進口外匯審核太嚴，市面黃金出路不易，商業蕭條，幾於無業可營，又談在商界所聞對時局及政府之措施多有不滿意之觀點，而政府對一切舉措又多半舉棋不定，觀感殊難改變云。

體質

昨、今續到省立醫院治療鼻炎，已漸有痊愈之望，現只睡起後略有不適矣。

7月18日　星期三　晴

家事

紹彭兒誕生後今為五個半月，雖缺少母乳，全餵奶粉，食量不大，只及奶粉仿單所定之小半，而發育豐滿堅實，為一般兒童所無，昨日起又患感冒發燒，德芳抱持至蔡文彬醫師處診療，便中量體重，計九公斤有餘，據云已達九個月嬰兒之重量，但身長並不特高，所以如此者，因其肌肉緊而堅，故身材不特別碩大，而體重反超果一般常兒也。

體質

上午，續到省立醫院城南分院診治鼻炎，仍用藥品塗布，謂比昨更佳云。

7 月 19 日　星期四　晴有陣雨

業務

午後，到中國鹽業公司參加該公司清理委員會所召集之商討會，商洽該公司發還商股股款之進行方式，到有余與劉階平、朱國璋三會計師，財部張專員華威，鹽務總局劉副處長鳳文，該公司會計處長張元本報告招募商股時之協議經過，行政院鹽務改革方案中退股可能達到之標準，商股方面曾提出補充改正算法可能達到之數額，公司結束後初步清算工作所擬兩種方案，對於每股可能付出之現金數，最近商股方面所主張之算法與每股可能得到之股金額，最後並認為此為一交易問題，而實非清算問題，但會計師之意見亦頗足以供政府作最後決定之參考。談竟由該公司將有關資料分送，約定下星期一先由各會計師集議，下星期三以前通知公司準備再作一度商榷，至於其他有關資料儘星期六以前分送云。

7 月 20 日　星期五　晴

師友

上午，到經濟部訪張景文兄，談姜慧光表妹入境證事，緣昨日接張中寧兄來信，轉來渠所轉託張炳坤君向警務處經辦人員接洽經過之信一件，謂與該處喻專員及主辦戴科員接洽，結果該處將不復向行政院主計處函詢，但須請經濟部主計室簽由經濟部辦一公文致警務處，此項辦法本為該處原來所主張，經余與劉副處長欽禮說明困難返回重簽者，今仍如此持議，而又遲遲不簽，可見存心延宕，乃往與張兄說明經過，並探詢有無其他補救辦法，張兄仍認為無論由經濟部或行政院主計處核轉或查詢，均屬不妥，辭出後與劉兄通電話說明此項困難，渠無堅持之表示，只謂當催速辦云。與考選部隋石孚兄通電話詢問朱興良兄聲請會計師檢覈及格，如何請領證書事，據云辦一呈文逕送考試院附照片及證書費三十元即可云。中午，逄化文兄陪同武文兄來訪，武兄最近始由香港來台，逄兄約余至其家午飯並談天，據云渠在上海大規模捉人之前逃出，已極危險，到港又幾經周折始獲以中央改造委員會用省市黨部委員名義來台，據述大陸上共黨統治情形，民間反感極深而青年則受麻醉甚深，且控制力強，不可忽視，又談一般經濟金融情形甚詳，並同訪田克明兄。

7月21日　星期六　晴

師友

上午，到警務處訪姜春華君，託為姜慧光表妹入境證事代向其旅檢室主辦人員喻專員與戴科員查詢，刻因二人積壓不辦，問如何可以打開僵局，又往溫州街訪張中寧兄，因前託其轉託張炳坤君代為到警務處洽詢不得要領，係因渠未能將癥結所在完全明瞭，余擬請張兄函介余往板橋與張君面談，張兄不在寓，與其夫人洽定將信備好或先函達張君，後日二人聯袂往訪，因余與張君係一面之識，如張兄同往自然更屬妥適也。

7月22日 星期日 晴

業務

晚，黃海水產公司董事兼鄭旭東案七人小組召集人張雲泰君來訪，持有監察人張景文致董事會公函，答覆董事會通知由七人小組聘余續查鄭任去年六至十月帳目事，謂小組集議時自當洽辦，另聘會計師查帳自當另立委託書，另支公費，又董事會已另聘會計師應如何配合亦請酌奪云云，張君之來為接洽如何繕立委託書及決定公費，公費一節，張君謂前數日一部分董事所聘之富伯平會計師曾送公費一千五百元，所查為自去年六月至今年六月十三個月，現在余只查五個月，似應比例照算，余告以富之所以如此，余不知其詳，但工作十天須公費二千五百元，余為公司顧問，減去四成，亦尚須一千五百元，果有困難，寧可完全不收亦不可再減，最低限度亦須在委託書訂定一千五百元，先付一千元，其餘俟查帳完竣，再行付清，但如無從取得此款，余絕不催索，張君無言可答，謂回去商洽後再作決定云，余之所以如此，因該公司糾紛重重，張等認為延富查帳為非法，但亦只有承認事實，且延富者輩並曾謂余為顧問不應再支公費，而公司已交經濟部接管，如查帳不先收費，將來大有成為呆帳之可能，余何必為此費力無收穫之事，因而余曾語張君，謂如能有一查帳姿態，表示帳非不應查者，即將此工作無期延長亦無不可，豈非連公費亦不需費力籌措乎？今日之黃海公司財權全不在張等一派董事之手，致彼等合法立場竟感動搖焉。

瑣記

昨晚門前自來水下水道被鄰居修理陰溝者所切斷，今日星期並不來修，僅臨時用橡皮管連接，不料巷內有住戶因地面未鋪，行車不便，又將大石壓下，皮管復斷，因之斷水竟夜，此等事均屬意外之一波三折，因而已經十分繁瑣之家事又平添若干糾纏焉。

7月23日　星期一　晴

業務

上午，到朱國璋會計師事務所與朱君及劉階平會計師會商對於中鹽公司清理案所應表示之意見，原則上此事為官商股間討價還價問題，並非真正清算方法所能解決，蓋鹽價由政府管制，公司財產雖多，但因無賺錢能力，故無變現價格可以算出，現在官股所允負擔之數為每股退九元或五十餘元，商股則二百餘元，如能有一方案折衷二者之間，自較易使雙方接近，朱君認為官方所持見解謂接收成立時之財產協議價值較帳面為低，竟據以將帳面數予以減折，商方不予承認，此在會計人員在協議時不調整帳面實為一種錯誤，商方持此理由不允減折，自屬有其理由，故帳面價位應屬有效，但固定資產既無變現價值，按物價指數申值清理亦使官方負擔太重，故主張應以富於流動性質鹽的價格指數為申值標準，照此兩次計算結果，公司應每股退還二百元之譜，較商股所希望者少，而較官股所願出者多，對此項方案余與劉君皆同意，遂決定推朱君草擬一意見，只提原則不提數目，並定後日三人再將數字核定後會同蓋章送清理委員會，預料官方能否接受尚是問題。

7月24日 星期二 晴

師友

上午，到張中寧兄寓約同到板橋台北縣警察局訪張炳坤君，詳談姜慧光表妹請領入境證事經過情形，目前癥結在於下級主管人員以印信不合為理由延宕不辦，前次張君初次接洽時，經辦人囑經濟部主計室由部轉一公文，而該室已聲明為獨立機關可以行文及印信權用小官章之根據，以為已足，余實無法相強，警務處劉副處長欽禮允予補救，而下級遲遲不辦，後果將是費盡力氣所謀之事為之打消，請張君再往疏通，承允照辦，今日九時往，十一時半返，火車往返半小時，此為余初次到板橋，甚感便利。

7月25日 星期三 晴有陣雨

業務

下午，到朱國璋會計師事務所與朱君及劉階平會計師再度商討對於中鹽公司清理案應提之共同意見，原擬今日定稿，因朱君草稿尚未完全作成，且又有修正之處，故今日只再度交換意見，朱君於前日所商之帳面固定資產價值減折問題，謂經過再三考慮，認為會計人員未照改組時資產協議價格調整帳面既為一種疏忽，吾人不當將錯就錯，而當照協議數即七百億元，將帳面之八百數十億元預以補正，如此則商股方面對此項固定資產之請求權比之帳面又減去七分之一，余與劉兄對此均予同意，對朱君文字方面有關此點之敘述，則稍嫌簡略，余主張再加補充，應說明此七分之一之差額，與改組時官商股東代表協議將七百億中台灣部分二百九十三億按物價指數升值至新公司成立前（其實為卅六年九月之指數）之一千八百四十億與公司成立前夕按十一月份指數升值之結果之比較，二者為清算方案內固定資產作為百分之卅四列入清算之來歷，前者雖記帳錯誤而不能不承認其改正之必要，後者則協議時並無任何保留條款，自無另按指數折算減折之理，將原方案百分之卅四減折公式予以分析揚棄，當更易為一般所瞭解而知余等之取捨完全就理論立論，非同一般之所謂折衷也，朱君對此亦表同意，將糾正補充後再行分送余與劉兄核閱定稿；此外又談及該公司清理委員會應付會計師公費事，決定非正式通知請其送來，由劉兄任之。到中央財務委員會訪虞克裕、胡希汾、汪天行三兄，對於三會計師對中鹽清理案所提意見以非正式方式作私人交換意見，財委會為商股之中堅，對於百分之三十四減折問題一節，余等所持分析立場及判斷表示同意，對於按鹽價指數申算一切資產一節，認為商股方面吃虧，且與理不合，仍認為以採納物價指數申算為宜，又對財委會方面對此案之處理基於政治瞭解不願接受折衷方案，因財委會之退股為被動，對於合法合理之要求不能放鬆，況此事之由來尚有其內幕，緣中鹽公司改組為官商合辦後由財委會方面股份代表李文範氏為董事長，鹽務總局局長王撫洲為爭取此席，以控制鹽價之方式使公司陷於不能支持，乃重改國營，不料弄巧成拙，行政院又歸資源委員會接辦，現在商股退股事如不能順利解決，王撫洲即無以向財政部乃至行政院交卷，渠即將自食其果矣，鹽價不肯調整之原因如此，現更欲以鹽價指數為清算固定資產之計算方法，自屬毫無道理，至於財委會方面索款固亦重要，而最重要者則為堅定應有之立場，蓋此事之由來完全為王撫洲之一種自私運用，弄巧成拙，設不退商股，中央對該公司早不存分文紅利之希望也云，余對三人所談已充分瞭解，允於商討時作充分之參考。

師友

上午，陳開泗兄來訪，託為向第一女中關係方面關說其兩女投考省立第一女子中學。

家事

諸女均有病，紹南患咳，紹中傷風已愈，紹因赤痢並感冒，紹寧甚健，紹彭亦健好。

7 月 26 日　星期四　晴有陣雨

體質

今夏特熱，余特別出汗，外出歸來往往內衣褲如同水浸，又近來腰圍忽又患癬，其初起之形狀如痱子，繼即自成一片，癢甚，腋下亦有之，但初起時稍治即愈，及蔓延成為大片後，則漸趨頑強，近來對癬疾多用信誼製足可淨，刺激性小而效力頗確實可靠，但對於此次所生之癬奏效甚微而緩，甚令人焦灼。近來略有操作，日間兩臂向上伸時即有痛疼之感，此等現象與牙齒之不健、鬢髮之斑白，皆衰頹之兆也。

7月27日　星期五　晴

師友

下午，率次女紹中、四女紹因及幼子紹彭到附近閒游，便中到和平東路桃園水果店訪陸冠裳兄，余昨日聞悉其有此經營，亟欲知其狀況，據云因家居大溪鄉間，時有來台北之必要，夏中其子女須來投考學校，不能無處棲身，故以二百一十元之代價租定店面一間，賣出餅乾、糖果、汽水、刨冰，並另備書報，自由閱覽，書報有為寄售者，有為其長子在中央黨部圖書館借來或索來者，不需付價，將來並擬擴充加設雜誌流通部分，則業務收入更有把握云。

7月28日　星期六　晴

業務

上午，到中山北路訪李洪嶽律師，洽詢太安行委辦事遲遲未將書件送來之理由，據云本日有函通知余，談話間尚未接到，太安行數日前已將顧問聘書及查核福台公司帳之委託書還至彼處，李律師當即面致於余，余展閱其所填各節，對於顧問公費全未填明，委託書亦無公費規定，則因該行代表人言穆淵並未談及，顧問公費則應問明填出也。

師友

中午，到博愛路二〇六巷四號答訪武文兄，未遇，留字，希望明晨參加校友茶會。

7月29日 星期日 晴

師友

上午，參加校友茶會，所談題目有對日和約問題，蔡斯對政府建議事項問題，並有武文同學報告大陸一般情形。到本巷訪張益瑤兄，閒談。下午，于治堂兄來訪，談其進行會計師執業問題及公會進行所得稅查帳一案之交涉現狀。下午，王慕堂兄來訪，閒談。下午，夏忠羣兄來訪，談各會計師進行中國鹽業公司清理案之意見。下午，蕭繼宗兄來訪，閒談，留晚飯，並同到右鄰訪黃梅生兄。楊天毅兄來訪，未遇。

7月30日 星期一 晴大風

業務

上午，夏忠羣兄來訪，所談為中鹽公司清理案余等三會計師所提方案問題，夏兄乃清理委員會所調派初步清理人員之一，同時又為財務委員會商股大股東，希望在會內極力為商股主張權利之人，昨日晤面余將清理方案及三會計師共同意見初稿交其研究，今日來面談所見，對於資產估價以鹽價指數為準一節，認為財委會雖堅持用物價指數，但在一般習慣若用指數不能不容減折，則恐與鹽價指數相去無幾，對於改組時轉讓準值帳面為八百三十億法幣，鑑定為七百億，余等主張應以轉讓價格即七百億為準一節，初以為可以商量改變，經余說明此為新公司之成本不可變更，且對政府負債鹽斤亦以七百億計算後折成，如再變更，承認帳面價值，勢須使當時由資本溢額折成負債之數亦須變更，牽動必多，財委會由於此點所受損失為百分之十六，並不為多，且會方亦似不堅持，夏兄亦然余說，對於鑑定價值在卅六年九月份而公司轉讓在十一月底，此兩月法幣膨脹奇速，清算人員竟按十一月指數與九月指數之比例將股東對公司清算之分配數商股減去幾乎三分之二，無形中歸諸官股一節，問題最大，政府亦最感困難，余等所持理由為此項減折辦法毫無根據，與對財委會意見適相符和，當無問題云。朱國璋會計師前日送來三會計師對中鹽清理案之共同意見第二次稿，余於今日加以詳核，主要意見均不動，僅對文字略加修飾，數字略加校對，主要意思三點，一為照鹽價指數申算固定資產，余對此點加一括弧，謂如照一般情形而言，照物價指數亦屬可行，二為轉讓價值應照七百億調整帳面，三為指數比例折扣方法等於推翻成案，不予採取。下午往訪朱君商談，第一點經再考慮，認為無中心意見，終屬不妥，余又自動取消，其餘即照修正文辦理。下午，到太安行訪言慕淵副理，談福台公司查帳案進行方法，向其探詢數項問題，一為照債權團計算情形，該公司負債四十萬餘，財產處分後只能有萬餘元可供分配償債，以前福台本有意以現款三至五萬元單獨了結，未有成就，今則要求以七萬元之數參加分配，所得豈非寥寥無幾，言君謂今日已為爭氣不爭錢之局，如對方答應以七萬元參加分配，即可妥協，第二問題為查帳如只為明瞭其財產情形，恐較債權團已知者不會多出若干，豈非徒勞無功？言君謂此為第二步驟，妥協不成則查帳，著眼在其地下錢莊之罪行，能掌握其弱點，自然易於就範，第三問題為其帳冊是否不致有變造行為？言君謂判斷其不致如此亦不可能如此，又談及細節若干後決定余先代表該公司（太安行）與對方代表廖兆駿會計師商談，如能妥協即由彼出給證明交太安行收執，如推諉即著手查帳云，又談及公費，余與洽定顧問公費為年支一千二百元，與李洪嶽律師同，辦案公費俟查帳時再議，如能妥協即無需矣。晚，黃海水產公司張子文董事來訪，為昨日董事會通過對余查該公司去年六至十月帳目之公費擬送一千元，設余不同意，渠個人負責彌補差額，其意殆在強余接受，余勉強應允，但對所云先付半數一節，請改為一次付清，以免查帳完畢後索款無門，張君持有富伯平會計師查核張與鄭培仕君任內帳目之初步意見，內多模糊印象且未有將轉帳經過查明即率爾加以批評之處，並聲明其查帳實際等於尚未著手，該公司糾紛重重，於是即有據此而興風作浪者，余不知富何以如此不審慎，余向張君表示對同業不便批評，但其不當處可以提供說明也。

7月31日　星期二　晴大風

交際

中午，應山東漁農產基金會孫伯棠之邀在厚德福吃飯，據云今日為數月來對該會幫忙之律師、會計師、建築師尤其後者酬謝之宴會，緣該會前曾以五十四件棉紗買進立達工廠之設備，又以十四件紗買進復興東工廠之設備，此次山東一部分人興訟，所控要點有一部分為指摘以鉅款棉紗買進毫無實益之織布工廠，辯訴狀內曾為此點先請工程師估其現值，寫入狀內，證明確有如此價值，今日所請即此等建築師也，散席後余詢該會總幹事宋延平君以刑庭審判情形，據云推事所注重者為貸給立達工廠棉紗超過規定件數，在會議記錄上無明確根據，此事雖在手續上有所疏忽，但問其經過則絕無弊端，聞此推事乃因起訴書太過空洞，曾向檢察官詢問其有無理由，據云係因司法行政部方面對於檢察官曾表示被告裴鳴宇、秦德純等應不起訴，檢察官為使原告不致不服，故以一部分提起公訴，因而鋪陳理由有牽強空洞之虞云。

8 月 1 日　星期三　晴

師友

晨，楊天毅兄來訪，談黃海水產公司股東于希禹及李立言二人有將股票七千五百萬票面讓售經濟部之議，反于方面之鄭旭東挽楊兄出面洽購，情願代墊款項，其意在增強彼方在公司之發言權，楊兄有意照辦，謂承受此次股票後可與省黨部一部分股權聯合，樹立力量，以免該公司權益被此等人拱手送之官廳云，余意在此立場固不妨如此辦理，但亦須有運用計畫及制勝把握，而後始可不被人利用，惟楊兄之意復在希望鄭對其印刷工廠亦有幫忙之處，則意味並不單純，余即不便再加批評，據云昨日為股票過戶前最後一日，今日尚可補辦，將立即洽辦，股東會在下月一日舉行云。下午訪隋玠夫兄，託其轉託關係方面向台北師範附小幼稚園為紹寧介紹投考，又據云劉振東先生世交王瑞平因遭訟累需款接濟，囑其代向各友好求助，余允助二百元。

業務

上午，中央財務委員會胡希汾兄來函，因明日行政院主計處召集有關機關磋商中國鹽業公司清理爭議案，希望余將各會計師對此案意見交渠參考，余因該項意見草稿在朱國璋會計師處尚未謄清，無可提供，乃將該意見要點就記憶所及，分條開出，並另紙將依據此意見而得之數字加以計算，於下午往訪胡兄及汪天行兄，加以解釋，據云中央財委會意，對於帳面與鑑定價值之區別應採取鑑定價值一點，可以接受，但其理由與余等站在會計技術上者不同，而是認為在投資之初政府既肯以八百卅億之淨值作為七百億轉讓，今商股退出亦可照原比例予以轉讓，至於固定資產申算標準一節，余等雖主張應照鹽價指數，該會仍堅持應照物價指數，二者計算結果，差額仍大，前者每股可分一百六十元，後者則可分二百四十餘元云。上午，黃海水產公司董事張子文來送查帳委託書及第一次公費五百元，據云于希禹董事仍主張照半數先付，其餘後付，余即未再持異議，至於工作開始之手續將與封帳之張雲泰董事商洽，晚間張雲泰與王克忠二董事來訪，謂帳冊均被另一委查後段帳之富伯平會計師取去，經決定分頭與富君商洽聯繫辦法云。

家事

今為彭兒生後半年之日，體魄健全，且可自坐，余抱其拍攝一影以為紀念。

8月2日　星期四　晴

業務

上午，訪富伯平會計師，詢黃海水產公司託彼查帳係包括何項期間，已否開始，現在該公司託余查去年六月至十月之帳，並希望九月一日股東大會以前提出報告，交帳責任雖在該會，但余因帳在彼處，在工作上須有準備，據云彼查帳範圍包括去年六月至今年六月，由前而後，首五個月者約一星期可以告竣，屆時另與余聯繫，惟手續上應透過該公司董事會交余云。下午，該公司董事張雲泰、王克忠二君來訪，余將此情相告，彼等亦將與富接洽，希望早將去年六月至十月之帳查完交回，以便彼等在股東大會前根據董事會決議案，彙齊資料會同余與周旋冠律師研究此案之法律途徑，彼等對於富君未查完前，率爾致函董事會表示對帳務之意見，表示不滿，余雖對同業不便批評，但亦深感其不妥焉。余與劉階平、朱國璋二會計師對於中鹽公司清理案之共同意見，朱君已打就，今日送來用印。

8月3日　星期五　晴

師友

上午，李公藩兄之戚趙君來訪，閒談，並檢視李兄所存箱篋。上午，于治堂兄來訪，續談會計師代辦完稅事，並洽詢加入公會手續等項。晚，隋玠夫兄應約來訪，同往本路訪教廳蔡督學子韶，託其為紹寧考省立台北師範附小幼稚園事與學校當局關說，因報考者二、三百人，只取五十名，未必全照標準，故有介紹必要，蔡督學彼此相知，但向無過從，據云將與北師校長一談云。與隋玠夫兄同訪夏忠羣兄，隋兄係為劉振東先生之世交王瑞平君因遭訟累勸捐濟急事向夏兄接洽，渠亦允捐二百元，預計可達三千元云。

8月4日　星期六　晴

照相

一日彭兒半歲合攝之照，據照相館云不十分滿意，今日乃往重拍一張，備比較採用。為普通之用途於過重慶南路時到國際照相館拍一寸照一份，該館設備似較與彭兒照相之處為稍完備。

師友

中午，訪王保身兄，告以為戰鬥青年介紹廣告已獲第四建築信用合作社一家，希派員到該社接洽，余當寫名片一張介紹往訪經理李紫宸兄，刊費寫明為二百元云。

業務

承受太安行查其債務人福台公司之帳，洽定先收顧問費半年六百元，該行副理言穆淵云今日前來送款，結果未來，李洪嶽律師云該行對用款甚嗇，由此觀之，信然。

8月5日　星期四　晴

家事

上午，偕紹寧到台北師範附屬小學參加幼兒園考試，入門時見有平面圖表示考生考場與部位，但余查紹寧准考證號數一〇九九號在台籍部分考生中，到教室後詢之監試員，謂內地與台籍學生未嚴格劃分，乃候其開始傳呼，是時已將考生按准考證號數排列坐於教室近門處，候至一小時半，因紹寧號數在後，相距甚遠，乃出外作冷飲，歸後服務學生謂此號碼有二生，但無關係，余知其中必有錯誤，乃至另一教室鄰近號碼部分查詢，仍不得要領，是時由一偶然機會詳看準考證號數，發覺號碼機所印之1099 十位數字之九由於左下方缺略，乃由 0 變 9，十分逼真，於是按一〇〇九詢問，始得其確實所在，但此時號碼在後者已在逐漸傳考之中，只有等待至最後矣，今日所做智力測驗，似全體一律，項目包括指認五官，辨認物體，結扣鈕釦，辨色辨形，及複述故事等，紹寧應對大致完全。

8月6日　星期一　晴

家事

終日在寓，全部時間用於照料家事，此在近年來本已習以為常，計晨間六時半起床，先到廚房生火，掃廚房與後院，除煤灰，煮稀粥，和奶粉餵幼小兒女，理床收束帳子，洗茶杯、奶粉瓶即煮，為小兒女洗手洗面，自己洗臉，按置餐桌（屋內為疊席，晚間須將桌拆除），用早飯，以上各項需時二小時，德芳即往菜市買菜，余與紹南照料紹因、紹彭，約一小時即開始備午飯，多由德芳任之，余等仍照料小孩，飯後睡一、二小時，起後為小兒女洗澡，自己洗澡，續即煮晚飯，仍由德芳任之，余等看視小孩，晚間須擦地板，掃疊席，放蚊帳鋪蓋，大約須八時可以完成，如有客來，即須延至九到十時，余始能作日記後，看本日報紙，上床總在十一時後。

8月7日　星期二　晴有陣雨

師友

上午，崔唯吾、張志安兩先生來訪，據云昨日齊魯公司開董事會，曾討論畢天德等舞弊案，對於是否依法訴追一點，顯示主其事者竟無決心，獨對於離職人員住居宿舍之遷讓問題，捧出中央改造委員會之大文，一若公司資產挹注全賴此一兩萬元即可安然度過，對於外界誑騙公司貨物形成呆帳一節，則無人提起，更忽又討論業務擴充不易，公司之究將存廢，可謂胡扯一頓，崔氏對於余所住房屋，認為不妨打算遷讓，張氏則認為不妨繼續延宕，此二種看法其實均有理由也。

8月8日　星期三　晴下午雨

家事

今日起為紹南講解暑假英文作業，教材為Washington Irving: *Sketch Book*，Rip Van Winkle 一篇，此篇文字就修畢高中一年級之程度言之，似嫌稍深，余在中學時似曾讀此故事，大約在 Beacon Reader 內，係以淺顯文字重寫，故不覺困難，現由伊爾文書閱原文，感覺生字太多，每日講解五面，生字在百餘以上，余深覺一向閱讀外文書籍偏重社會科學，對文學作品所知太少，由是知純語文之素養實感未足，然補救已不及矣。

8月9日　星期四　晴下午陣雨

師友

李德民君來訪，余曾囑其到朱國璋會計師處抄寫以前共同為中國鹽業公司所擬清理意見，今日往洽，歸謂朱君表示正準備抄送余與劉階平會計師各一份，以備存卷，故李君即未再抄，並據云朱君向其表示不愉之感，原因何在，亦甚模糊，似為以前彼將該文打清送余用印時余不在寓，亦未自動用印後送往，其實彼派人來時曾謂移時來取，余即用印後等候其來，此舉對朱君本人言之，似欠周到，但對於其所派之人照其來意辦理，實不能謂為不當，故李君之言，非屬誤會即係多心也，然余亦深省對人之難，尤其對初交之友，有事相共時總宜深體彼方之可能誤會也。徐庶幾同學來訪，日前由台中來此，據云近來經營事業無甚進展，對時局不甚樂觀，以彼所見，中國人能獨立自主之希望甚微，蓋世局決於美、蘇兩國，我國俯仰由人，美勝則形成羊群，飼養以備剪毛擠奶，勉有卑微之存在，蘇勝則肥豬待宰，皆五十步與百步也。

業務

山東生產基金會馬會計德夫來洽整理上半年帳目事，余允介紹李德民君代記西式帳。

8月10日　星期五　晴有陣雨

業務

下午，參加中國鹽業公司第七次清理委員會，出席者除該會委員四人外，為余與朱國璋、劉階平三會計師，討論事項一為對余等所提共同意見之討論，其中商股代表汪天行委員主張仍按物價指數為申算標準，或將資產詳加分析，將與鹽之生產有直接關係者仍用鹽價指數計算，結果決定將此案呈行政院，惟院會不能作最後決定，最後決定仍待雙方協議也，二為該會經費將請台灣製鹽廠就大陸資產內先行墊借。

師友

下午，牟瑞亭君來訪，謂奉市府派在中山區公所辦事，主辦兵役，在此月初方始到差，該公所有保證書，託余作保，余即照辦，其保證書共須人保二人，其他一人為誰尚未之知，又牟君親老，而尚未領到薪水，再度向余求助，余付以二十元聊供支應云。

8月11日　星期六　晴

業務

上午，黃海水產公司董事張雲泰來詢去年該公司六至十月帳目何時可以開始查核，並謂已與富伯平會計師談過，渠查完後即交余處，余可直接與彼聯繫云。下午，出席會計師公會理監事會，討論財政廳對於會計師代完所得稅一案之核復各點應持何態度，各點內容如顧問對於所辦案件須連帶負責，公費按查定稅額之超過額給百分之五，等點皆為道理上所不能容忍，決定提出對案，對前者取消，對後者仍請照稅額全額計算，此外準備接受者為對象再度縮小為公司組織者，不設聯合事務所，只在稅捐稽徵處集中輪流辦公均準備接受，據聞此事在財政當局上層人員雖具合作誠意，而一般稅吏則顧慮利害衝突，故此次所得之答覆實際等於使會計師知難而退，余等洞燭其奸，故決定仍以全副力量進行，絕不表示消極，萬一終不免於破裂，亦將公諸社會在其他方面另謀對付，絕不令此輩奸吏得售其計，此意為各理監事所共同認識者。

師友

晚，汪聖農兄來訪，因其養雞場所用之孵卵器在半年前即託一進口行家代辦，至現在始能交貨，而養雞高潮已過，大賠其本，現欲向前途查核帳目有無故意延誤之情事，以作要求賠償之根據，此事請余協助，又談無線電常識甚多趣味。

8月12日　星期日　晴　晚雨

公益

上午，出席山東輔導漁農基金會，討論陳貫一賴債之應付辦法及各縣市漁民代表向本會提出各案，及本會出缺委員之遞補問題，又漁會代表開支請本會負擔問題，均有相當勉強之決議，但因此會之成立根據物資保管處理會而來，後者已不存在，故合法根據不易覓到云。

集會

下午，到和平西路參加小組會議，選舉代表參加區代表大會，區代表會之任務為選舉區委員七人、市代表六人，選舉結果由余當選，其實絕無興趣也，又討論大陸土地問題提綱，該提綱係綜合羅列各項意見，徵求贊成反對，以作統計之根據云。

8月13日　星期一　雨

師友

晚，楊孝先氏來訪，談月前參加交通部講習會，三星期結束，此次講習對整個時局亦有涉及，據云當局報告四個內為財政上之最大難關，財政上收支不能適合之情形，以當前為最嚴重，楊氏於長期拖延之局勢表示只能過一天算一天，蓋台灣人力物力有限，對大局不起決定作用也。晚，隋玠夫兄來訪，余將捐助劉振東先生世交王瑞平君之二百元交隋兄帶去，據云此次招募可能有二千餘元，雖不能解除其全部困難，然再加其他所獲或可勉度云。

8月14日 星期二 雨

業務

上午，黃海公司董事張雲泰君來談，希望與富伯平會計師接洽早日開始查核其去年六月至十月之帳目，謂富君曾表示直接將帳交余，而該公司股東大會開會在下月一日，彼等希望早日對此段帳目有所查核，以便將鄭旭東案早擬處理意見也云，余於下午訪富君，據云曾對張等表示，渠曾開有收條始將該帳取來，現在交出亦須憑收條為之，余謂余係對其取事實聯繫，非手續聯繫，故該帳何時交余處查核，余無意見，余所要知者即何時可以交到，以便準備云，辭出後到和平東路訪張子文君，告以此項經過。張雲泰君今晨曾謂將以此事與張子文君接洽，於晚間來向余洽詢結果也，張君謂即將此情與關係方面接洽如何辦理。

8月15日 星期三 晴

業務

上午，訪李洪嶽律師，閒談，並談及余之事務所問題，因李律師曾函約余到其辦事之事務所所在地辦公，余因會計師公會正與財政廳接洽代為查核所得稅，如此事告成，勢須在參加之區域與其他會計師組織聯合事務所，則單獨設置即無必要，現在此事擱淺可能性極大，故不復顧慮及之，因與李律師談及願重提此事，並因其所用之房間係裕國建築公司祖總經理之用室，故請其與祖君商洽辦理云。代汪聖農兄備函致延平北路台隆行，請將代向日本購買孵卵器匯出款項日期及號數與向台灣銀行申請日期見告，並檢送證明文件，以便檢討此事延誤之責任，此信於今日掛號發出。

師友

訪吳先培兄，探望其右腿跌斷情形，已將痊可。答訪曹樸山兄，不遇。

8 月 16 日 星期四 晴

師友

晨訪張中寧兄，因渠昨日來訪不遇，所洽為代問姜慧光表妹入境證事，據云台北縣之張炳坤君曾往警務處兩次，與旅檢室主任盧君及喻專員等接洽，似已不再提起經濟部主計室之印信問題，又別生枝節，謂奉令新委人員不能按現職人員規定申請，經張君說明此項申請係在新規定以前，應不受拘束，於是答應重新簽請批示，望余與劉欽禮副處長再度接觸，以視有無成效云，余往訪劉副處長於警務處，據云已出差，後日始可返回云。

8 月 17 日 星期五 晴

業務

上午，在懷寧街集議向財政廳交涉協助查徵營利事業所得稅事，此次被推前往者為姬奠川、程烈、成蓬一、劉友琛、鄒馨棣及余，程、成二人不在台北，由徐光前會計師代表，先詢財政廳周友端副廳長是否在廳，據云外出開會，當決定由姬會計師與其約定時間，希望明晨能前往，並討論公會所擬公文稿，此稿係根據上星期理監事聯席會議提出對財政廳答覆各點之對案，希望修正者有三，一為所有懲處規定均取消，應包括於會計師法內之根本規定，二為公費不能按申報額之超額計算，應一律照算，三為各會計師不能集中稽徵處辦公，應輪流前往，並得請其他會計師協同辦理之，今日又有提及查稅對象為公司一節，應硬性規定必須在內，以免稽徵處從中取巧，選困難者交辦，決定此點應在公文內加入，其方式為將財廳原案之含渾不明處予以取消留待再定云。

集會

上午，代表第四區分部第六小組參加全區黨員代表大會，選舉區委員與出席市代表大會之代表，前者投三票，余舉曹立名、汪聖農、黃梅生，後者投一票，余舉張益瑤。

8月18日　星期六　晴

業務

上午，黃海公司董事張雲泰來訪，據云去年之帳因在富伯平會計師處取回無期，而又急於託余速查，以便在下月一日股東大會前提出處理方案，經與值月常務董事于希禹、許中傑商洽，備函致富會計師請將帳交回，否則解聘，此函須用董會印信，而上半月值月董事亦即請富查帳之賀仁庵等謂印信不在彼手，以致無法辦出，除再查印信所在外，希余再與富接洽，余因富頗吹求手續，不願直接接受，故不願再往，仍請速以董會名義向其調回云。

8 月 19 日　星期日　晴

業務

前數日李洪嶽律師函託代為審核一團體會計制度，經擬具意見，今日渠派人來寓取去，此項會計制度文字多不通順，且所包括者與會計制度大相逕庭，故為之改名為財務處理辦法，並將內容之不妥處略寫數點，而未訂正條文，以示無從由成文方面下手也。

師友

下午，到楊天毅兄寓所，來訪者尚有台中來及台北本地友人數人，討論聯繫互助辦法，但均有原則而無切實見諸事實之辦法，仍不免失之於空洞而不著邊際也，晚飯後散。上午，鄰友張益瑤兄來訪，閒談黨務內幕情形，又在青島時彼此均知之友人情形。

8 月 20 日　星期一　晴

業務

上午，到懷寧街與各會計師會齊，到財政廳訪周副廳長友端，計到者有姬奠川、劉友琛、吳崇泉、林有壬、廖兆駿、鄒馨棣、徐光前及余，當將公會所備公文面交，並由姬、劉二君為大略之解釋，余與吳兄特別強調公費不能以不確定之來源定入辦法，公會亦不能以此等條款向會員交代，周副廳長均面允極力使此事告成，但謂台北市稅捐稽徵處方面曾表示反對，謂該處人員足夠熟練，故須與該處商量，此言實為失態，因財廳曾一再表示此事之亟應實行，以造成一種新制度，其行政範圍內之所屬分子不能體察，應予說服或糾正，今竟以彼等之態度為判讀之一種根據，實太阿倒持矣。

師友

上午訪劉欽禮副處長於警務處，探詢姜慧光表妹入境證事，並面召經辦之喻專員查詢，據喻云，未到職工作人員現已不作為現職人員，故照此類情形申請，無法簽辦，對於印信一節雖未言不成問題，但似已不甚強調，且謂所延不少時日係因余曾託人往詢，允補公文，云云，所指為張炳坤君初次往洽，但再次往洽後又謂答應簽辦，又未言有此事，劉欽禮兄亦不作主張，謂何妨換成普通身份申請，余見不便再行相強，即決定將二月前所送之件取回重辦，其實印信問題雖有補公文之說，實係誤解，而現職人員之解釋問題，亦曾與該處洽妥因申請在前當照舊有習慣辦理，今均一一矢口不認，濫用權力，至於此極，殊可惡也。晚，訪劉道元兄於建國中學，不遇。

8月21日　星期二　晴

師友

晚，林樹五夫婦來訪，渠係今夏在台灣大學經濟系畢業，參加就業講習，將來志願為赴資源委員會各公司服務，但聞現在財政廳將全部派在高雄辦理稅務，此係任顯羣廳長整頓稅收汰舊布新之一套法術，凡台灣大學法學院全部畢業生大部將從事於此。

體質

今晨發覺左鼻腔流水，在感覺上為流血，但查其顏色則為全黃，彎腰低頭時為最甚，下午即止，未知原因何在。

8月22日　星期三　晴

閱讀

連日繼續聽各廣播電台之英語廣播，一為今日美國會話新編，昨日已為最後之一課，所取題材為學生之會議用語，雖甚簡單，而為余一向所不知，今日則有台灣電台趙麗蓮播授其所編發音學與學生文摘，前者雖與余向來所學無甚出入，但有細微處為余初學時所不知，後者則講解科學新知，亦有趣味，空軍電台講授會話通用字甚淺顯，而余則多有向非所知，真所謂學然後知不足也。

8月23日　星期四　晴

師友

晚，蘇景泉兄來訪，據談刻已至台灣大學註冊組擔任股長，過去一年曾在台中縣立清水中學擔任教員，以前並在台糖公司所辦新營中學任教，又在台南省立工學院亦曾任教。下午，率紹因女到附近買餅乾，便中至和平東路訪陸冠裳兄，據云生意清淡，但目的因不在賺錢，只求鄉居來台北時能有落足之處，其子女今夏投考台北學校如台灣大學及各中學皆未錄取，只有一名考取桃園縣立大溪中學，亦即其鄉居之所在地云。

8月24日　星期五　晴

起居

連日天氣炎熱，而家事繁多，故全副精神用於對內，往往與德芳二人窮竟日之力始能將飲食起居與清潔育兒等事按排就緒，此等事因無傭人代勞必須劍及履及，然所費時間人力比向外擴張業務，殊為得不償失，由於此等瑣事之牽掣，容將若干良好業務機會錯過，錯過之結果為業務清淡，時間更須消耗於家事，此二者互為因果，自然形成不可免之損失，然今日在台北因無傭人幫忙而發生；困難又豈止一家如此，可謂台灣居大不易也。

8月25日　星期六　晴下午雷雨

業務

接會計師公會通知，轉來台北市稅捐稽徵處通知請轉各會員申請本年上半年技藝所得稅，此事前據公會方面非正式傳聞只須填一簡表說明每月淨所得額即可，當時余即知其大有問題，因新表方始規定也，今則果然仍須照新式表格申報，余按其項目所列填計，核算結果反較去年所填簡表之淨所得額為低，可見新表未必能使政府增加收入，惟依稅法開支數目須有帳據，此則絕非一般為會計師者所能辦到，事實上均屬一種估計也。

8月26日　星期日　晴有陣雨

師友

昨夜逢化文兄來告在廣播中得悉陳果夫先生於昨下

午肺炎轉劇，終以不起，今晨各報均記載詳情，上午依昨約到逢兄處一同到極樂殯儀館弔唁，並瞻謁遺容，見氏神采如生，極為和祥，弔者盈門，哀榮逾常，在靈堂低徊至中午始返，回憶自受業起至今廿五年，在直接指導下服務亦有數載，於其親切和藹，永留不滅之印象，近年政局複雜，氏有類息影，校友亦相率消沈，皆僻處海隅，吾知悲哀沉痛者固非止一人為然也。

交際

前母校校友王德溥氏與朱應瑞同學登報在台北執行律師業務，上午同逢化文、石鍾琇、徐嘉禾三兄到中山北路九號為其道賀，適值不在，與其夫人略作寒暄辭出。

8月27日　星期一　晴

師友

陳果夫先生之喪，公告定今日下午三時大殮，余按時前往參加儀式，到者數百人，殯儀館靈堂容納不下，後至者均綿延至於庭前，大殮儀式按時舉行，主陪祭就位獻香瞻仰遺容後於三時正蓋棺，此一平實中顯偉大之人物從此長眠矣，大殮後依校友會通告本有公祭儀式，後因此項儀式應於正式發引安葬時舉行為宜，故臨時中止。晚，楊天毅兄來訪，談所營振中印刷工廠為希望得合作金融機構之輔助，有意改名為合作工廠，此係與秦亦文、隋玠夫兩兄洽談後所得之結果，業務方面有相當把握，資金即可充裕，組織方面希望余任理事主席，楊兄自任經理，余表示恐未必於廠有何大助，但楊兄看法不同，余即未加拒絕，允協助籌劃。下午，張景文兄來訪，閒談黃海公司事，姜慧光表妹入境證事，及當前整個財政問題之嚴重情形未易改善云。

游覽

上午，同德芳率紹中、紹寧、紹因、紹彭到中山橋圓山動物園游覽，今日為孔誕及教師節，該園免費開放，並傳有獅子表演，余等按該園路線環視一周，見所豢養禽獸有猿猴、孔雀、鶴、雞、羊、馬、驢、鹿、野豬等，計一百餘號，又有小型水族館，只有金魚、鱷魚、龜等，最後為死亡動物紀念室，有虎、猴、鶴、蛇等，種類甚多，此園有一最大特點，即除以鐵籠關養動物外，多有圓頂大鐵籠，高在一、二十丈，其中有大樹，任禽類飛翔，獸類遨遊，均能有限度的得遂其生，設備殊不易也。

8月28日　星期二　晴

閱讀

開始讀閻錫山著「大同之路」，已讀第一至四章，第一、二兩章為說明現世界不安和之原因與不安和之現象，其所述原因謂之三迷，一曰金代值交易之迷，二曰資本主義生產之迷，三曰共產主義分配之迷，此三迷各含有若干內在之矛盾，其所述現象謂之兩病象、兩瘋狂、一空隙，不平之病象造成國內的瘋狂，恐慌之病象造成國際瘋狂，此兩瘋狂為共產黨露下一統一世界之空隙，此空隙不彌補必毀滅世界，第三章論欲安和世界必須走上大同之路，第四章論大同之路與統一之路之區別所在，而斷定人類必須走上大同路始可免於毀滅，此書所採取之理論甚為複雜，不能確悉其基本哲學思想為何，行文則條理清楚為其最大之特點。

8月29日　星期三　晴

業務

上午，訪廖兆駿會計師，為太安行接洽其與福台公司債務糾紛事，余首告以太安行已聘余為代理人檢查福台帳目，福台帳目現在廖之事務所，廖為其清理債務之代理人，但余意福台除其已提供之資料外，未必尚有其他甚多財產，故主張仍以協議解決為是，太安行對此點亦表示贊同，但和解須能使該行債權有合理之分配權，以前債權人會議曾有將該行債權按五萬元參加分配之說，而該行所要求者則為九萬餘元，設能折衷解決，則可免除查帳之煩，廖君對此意甚以為然，望余能與太安行接洽，至債權人方面如不能全部通過，即以不開會為妥，此即表示廖君不但代表當事人，甚至亦可單獨負責取得妥協，余不願立即將太安行之希望限度提出，以免再有討價還價之虞，故表示容與當事人談過再作接洽，其實太安行所希望者為以七萬元參加分配，此點諒可做到也。

8月30日　星期四　晴

師友

下午，楊子位兄來訪，據談在台北謀事，至今無成，省府農林廳有任用之意，但尚未簽請，省府近為節省經費有人事凍結之令，以致又將拖延，最近友人介紹赴新竹芎林初級中學任教，雖待遇甚低，而住處寬闊，鄉居可得較安定之環境云。上午，到區公所將戶籍謄本取來，其中所寫余之父母均為健在，因余見他人謄本，凡未寫名氏者即寫歿字，可見寫名氏者即生存也，於是將姑母一家三口之入境申請書與保證書分別填就，保證書內之保證人一欄先空，即開始覓二人為保，初欲仍往訪張中寧兄擔任其一，後思警務處一派勢利見識，乃訪監察委員郝遇林兄，不遇，留字，謂請為父母及舍妹之入境保證人，如蒙惠允，即請簽蓋後並送貴院用印云。晚，廖毅宏兄夫婦來訪，據云其所經營之電影放映事業，收入尚佳，其方式為分頭接洽各工廠，每次可賺三數百元，上月共賺六、七千元，只因負債太多，故仍覺吃力，又談及其表姊日內即來台，適余表妹姜慧光有致贈長女、次女之夏衣，苦於無人帶此，遂面託廖兄備函一件由余函寄姜表妹將物件持送託帶，又談因聞菸酒公賣局第二酒廠即啤酒廠廠長正在醞釀辭職，渠將謀為繼人，已託余部長井塘及蕭自誠同學備函介紹，但仍須再託其他方面協助活動，余意與立法、監察委員等取得聯繫，對省財政當局應有甚大之精神作用云。

8月31日　星期五　晴

師友

晚，同德芳到水源路訪楊子位兄，為其送行赴新竹，並贈點心一盒，未遇，留片並點心均交其鄰人呂君託轉交。又同訪吳邦護兄夫婦，僅吳君一人在家，其折腿即將於週後告痊愈，但謂須仍有一個半月之策杖行動云。同到牯嶺街訪林樹五夫婦，林君參加就業訓練後已決定分發至台灣糖業公司實習，據云凡志願赴金融機構者均改派稅務機關云。

家事

數日來諸兒女均染微恙，為其首者則三女紹寧，所患為咳嗽，日間尚輕，入夜睡後最甚，醫師力言非百日咳，但久久不愈，今日起服咳精及消炎片，被傳染者有二女紹中、四女紹因及幼兒紹彭，惟情形較輕，紹寧又從鄰兒傳染皮膚病，為一種水疱，蔓延甚劇，今日德芳率赴省立醫院診療，注射盤尼西林，並用白色藥膏塗布。

9月1日　星期六　晴

業務

上午，與廖兆駿會計師再度接洽福台公司欠太安行債務償還問題，余即明白告以該行希望按九萬元參加分配，並希望由廖君出具證明，據答須與當事人李玉階商洽後再答覆。

師友

晚，張益瑤、逄化文兩兄來訪，閒談，逄兄係因其長女將投考國防醫學院護理科，因對該科性質不明，故向各方探詢，但余亦不知，又有投考省立地方行政專科學校之志願，但因該校只考社會行政一科，此科內容實極空洞，總之升學在目前實為一大事焉。

9月2日　星期日　晴

師友

下午，到內政部參加校友會茶會，出席者二十餘人，吳望伋、張子揚兩同學報告昨日立法院第一次院會時關於參加土耳其所召集之國會聯合會問題，為一般不明大體者所延擱，以致不能參加，又報告陳行政院長在草山實踐研究院公開演說批評立法委員，而受訓者立委甚多，因有從此下山之醞釀，人或戲呼為「草山起義」，傅雲同學報告其參加總政治部工作之經過，並對蔣經國主任極為推崇，且認為其霸氣尚屬不夠，因此引起與張子揚同學之爭辯，所謂自由民主能否戰勝極權，法治是否重於人治之老問題，一時自然沒有結論，此外則王保身、趙葆全兩同學報告陳果夫先生治喪委員會之最近進行情形，發引將在兩星期內，同學會希望全體同學均能執紼云。下午，到立法院宿舍訪林鳴九兄，閒談，並託為余接家屬來台申請入境之保證人之一。晚，賴興儒兄來訪，談將介紹狀元樓一股東委託余辦理清理債務，並定明晚相見。

9月3日　星期一　晴

師友

上午，到立法院訪韓兆岐兄，託將昨日林鳴九兄加蓋私章之入境保證書送院用印。用印後之保證書即屬完備，但申請書又須主管機關用印，故余又辦一公函致國民大會秘書處，請代為備文申請，並加用印信，連同附件面送秘書處，定明日辦妥，但因戶籍謄本對兄弟姊妹無記載，故須請另一國大代表證明兄妹關係，余即往訪宋志先兄，當即蓋章。晚，訪賴興儒兄，即同到其後進房屋訪狀元樓股東李君，據云其是否立須清理，須待有一債權人之和解明日決成敗後，再作計議，如成即從緩云。

9月4日　星期二　晴

家事

幼兒紹彭已為生後第八個月，發育甚佳，體重在抱持時感覺增長甚速，惟牙齒尚未萌芽，雖未逾出牙之時期，但比預料甚遲，又食料兩三月來每次均為勒吐精乳粉一勺半和成六英兩半，始終未加，近因患咳嗽，食慾不振，以致每次尚有剩餘，夏間水果獨缺柑橘一類，乃以西瓜水代替，每次二、三兩，皆一飲而盡，晨間食稀飯時略給米湯，亦能消化，惟不敢太多，其他食物則均未予增加，其整個表現，似尚營養充足，又余抱持時最易睡眠，亦甚有趣之習慣也。

9月5日　星期三　晴

師友

上午，李公藩兄來訪，閒談。上午，到國民大會秘書處取該處所備致警務處為余申請家屬入境之公函，函後附余所備就之申請書、保證書、戶籍謄本等件，均用印齊全，應由該處在申請書上填寫之調查證明等件亦均無漏，余乃持赴警務處訪劉副處長欽禮，當批旅辦（旅檢室辦之意），即轉訪該室喻專員，審視文件認為均合，惟送審查時或難免對余與父母年齡相差僅十六、七歲發生疑問，余即託其解釋此等事北方甚為普通，喻亦山東人，表示首肯，遂將各件送收發室，又今日對於申請書內吳雲卿一份余對劉欽禮副處長曾說明即係姜慧光，曾因申請不准，取回以普通方式改辦，所謂普通方式除此而外無適合者，渠亦首肯，余詢以對經辦人是否言明，渠謂不必，是渠對於此點既願同守秘密，諒不致再有發生枝節之虞，然則是次申請或可順利辦成歟？

9月6日　星期四　晴

業務

上午，訪廖兆駿會計師詢福台公司欠太安行債務事，據云已與當事人李玉階洽談，李對該行按七萬元參加分配債權，並不反對，但其他債權人是否同意，不能無慮，余詢廖君本人看法如何，彼謂如私下諒解，亦無不可，但渠不能出具證明，以免糾紛云云，余謂俟商之太安行，再作計議，遂訪太安行言穆淵副理，告以交涉經過，渠意如李玉階不反對，肯出字據而或更由廖會計師證明亦是一法，擬先函詢香港其叔父，是否可照此意續行交涉云，關於公費事渠本在數週前面告於週末送來，但迄無履行之事實，今日又謂須再緩始送，余料此人信用不佳，任意然諾也。下午，狀元樓前股東李君派人來告，關於本擬請余為辦清理手續之海華行債務，亦即本星期日、星期一賴興儒兄所介紹之事，因其中一重要債權人已經和解成立，定有字據，以若干元還清，以後不再向李君索價，故問題大致已經解決，暫可不必再辦清理手續，故無庸託余辦理其事，但狀元樓不久籌畫復業，該樓過去存欠以及將來經營將不免有向余請教之事，尚望續與協助，並送來節禮兩色，以表謝意，余略詢其近況後，即行辭出。

師友

上午，訪隋玠夫兄，詢以有關合作工廠之成立手續，並遇陳宕松同學，託其代為蒐集資料，談過後又訪楊天毅兄，談此事進行，決定由余先將法令規章加以研討，再行會商決定原則，然後起草一切章則等件。晚，蕭繼宗兄來訪，閒談，並留晚飯，適余對破產法第一〇五條之含義頗有不解，經思索後之假定解釋不甚愜意，蕭兄為習法律者，遂特以請教，經蕭兄反覆尋譯，卒得恰當之解釋，該條大意謂數人之共同債務，其中有破產者，其他債務人須以將來求償權之總額加入破產債權，但債權人已以債權總額加入破產債權者不在此限，例如甲、乙二人共負一萬元之債，乙已破產，如債權人按五千元加入破產債權，將來假定收回二千元，則因甲對此三千元負責連帶責任，故可以按三千元加入破產債權分配，但若債權人按一萬元加入破產債權，其所取償者必多，則未償者應由甲完全負連帶責任，甲且不能向乙主張其破產債權矣，但此項解釋照條文之文字言之，雖即可吻合，而計算上由於互為因果之關係，有無技術上之不可能，則尚未詳加推敲焉。

9月7日　星期五　晴

閱讀

繼續收聽美國新聞處今日美國英語廣播，由趙麗蓮女士擔任講授會話，現在為全部授完後之複習，但因在第一次聽講後未能有充分之溫習，故仍多生疏之字與句法及成語，亦因現在記憶力衰退過甚，縱能勤讀，亦難有所得，連日收聽複習時對於若干英文口語，頗多向所不能用與不能習知者，譬如 run errands 跑街辦事，do odd jobs 做雜事，make a point of 一定要，at home 不拘束，under the weather 不舒服，acclimatized 服水土，in the fixing mood 有著修理東西的興致，heaps and heaps 多的很，make time 抽暇，let you down 讓你失望，on purpose 故意的、成心的，never get around to 從未有空暇……皆是，又聞云英語生字至少須記憶萬數至二萬數始能看書不生困難，余看書必用字典，可見語彙貧乏也。

9月8日　星期六　晴

師友

上午，到警務處分訪主辦出入境證之喻專員及劉副處長欽禮，喻君謂余所請家屬入境證已經簽辦擬准，尚未奉批，余即詢劉兄，當即查出批准，謂明後日即可辦出，乃再與喻洽請速繕辦，彼云三兩天即可，余即未再提明後日，因其實所差無幾也，如能順利取得，即為十分迅速者矣。訪李洪嶽律師閒談，其時有一新掛牌之會計師在座，詢知參加其事務所，余即明瞭渠以前約余參加其事務所余遲延許久始答復應允時，渠謂容再布署云云之意，意乃因情勢變更，故余亦即不再提起矣。其實此事，延誤由余而起，余表示可以參加之時，容渠已另有與其他會計師合作辦法，大可向余明言也。

9月9日　星期日　晴微陣雨

師友

上午，訪王慕堂兄於交通銀行，約其於中秋日來寓晚飯，並閒談，王兄對台灣一切現象及工作人員之腐化泄沓，深為痛心疾首，而有不可一朝居之感焉。在交通銀行訪甫由香港來台之周異斌兄，閒談在港所見所聞之南京情形，及友人陷京者之狀態。午飯留王兄處。

交際

晚，蔡文彬醫師請吃飯，今日為台灣人大規模拜拜之期，同席者除蔡封翁及其叔父表兄三李君外，為第一外科醫院方大夫、國防部楊君、美國新聞處沈君、公賣局傅君、教育廳謝君，另一座為女客，菜餚甚為豐盛，未及用飯即道謝辭去。

9月10日　星期一　晴

師友

下午，于治堂兄來訪，前日由台中來，探詢會計師公會所擬代政府查完所得稅事之進行情形，余告以近數日似無進展，但並未絕望，如告成之時，必馳函相告，至合為一小組辦理其事，十分相宜，但對渠來函主張推余為代表一節，則主張從長計議，因將來縱使採用分組辦法，共同為小組組員者若干人及為誰何，刻尚在未定之天，且此事非易為者，責任太大，亦應慎重云。

家事

暑期已過，學校相繼開學，假期中紹南幫辦家事，尚略可騰挪，開學後情形大異，且聞紹中亦將改為上午班，余有時外出，亦往往在上午易於辦事，則將來成德芳一人獨撐之局，買菜做飯，尚須招呼孩童，灑掃洗滌，事實上決難顧到，遂決定速用下女，前日林樹五太太介紹一台籍者來試工，昨晚復自去，刻尚在另外設法尋覓，此在台北，大難事也。

9月11日　星期二　晴

師友

晚，楊天毅兄來訪，據云教育部擬以十萬元存入其所營振中印刷廠，以儘先印刷該部出版物為條件，作為該部之特約印刷廠，印品照公會議價優予折扣，至十萬元另給利息，則作為該部員工福利，此項利息低於市息高於官息，故屬兩利，振中得此款後即可償還利息較高之舊欠，以後盈餘漸多，活動自易，償還時較為容易云，又根據此項原則擬一合約草案，請余刪增，余約略參加意見，渠即持回繕正，又談十六日陳果夫先生出殯，相約參加執紼行列，為送至厝地新莊，將由楊兄洽借汽車，屆時乘往，因治喪會規定執紼者以送至車站前為止云。

9 月 12 日　星期三　晴有陣雨

師友

上午，到警務處訪喻專員，詢所辦入境證事，余先詢收發，謂尚未發交填裝，繼詢登記部分，謂不易查出，望再等一兩天，洎詢余君，乃代為詢問經手人員，催速移辦，謂明晨請再來洽詢，云云，可見該處辦事之效率，幾乎無定，非催辦直無結果也。到紹興南街訪楊孝先氏，約於星期六中秋節日來寓晚飯，楊氏謂已有他約，即未相強，楊氏存第四信用合作社一千元，尚未到期，聞皖人孫雨航云如存方宏孝之中美藥房，利息可有十二分，倍於該社，余乃偕往該社將款提前支出，另行改存，楊氏又談及其所住之房主台灣大學訓導處長傅啟學，夫婦二人、子女六人，家事全由自理，自己既未用工役，又不許大學者前來幫忙，而其夫婦乃至全家皆不嫌勞累，風格極為可佩云。到立法院訪韓兆岐兄，未遇，留字約其於星期六中秋節日到余寓晚飯，字條塞於其上鎖之抽屜縫內。

9月13日　星期四　晴

師友

上午，崔唯吾先生來訪，謂齊魯公司經理人李世澂託轉達希望將所住房屋頂進之意，謂原值一萬二千元，可打雙八折，崔氏云可付六千元，余謂可以照辦，但須分期付款，又余掛欠五百元亦催還，余即將昨收支票一紙交崔氏代轉，下午李復信照收。中午，陸冠裳兄之長公子來商洽其大妹暫住余家，余同意，但謂不日姑丈姑母等來台仍是問題，彼時既不復是讀書環境，自不能適應其需要云，下午余訪陸兄，對此事再加一番解釋，渠未云是否仍來借住。晚，蘇景泉兄來訪，談後日參加陳果夫先生喪儀執紼事，余並約其中秋節來寓晚飯，渠極遜謝。

9月14日　星期五　晴

家事

上午，到博愛路保安司令部出入境申請收發處將余申請家屬三人之入境證取到，此事由再度申請算起，前後九天，已為最快者，但余先後往洽，計五日訪警務處劉欽禮副處長請批交辦並即訪經辦之喻專員為第一次，八日訪喻專員謂已簽呈，訪劉欽禮副處長請即批准為第二次，十一日訪喻專員催辦謂明日可取為第三次，同日訪經辦人員後謂次日可取，迨十三日往詢謂已辦就送博愛路收發處，余到該處詢據答覆謂尚未送到為第四次，今日再往始行取到為第五次，交涉查詢已可為繁矣，如連第一次為姜慧光表妹申請歷時月餘終於失敗，其間訪問交涉及打電話均有無數次，則週折之多，更不可形諸筆墨矣。

師友

中午，張中寧兄派人送信，謂去年中秋曾聯袂赴台中晉見陳果夫先生，並送禮品，今年陳氏作古人事已非，似應仍作同樣表示，以慰果夫先生之師母，去年一同前往之方青儒兄亦同意此事，詢余作何意見，如同意即將款交其彙辦，余覆函表示贊同，旋又來信約於午後到張寓同往面送，余如時往，即同到溫州街口加買水果，即同往青田街陳宅，先與秘書接洽，據云，陳師母因在服中，對外間餽贈一概璧謝，經商量結果，將已寫就之名片本寫陳師母者改為陳太老師，適陳老先生亦在寓，當面述敬意，始蒙接受，繼至陳寓靈堂致敬，張兄為之涕下，因渠曾直接受陳氏領導工作也，事畢即一同辭出。

9 月 15 日　星期六　晴

師友

晨，張中寧兄來訪，謂昨日本約於今晨來訪會同到極樂殯儀館拜陳果夫先生之靈，不料今日公共汽車特別擁擠，到南昌路時竟不得下車，遂自行前往，並未告知，繼即閱讀其在湖南任會同、湘鄉等縣縣長之表現，多由於其能把握地方風俗習慣與人情民心，遂無往而不順利，其最重要者則財政無絲毫苟且，故縣經費雖有賠累，而地方肯作後盾，甚至省方謀為勾結不清者到縣奉令有所企圖，亦能將其拒卻，而不貽後患，可見大節不可逾也。

交際

今日為中秋節，晚間略備酒肴，約隻身在此之三數友人小飲，計到有王慕堂兄、韓兆岐兄二人，其餘約有楊億祖氏，當即因不能分身謝辭，又有蘇景泉兄，因學校有事未來，蕭繼宗兄則以電話提醒之，結果未能接通，三人均未能到。

9月16日　星期日　陰

師友

今日為陳果夫先生發引安厝之期，余上午到會計師公會會齊參加團體公祭，到會計師十餘人，即相率而至台大法學院，於十二時半公祭，待至午後一時為政校校友會公祭，余亦參加，計到者三、四百人，有甚多由台中趕來者，主祭張道藩，陪祭曾為教授之校友，奏樂、上香、獻花、讀祭文、全體三鞠躬而退，讀祭文時本由執事人員代讀，此則由張氏自讀，至後半段時即泣不成聲，勉強卒讀，與祭者亦多半淚下，哀淒肅穆，得未曾有，禮成後到中山北路二段首等候啟靈送殯，於三時發引，是時儀仗已準備就緒，由中山北路長安西路口起，為開道車、軍樂隊、護靈隊、遺像車，以次即為執紼行列，約在千人左右，凡成兩行，後為靈柩車，家屬孝幃，最後為親屬送喪車，迤邐二里餘，在靜默空氣中行進，全無迷信點綴，在台北可謂空前，到火車站前，執紼者一部分已謝步散去，未散者即改乘汽車續送靈柩至新莊附近龜山一寺內安厝，余亦前往，安靈後行三鞠躬禮後下山回台北，已七時矣，今日各報有特刊，亦極哀榮之至。

9月17日　星期一　陰雨

體質

昨日參加陳果夫先生送喪，早飯提前十時，於是直至下午七時始回寓晚餐，所食為單餅夾回鍋肉，又略飲台產威斯忌酒，以昨日剩肴燒鴨為肴，余牙齒不能細嚼堅硬，而餅與鴨則皆極費牙力，囫圇吞食者及半，今晨三、四時腹內作響，移時即開始洩泄，計至上午九時後始停，中間凡六次，體憊不堪，四肢沈重，手腳關節作痛，下午且略有寒熱，思睡又不能酣眠，頭目炫暈，坐立均覺吃力，近來似體力衰弱，以致抵抗力小也。

9月18日　星期二　雨

家事

一週前函表妹姜慧光，謂台灣入境證已領到，詢寄件如慮有誤有否妥當地點可轉，因入境證係以余父母及胞妹雲卿名義及姑丈姑母與表妹照片申請而來，恐檢查郵件者發現漏洞滋生糾紛，故該信收信人寫雲卿妹，不料慧光表妹今日回信竟以為實有其事，余不得已，乃作復信將入境證附去，雖仍寫雲卿妹，但料其見照片後必恍然大悟也，該項入境證為本月十二日填發，有效期為三個月，故不願多事延擱，信內並託其為張景文、郝遇林兩兄墊款買二人來信託買之用品。

9月19日　星期三　陰雨

師友

中午，余休息時，張中寧兄派其長公子來送信，謂借款三至五百元，一星期可還，此事因三月前渠曾談及本欲向余借款，後因借到他款而罷，余知其意或在試探，故即告以此數日尚有現款，可以供借，渠乃於今日來洽，余存現款不過六百餘元，故以半數借之，如此尚致有若干零星開支須暫時延緩，如陳果夫先生印行書籍之紀念基金，會計師公會半年常費，以及李洪嶽律師之業務介紹費等，均須另行設法挹注矣。

9月20日　星期四　雨

體質

前數日患腹瀉後，初略有病後之餘倦，後亦漸漸復原，但感於身體各部之漸有缺陷，恐此類情形不能全免，牙齒本即弱於咀嚼，懼冷熱與硬黏，一兩年來則更甚，右臼齒等於不可復用，現在食物只賴左邊矣，痔瘡亦多年不治，動輒失血，因無痛苦，久已聽其自然，又今夏特殊情形為逐漸清瘦，見者多問余是否大病之後，余飲食照常，飯量不減，睡眠亦無異狀，而突然有此情狀，殊不可解，恐非檢查不能得知也。

9月21日　星期五　晴

師友

下午，到第四建築信用合作社存款，託代收票據，遇周旋冠律師，據談山東漁農生產基金保管委員會主委孫伯棠及總幹事宋延平訟累一案，法院已近辯論終結，渠最近到院閱卷對審判間各項資料有漏洞處另擬狀紙一件，即日遞送，此案法院處理極為仔細，諒不致如檢察處之以影射文字率爾起訴者可比，可謂對被告有利之宣判云。晚，王慕堂兄偕同其戚誼丁暄曾君來訪，丁君係託余代為在商界謀事者，但在此時期殊非易易也。

9月22日　星期六　陰

業務

下午，出席會計師公會理監事聯席會，討論財政廳對協助納稅事之公文答覆，對本會意見幾於完全不予採納，應如何進一步應付，決定再去公文申述理由，惟由此事後果以觀，恐將成無期拖延之局，其間財政廳副廳長周友端且曾表示稽徵人員對此事不表贊同，渠甚為痛苦云云，尾大不掉，無法掌握，情見乎辭，可笑亦復可鄙也，繼討論常務理事與總幹事所提之設立會計補習學校計劃，決定推三人審查，以余與鄒馨棣及邱朗光三人當選，定下星期三下午開會審查，今日開會時王庸提議召集會員大會，謂照章每年一次，現已年餘，應速召集，此項提議依法自應接受，但會後一部分理監事商談，均認為其目的在搗亂破壞，並圖攫取利用，故不能不有防範之準備，按本會理監事任期為二年，依照章程自無改選之理，但又聞人民團體組織法規又有規定，凡新會員增加超過三分之一時得以改選，果有如此根據，彼等勢將提出，則在新會員已超過一倍之現狀下必須為新的聯繫工作，始可對抗其陰謀也，此外又討論對於各稅捐稽徵分處以攤派方式通知各會員應完報酬所得稅一節，決定先行蒐集資料，以作為向其交涉之根據，現在會員中有申報者亦多未許照數完納，此種稅政完全滑稽也。

師友

晚，李德民君來訪，談因生活困難，預計軍人待遇提高及業餘經營副業之希望全已落空，深覺不必再在兵工廠繼續服務，決定即到基隆造船公司云。晚，宋志先夫婦及逄化文兄先後來訪，完全為閒談，至十時後始辭去。

9月23日　星期日　陰雨

師友

上午，到楊天毅兄處參加友人茶話，到有逄化文、杜德三、張敬塘、楊天毅、張益瑤、于仲崑等人，所談為山東公益事業在台灣之表現及內幕情形，此外即涉及黃海水產公司，今日在座者有張益瑤、于仲崑及余三人為將於下月一日出席股東大會者，但董事會之作法尚待探詢，余等基本觀念為希望各方珍惜此一事業，萬勿再因意氣之爭，拱手奉送於人，但欲貫徹此項意見，尚必須以有力者之姿態使其就範，目前具此條件者只有山東省黨部諸人，省黨部諸人所代表之股份共為一億餘法幣，而公司內日照、即墨兩幫各有四億之譜，故省黨部有舉足輕重之勢，如能有適當合理之人選與妥協方案，過去糾紛予以斬斷，或可為山東保持此一事業，否則必將成為經濟部之犧牲品而江浙人之倘來品云。下午，到內政部參加校友茶會，由馬星野報告國際形勢與立法院院務檢討案、毛邦初案、自由中國半月刊案之影響國際視聽因而影響整個外交之處，張子揚、吳望伋報告立法院院務檢討案內容，最後由甫由巴拿馬任公使回國之鄭震宇同學報告其工作及外人對中國之看法，極精闢。

9月24日　星期一　晴

師友

上午，訪趙榮瑞君，託為張中寧兄兌換外幣。上午，訪楊天毅兄詢悉立法院調查委員會委員之一劉博崑兄正在立法院開會，乃同往該院訪倪搏九秘書，同到會場約劉兄到場外談話，余因聞調查委員會調查院務經費部分有委託院外會計師之可能，乃託劉兄予以注意，據云會內一部分委員作此主張，渠已將余向主席之委員推薦，此刻正討論此項問題云。晚訪同在調查委員會之立法委員宋梅村、成蓬一兩兄，亦以此事相託，據云今日開會決定先推院內委員之任會計師者查帳，如明日將人選產生而不肯接受時，或再延聘會外之會計師，彼時可為注意，但二人並不主張延聘會外會計師，因在法理上調查委員會為一臨時機構，不能以法人資格對外委託，如須委託外人亦應經過大會之同意云，余聞此會十五委員屬於黨者七人，屬於青年團者五人，中立者三人，故對此案處理難有一致見解云。午前訪韓兆岐兄於立法院，借閱教育法規，並探詢調查委員會進行情形，並託隨時注意有無延聘會計師之事。訪張中寧兄，送去代為兌換之新台幣。

9 月 25 日　星期二　陰雨

業務

上午，到山東同鄉會託公役趙如修為李洪嶽律師送去太安行業務介紹費二百元。晚，鄒馨棣會計師來訪，初步交換對會計師公會籌辦會計補習學校之意見，對該計畫之意見咸認為應充分以民主方式辦理，而不應以公會常務理事及總幹事為當然籌備委員，民主方式或採用提名方式使會員中能參加籌備者亦有機會參加，以免物議，此外一切組織方式應充分注意教育法令，上項意見將於明日開審查會時提出之。

9 月 26 日　星期三　雨

業務

下午，到會計師公會出席補習學校籌備計畫審查會，到余與鄒馨棣、邱朗光會計師，余提出所蒐集之補習學校法令，交其餘二人傳觀，依此項法令，則補習學校必須相當於國民學校高級部與初中或高中，其數月即結業者只能為短期補習班，故即此校之名稱，已大費周章，惟據邱會計師所知，此間頗有數月畢業之會計學校，教育行政機構未以為非，不知其根據為何，經決定由其再向省教育廳蒐集單行法規再行審查云。

9月27日　星期四　陰雨

師友

下午，到建國北路吳寓拜訪殷君采主委，又到其附近拜訪朱佛定前廳長，均不遇。

家事

明日為古亭區清潔大檢查之期，今日與德芳從事室內之掃除，今日有甫上工之下女幫忙照料雜事，故得以順利完成，而不感匆促，今日所處理者為客室、寢室、四壁、頂棚與走廊之四壁、頂棚，以及大門各處，比較費力者為疊席下之掃除，須先將疊席掀起，搬至通風處，清掃後重新安放，惜因天時陰晴不定，未獲移出曝曬云。

9月28日　星期五　晴下午雨

業務

到會計師公會續開審查會審查設立補習學校計劃，經參照教育廳各項章程準則，擬定組織規程兩種，一為董事會組織規程，二為學校組織規程，此二者皆為照例文章，另有計劃及概算各一件，較為費時，計畫方面余提出董事會產生方式為每三個會員提名一人，送請理事會票選決定，此項辦法可以避免外間操縱包辦之攻擊口實，而事實上如何控制係另一問題，余意如此辦理對於原草案定為當然會員之常務理事與總幹事反可避去若干嫌疑，余提出後，均無反對者，即照此作為審查意見，關於經費概算，係按招生六班計算，每班四個月，分為三級，即專修、高級與中級，分別收費一百五十元、一百二十元、一百元，總收入三萬七千元，鐘點費每小時八元，需一萬三千元左右，職工薪給需一萬元，講義費辦公費約需一萬元，校址借用租金約二千元，其餘則補貼會計師公會云。馬德夫君來訪，談整理今年上期山東生產基金會帳目事，余允即通知李德民君著手辦理，並言明致李君酬三百元。

9月29日　星期六　陰雨

師友

下午，李德民君來訪，洽談代山東漁農基金會整理帳目事。晚，蘇景泉兄來訪，閒談。

瑣記

政府配給米上月為在來米九四折者，質地不佳，今日往經辦之合作社詢下月情形，據謂有九四在來與九三蓬萊兩種，可選定一種，但精度均不夠，限於政府法令無法補救，乃向各碾米廠、米店探詢如何換取熟米，所得答覆不一，多在八折之數，吃虧甚大，且多不願辦理此事，經決定如不能尋得有利條件，即食用蓬萊九三米矣，聞普通折換均在八五折之數，但難覓對象。

9月30日　星期日　晴

業務

今日全日到第四建築信用合作社為山東漁農生產基金保管委員會指導整理帳目，實際工作則由李德民君擔任，余今日將該會會計馬德夫君所記之中式帳自今年一月一日至六月三十日加以審閱，以視有無特殊情形，提起李君在分錄時之注意，並將去年為該會所設定現金進出部分會計科目與棉紗進出部分會計科目之運用方式，大致均已就緒，由李君攜回開始記載。

師友

上午，楊天毅兄來告黃海水產公司股東大會之折衝情形，謂省黨部之股東將以舉足輕重之勢壓迫商股兩派使其就範妥協，並謂李郁庭委員主張余可以一百萬股份之股東資格出一監察人，余對此事雖無興趣，但亦不反對，惟不信其可以產生，故只漫應之，謂可聽其安排，有無均可云。晚，到內政部參加同學聚餐，並歡迎來台之鄭震宇與陳玉科二人，飯後鄭君談其出使巴那馬及在美國辦非正式外交之手法，娓娓動聽，並謂有祝麟同學者，在美從事寫作，中英文俱佳，此人在台為同學所不齒，甚矣有才者人品之不易健全也，然才力不勝如余者，亦復暗自愧怍，深覺徒恃品格之不可以傲物也。

10月1日　星期一　晴

集會

上午，到中山堂參加黃海水產公司股東大會，事先張子文君來告，謂董事中一派意圖包辦，昨夜妥協未成，今日決定不以股東資格出席，使不足法定股權，余即知今日之會未可樂觀，余於近午進場，見場內股東皆集合私談，直至中午猶無開會模樣，是時有董事宣布因籌備工作未成，改於明日上午再開，於是午飯後散去，大約兩派仍圖在場外謀取協議，聞有主張以大多數資格股東硬行開會者，是則將造成裂痕，幸未如此也。

師友

上午，訪王慕堂兄於交通銀行，告以為其親戚丁君謀事尚無眉目，並閒談近況。

業務

下午到第四信用合作社為山東漁農基金會指導整理帳目，今日將李德民君所發生之科目運用問題加以闡釋，尤其棉紗部分與現金部分兩套帳間之特殊關係，一再加以檢討，已相當透徹。下午，到會計師公會出席第三次會審查籌設補習學校計畫，由各審查人將抄清之審查意見分別簽字，在公會聞涂芳輝會計師業務相當發達，其所辦商標註冊極多，曾有收入萬餘元之月份，聞後殊自愧業務之大不如人也。

10月2日　星期二　晴

集會

上午，到中山堂再度參加黃海水產公司股東會，開會前聞主要股東各派對於董監事名額之支配仍未取得協議，故青島漁會幫今日均不出席，但因昨日已經宣布改今日開會，如再度延期，太不成話，於是由官股常務董事許中傑宣布開會前應宣布之事項，即全體股本舊法幣十五億，在台登記股本十億另五千萬，今日出席者六億另四千萬，依經濟部解釋須依全體計算，故今日不足過半數，如仍開會依法只能作假決議，留待一月後再行提股東會通過始為有效，乃徵求與會股東意見，結果未簽到者以董事出席之資格表示反對開會，日照幫及省黨部人員主張開會，結果後者佔優勢，乃正式開會，以李郁庭為主席，至於決議事項是否為假決議亦不復再提，於是開始會議程序，業務報告只有書面者，亦未註明係董事會抑係公司提出者，繼為監察人報告，報告者為張景文監察人，對於過去審查公司會計報告之職責均未馬虎，但公司應送監察人之資料往往不能適分不能充分，更有未提董事會未轉監察人而逕送來股東大會者，自然均有不妥云，是時已屆下午二時，乃休會用餐，飯間有若干人與經濟部代表商談實際有效之運用辦法，經決定成立股東代表處，呈請經濟部停止董監會之活動，此代表會由各派聯合組成，俟正式董監會成立即行完成任務，此方法為和緩今日之走極端趨勢，因如連新董監事亦選出，而問題不能免於擴大，自非實事求是之道，且今日假決議之非正式會經濟部代表聲明退席，即是留餘地也。

師友

下午，訪林傲秋兄於中央黨部，探詢第五組支援民意代表之方式。訪張中寧兄，退還代兌款。

10月3日　星期三　晴

體質

近來牙齒更不如昔，一年來右臼齒等於不用，近則左臼齒亦有右面之同樣缺點，食物稍硬，即不易嚼爛，逐漸引為苦事，又今夏友人見面無不以緣何消瘦相詢，其實余亦不知，因食量未減，且毫無病痛，只見消瘦，或係夏季之氣候使然也。此次體重有無減退，因未有稱量，尚不知之，但相信並無特殊之原因，又睡眠常有不足，每日只達七小時左右，此或亦為原因之一，而雜事棼集，心境難為平衡或亦使然也。

10月4日　星期四　陰晴無定

集會

晚，到和平西路參加小組會議，重新選舉小組長，緣本小組自成立即由汪聖農兄擔任組長，小組內黨員均住羅斯福路一帶，僅渠一人在和平西路，與分別地區劃分小組之原則不符，最近汪兄將移轉至和平西路其他小組，乃奉准改選，余到達略遲，汪兄方出其巷口將欲來催余出席，乃於相遇時交換新組長人選之意見，余表示不願擔任，經同意選劉燦霞君繼任，到者僅三人，投票結果劉君以二票當選，本小組共四人，一人未到，故余與汪兄之兩票遂起決定作用云。

10月5日　星期五　雨

業務

下午，到會計師公會參加常務理事會，討論籌辦補習學校事，對於前數日之審查意見均一致贊成，且更加以細密之補充，以期切合事實，又非正式商討籌開會員大會問題，預定十一月間舉行，依照人民團體法規凡團體成立後人數超過一倍時可以改選理監事，故此次開會定有提議召開大會應行改選者，在此時期應早速進行聯繫工作，以免為搗亂分子分化離間，售其奸計，蓋目前公會雖無重大貢獻，而公正無私當之無愧云。

10月6日　星期六　晴

參觀

下午，到中山堂參觀河北任博悟金石書畫赴菲展覽預展會，作者出品有國畫、書法、篆刻、繪畫中有山水人物及寫意等，書法中則小篆、金文、石鼓、漢隸及行草具備，印則獨少，然亦頗有作風，畫法以山水為主，若干黃山寫生畫，格調極高，寫意畫多有梵語題跋，功力甚深，書法亦自不俗，所臨碑文有十餘種，一部分得其神韻，非同凡響也。

師友

晚，張中寧兄送信約明日為陳果夫先生冥壽赴觀音山厝地致祭，余有他事，辭不前往。

10月7日　星期日　晴

業務

上午，山東輔導漁農生產基金會會計馬德夫君來訪，探詢李德民君代為整理改記新式帳情形，余數日來未見李君，故開具地址，請其逕行洽詢。上午，黃海水產公司董事張子文君來訪，據云前日黃海股東大會所通過之股東代表會又生波折，因一部分代表表示不參加，而股東張雲泰、王克忠等因此次會前協議董監名額不成，遂於會後向地院檢查處控鄭旭東侵佔之罪，明日即行開庭，因對於去年所查之帳目情形尚有不甚接洽之處，特來與余查詢，余告以事隔經年，須先將余之查帳報告書複閱一道後始可解釋，經即約定晚間過訪，屆時前往，兩張君均在，據云所告之侵佔罪係以去年鄭臨去時攜款六萬元一節為首要條款，此事並不在余查帳範圍以內，但鄭提此款係以截至其離職日經副理應提紅利可達此數為理由，此與余所查該公司實際盈餘數有關，蓋去年查帳所結卅八年損益為虧損，卅九年五月底為盈餘，兩抵只益十餘萬元，而鄭則據其十月交接時數八十餘萬元除公積國稅外為六十餘萬提成為六萬，余因六月至十月之帳尚未查核，故對此數不能證其是否確實，惟據張子文君云，交接時之日計表只盈五十一萬，抵前年虧損廿五萬後尚有廿六萬，鄭所根據者則為其自造一表，此在手續上自然欠缺，且縱有此大數盈餘，未經合法手續分配，渠本人亦不能單獨提去，況一成之內尚應有副經理應分之數，亦不應由彼一人取去，依此論斷，則鄭之作法實大成問題，張雲泰君明日應訊即將提出此點向法院闡明云。

師友

上午，同德芳到金門街訪劉階平兄，為其生女道賀，贈現金四十元，並略談天即辭出。

參觀

總政治部女青年大隊今晚在三軍球場舉行花木蘭戰鬥晚會，昨日國大秘書處交來入場券，余往參觀，節目單廿餘項，余遲到早退，只觀六、七節目，皆為歌舞及宣傳表演，排列頗費心思，但頗不免流露淺薄與幼稚之處，事實上殆不可免，至於場面甚大，燈光清晰，露天中所用擴音設備清晰嘹亮，皆為不可多得，此球場四面看台甚大，滿座時可容萬人左右，如此熱烈之情況，在台北則為不可多見者，在宣傳上當收甚大效果也。

10月8日　星期一　晴

記異

比鄰蔡維谿家生貓，老貓因時常在余寓進出，生時竟在余家之壁櫥內，三天後將小貓五隻送回，不料次日老貓竟一一銜小貓之後頸送回原處，無法應付乃將其生時所用網籃一併送往，始不再送回，今日又有一異事，習俗傳說小貓不能為肖虎者所見，見則被老貓所噬，大陸、台灣皆有此說，而不可理解，幼兒紹彭去年寅年生，屬虎，春間生貓時避未令見，今日德芳抱持紹彭至蔡家，小貓竟為所見，至晚即聞小貓為母貓食去其一，發覺後予以隔離，其餘四隻即未殃及，並聞屬虎者見貓後若不予聲張，可以免禍，禍作後若被人發覺，未遭者亦可免，此數者均似無稽之談，而事實則若何符節，可異也已。

10月9日　星期二　晴

閱讀

續讀完閻錫山著「大同之路」，第五章為大同理論，敘述宇宙本體、現象、規範事物法則與人事處理法，大體上為作者之宇宙觀與人生觀，第六章為大同主義，寫作者理想之政治制度、經濟制度、文化教育，強調其一向所主張之按勞分配與物產證券，第七章大同形態，描寫其各級政府之理想之形態，第八章為大同國際，在闡明組織之必要與方式，第九章走上大同對聯合國的希望，論聯合國走上大同之途徑，一為與共產國家商榷，二為與非共產國家商榷，第十章為結論，綜述全書要旨，最後附與反共國家商榷五則，為對於當前局勢之另一種分析，希望反共國家以釜底抽薪之方法改善其經濟制度，使共產國家之禍亂世界陰謀無由附麗，綜觀全書大旨，在以極賅括之方式演述其政治經濟思想與制度，用心良苦，而行文亦能於拗雜中理出條路，但正因其所涉甚廣，執筆或又非一時一人，至若干處之詳略層次未能完全如一，且所包括理論範圍太廣，互相間關係只能在形勢上略有連貫，內容上反各不相謀，在一完整體系之著作，不能僅謂為小疵也。

10月10日 星期三 晴

師友

中午，吳望伋同學來訪，談渠為此次立法院調查委員會委員之一，從事調查劉健羣院長主持下之院務，現已將近告一段落，日昨蔣總統約見各委員時已表示劉殊不稱人意，並將以是非作為解決問題之標準，但護劉者仍作最後掙扎，恐無效果，但蔣氏指示處理方式為不可向外揚醜，故將由黨部解決之，吳兄之報告初稿即將先送中央黨部，渠今日將稿持余徵詢數點意見，但因時間倉促，不能交余細閱，僅將其所持之稿一面翻閱一面詢余之意見，余在此情形下只能有大致之瞭解，尤其若干涉及政府會計之法令條文與解釋者，如何與該院事實相配合，非仔細分析無從獲得精密之見解，余對此既感生疏，即不感生疏亦須慎重，故亦只對吳兄表示大致之意見，其中余有兩處主張刪去者，一為書內提及行政院軍政經費小組，二為提及行政院及審計部對於立法院之預算案核定權不十分重視，蓋調查委員會之對象只在劉健羣，可不必樹敵過多，轉失應有之同情也，此項見解乃屬於政治性的，初與其中會計技術所關尚少，故易於有所表示也。

10月11日 星期四 晴

業務

下午，到會計師公會出席理事會議，討論重要事項為補習學校籌備計劃審查意見，此意見即余與鄒馨棣、邱朗光三會計師所共同提出者，出席人往往獨持己見者如王庸之輩亦無從提反對意見，即照原審查意見通過，次為林有壬會計師所提會計師公會會員服務規約，原草案文字甚長，包羅萬象，草擬時確費去若干精神與時間，因須慎重從事，故推定理事先行審查，此外討論公會分配會員之業務收入如何由公會提成事，決定仍照原有辦法提取四成，惟以辦案公費為限，外埠出差公費係旅費性質，應不在內，又討論周傳聖理事所提法院請公會指定會計師鑑定訟案，對會計師意見並不採取或為歪曲之採取應如何應付，決定向上級法院或監察院報告，又討論會員不照公會所定收費標準辦理業務，以低價廣招徠者應如何糾正，決定先通函糾正，但有無實際效果，俟觀察後再定糾正辦法，又談會計師查帳為虛偽之證明時如何取締，無決定。

師友

晚，宋志先周叔明夫婦來訪，係託余為其弟擔任申請來台入境之保證人。

10月12日　星期五　晴有陣雨

家事

因雨在寓助料家事，近來余除整理房間外，又參加生火與淘米，生火用配給之熟煤即半焦，用木材為火種，有時甚易，有時甚難，視乎加煤之時間及煤塊之大小，木材之多寡，各種條件配合情形如何，有時不燃須重生，淘米因亦為配給之米，不無沙石稻稗，為恐兒童誤嚥不合衛生，故在淘洗時均一一揀除，此事頗需時間，此外煤末每月輒數十斤，不能售，不能換，亦無法棄置，乃用黃泥和成碎塊，亦可燃用，事極瑣碎而均係居家所不可免者。

10月13日　星期六　雨

家事

月前流行小兒咳嗽，諸兒女亦未能免，但服藥後均逐漸痊愈，而鄰人之兒童有至今不愈者，諸女時常出外至鄰家遊玩，而昨日起紹因又復咳嗽不止，夜間尤多，昨夜終宵因咳而醒一、二十次，每次醒後即須余抱持散步移時後始能再睡，而睡後又拒蓋被褥，須待睡熟後始能為之加蓋，如此忽起忽睡，幾乎終夜未能休息，此外諸女及紹彭兒尚未有傳染跡象，惟紹寧有時咳嗽，不知是否與此有關，甚矣為兒童治病之難於根除，與攝護之不易也。

10月14日　星期日　陰下午晴

師友

晚，曹璞山君來訪，曹兄為皖省朋友，來台不久，忙於找事，今日謂在物資調節會徵信新聞找得一項位置，只須略作文稿，月支三百元之待遇，但不夠開支，研究有無副業，其本人所提出者有印刷業、中藥業等，均困於資本，不能著手，余謂無本生利不妨為會計師律師介紹業務支取佣金，此外在香港辦零星貨物來台銷售亦是一項來源，又據談同住之馮達璋經理經中央銀行介紹至台灣銀行為臨時職員，渠本為央行分行經理，今屈居人下，可見生存之難也。

10月15日　星期一　晴

業務

上午，到太安行接洽其與福台公司債務糾紛事，緣該行因福台債權不能得合理之分配比例，乃以聘余查帳為手段望其就範，余與福台代理人廖兆駿會計師接洽後，彼方已有讓步表示，但不允出給書面證明，經將此情告太安行，太安行副理言穆淵謂將函香港與其總管理接洽後再議，事隔多日未見來洽，昨忽接該行來函謂請進行查帳，余乃於今晨往詢，據云港亦迄無表示，此間立場希望如廖不肯證明，即福台肯具證明亦可，余允與廖接洽後再行商量云。山東漁農基金會整理今年上半年帳目，已請李德民君就其舊式帳改記新式帳，現已竣事，今日下午約余前往指導，余就李君認為記帳有須討論之處加以解釋或指點，並將其所整理之單據略加翻閱，認為應補手續者囑會計馬德夫君加以補正，此外帳之詳細記載則未暇一一加以審閱，因未正式應聘為之也。

師友

上午，到金順利銀樓訪趙榮瑞君，詢有無調款赴港方式，據云可以私人介紹友人以外幣在兩地對撥云。上午，到立法院訪韓兆岐兄，還前借教育法規，並借來立法專刊第一集，又承贈配給麵粉一袋之取條。晚，王慕堂兄來訪，仍託為其戚丁君積極謀事，並閒談。

參觀

參觀反共抗俄展覽會，有政府方面各種準備之圖表照片，共黨各種宣傳品與秘密文件，海陸空軍各種生活照片等，甚為豐富，但屬於官員宣揚個人者則有類蛇足。參觀懷念大陸影展，有內地各大都市名勝照片，頗稱美備，惜各地分量支配有欠勻稱耳。

感想

宋延平君出示當前花紗布統制現狀之不合理與改善意見請願書稿，條分縷析，可稱力作，又見報載虞克裕同學悼果夫先生文，文情並茂，且醇而不薄，自省均不能為之也。

10月16日　星期二　晴

瑣記

台幣之發行雖增加甚緩，而物價則上漲略速，兩年前到台每月開支三百元甚為寬綽，去年即須近千元，現在則每月一千五百元莫辦，而收入則不能等倍數增加，甚至半年來市面利息反形低跌，故無論業務收入以及利息收入均與開支不能相應，而淡旺之間調節支配，亦復煞費周章，即如本月已過期半，業務收入尚無，國大秘書處待遇只發一部分，利息收入尚不到期，故兩三日來已近枯竭，今日出賣廢棄瓶罐之類得款三數元，竟亦不無小補焉。

10月17日　星期三　晴夜雨

師友

上午，訪楊孝先氏，本欲詢其現在存出款項利息情形，但因月餘未晤，楊氏為談其現況，堅留不放，故閒談一小時餘，據云近來生活主要賴交通部設計委員會之待遇每月四百元，此外即為存款利息將近三百元，大致可以維持，惟對於將來則不敢想像，因國際局勢不佳，我國環境不利，能否以及何時可回大陸，殊無把握也云。曹璞山兄來訪，據云有友人在港撥助其美鈔一百元，詢余以何項方式為最有利加以運用，余告以最好買貨運台銷售，此外即為將款調來，渠意將款調來台北，然後以公務員身分依照規定每月向台灣銀行匯港二百港幣，如此進出之間大為有益，因匯港每港幣一元官價為二元五角新台幣，美鈔可售新台幣三十元，香港美鈔為七元，則款調台可得新台幣三千元，匯出可得港幣一千二百元，淨賺港幣五百元也云。

業務

下午，李德民君來談代山東漁農基金會整理之帳目業已就緒，詢余是否須全部過目，余謂不必，因此次整理帳目並未聘余作查帳證明，該會亦無公費支給，余無此責也。

10月18日　星期四　晴

業務

上午，訪廖兆駿會計師，談太安行對福台公司之債權，希望能由該公司出給書面承認，否則即將查帳再作處理辦法，廖君允將此意與該公司負責人李玉階洽談，但恐未必有何結果，並請余先以公函將該行之函轉至廖處，以便據以接洽，余允照辦。

師友

上午，訪王慕堂兄，談彼託為丁君謀事事迄無成就，余昨日見報載某文化機關招考文書、會計、營業、譯電人員，今日余往探詢係一未出版之報紙，但需人甚為廣泛，不妨請丁君前往一試，余今日本欲代表妹姜慧光報名，因其口試即在明日，決趕不及而罷。

10月19日　星期五　晴

師友

上午，張中寧兄來訪，閒談，對於一己之政治出路，深致感喟，據云其友人中參加青年團復興社或蔣經國關係者頗促其重新開闢途徑，建立新的人事關係，但渠為表現屹立不拔，不予置理，在此日洪流中有此氣息，真空谷足音也。下午，訪楊天毅兄，轉告楊孝先氏意對其存款利息因支取時不易與楊兄本人相遇，希望隨時送往，楊兄談及黃海卸任總經理鄭旭東被董事股東張雲泰等控告侵占，恐法院有可能通知余到庭問話，希望能相當顧到，余謂余以查帳報告書為憑，大意不能增減，且訟在基隆，余雅不願費時耗財云。下午，訪趙榮瑞君，詢其介紹為余撥款至香港事，據云其友人已只有美金三千元可撥，余即允照三十元對撥亦可，請其通知其友人備妥憑函，余明後日當來取云。晚，到永康街訪曹璞山兄，不遇。晚，到永康街訪鄒謙教授，據談前次為余驗血型為AB型云。

瑣記

聞華山天主堂兒童福利站配發奶粉，下午四時許前往登記，因守候者甚多，而辦事人員須將戶口名簿抄下，辦理手續極慢，直至七時始將領條取得，計紹中、紹寧、紹因、紹彭各三磅。

10月20日　星期六　晴

師友

下午，曹璞山兄來訪，余與談香港撥款事，緣彼有美鈔一百元在港，將調至台北，然後以公教人員匯款贍家辦法陸續由台灣銀行以公定結匯證價格匯回，余即告以余與友人可共同接受，隨市折交新台幣，彼云原則同意，但因渠在台銀申請登記尚未核定，故須略候數日始可照辦云。晚，鄒馨棣會計師夫婦來訪，談會計師公會簽署補習學校董事候選人事，渠有意競選，應覓提名者三人，已獲一人，希望與余交換一票，另覓一票或逕自選一票即可足數，渠因在陽明山受訓，故此事須託余代辦，洽談結果決定，渠明早再覓一人，如須交換，即逕行交換，余則片面簽署，因余已有三人為余簽署也，如其另覓之人可以片面簽署，則與余仍作為交換，因余雖有三人，恐其中有重簽者成為廢票也。

集會

上午，到女師大禮堂參加聯合國同志會座談會，今日為第卅二次，由楊樹人教授主講「純資本主義——介紹宋巴德經濟學說」，凡演講兩小時，於宋巴德之資本主義學說要點闡述甚明，楊氏為台灣大學教授，頗得學生信仰，但其口才並非甚佳云。

10月21日　星期日　晴有陣雨

師友

上午，李德民君來訪，談及代山東漁農基金會整理帳目後，已將報酬取到，計三百元，於生活不無小補，下月決另就造船公司職務，因比之現任第四十四兵工廠技術員一職待遇可高出一倍云。下午，到內政部參加校友茶會，各校友報告題材多集中於此次立法院院務調查及院長劉健羣之辭職內幕，笑話連篇，官場殊多兒戲事，又有報告行政院成立經濟動員局自醞釀已擱淺，其中多涉及人事不協調之情形，表現為因人廢事之結果。

10月22日　星期一　晴

業務

上午，黃海公司董事張子文來訪，謂該公司之帳已由法院索出，現在基隆該公司，請明日開始照原委託書查帳，其法律顧問亦將明日前往，法律顧問周旋冠刻正代理其訴訟中。

師友

下午訪趙榮瑞君，取來介紹代撥至香港款項之對方函件，但地址、姓名尚待補具。

記異

今日親感台北十年未有之四級地震，據云有八十餘次，最烈者五、六次，有如置身海船，房屋動搖作響，下午各商店機關均大體疏散至室外，聞此次最甚者為宜蘭、花連一帶云。

10月23日　星期二　雨

師友

上午，到鄒馨棣會計師家與其夫楊君洽談會計師公會補習學校董事提名事，據云渠所聯絡之簽署人本只有李毅一人，連余只有二人，尚須覓致一人，託余設法，余即往訪周傳聖會計師，代鄒交換一票，湊足三人，即送公會，併查知為余提名之于國霖、于治堂及陳長興三份均已送到。

業務

下午，黃海公司董事張雲泰、張子文來訪，謂本約定同來商談之周旋冠律師因出庭未能同來，將另定時間與余同到基隆該公司檢閱帳冊，作為其訴訟內容之參考，余即連帶查帳。

10月24日　星期三　雨

集會

晚，在余寓參加黨務小組會議，出席者五人，劉燦霞主席，除報告事項外，討論上級發交討論之近來小組黨員情緒普遍低落問題，余提出數點意見，一為會議須常開，藉以發掘問題，交換意見，二為多提具體問題，無論國際、政治、經濟，均不妨列為題材，且可以中央之政治通報為提綱，三為上級黨應充分注意下層生產分子黨員，選拔幹部，孫德裕君主張須徹底實行民主集權制，則情緒自然提高，亦為有見識之論調，會議歷二小時散。

10月25日　星期四　雨

閱讀

今日為台灣光復節，全省運動會亦於本日開幕，余因雨在寓無事，將對執業有關之法規加以閱覽整理，余手頭所有者以稅務法規比較新出，其餘皆極陳舊，且不任公職已達四年，若干法令之遞嬗無從由官文書中連帶獲見，平時更鮮有蒐集，有之亦僅由逐日見諸報章者加以剪存，前數日由立法院借來立法專刊第一輯，行憲後經過立法程序之法律條文大致畢備，今日將有用者加以瀏覽，頗多新知，其舊法已廢而余所存之法規仍在者則加以註明焉。

10月26日　星期五　雨

師友

下午，訪趙榮瑞君，取來代撥香港三十美元付款人之詳細地址。到立法院訪韓兆岐兄，送還其轉讓之配給麵粉一袋之價款，但渠堅決不收，亦未便十分相強，因渠出於誠意也。訪方宏孝委員不遇。

攝影

下午，因登記照片已無，且重慶南路心心攝影社半價優待，乃進入照二寸半身美術照一幀。

業務

晚，到南京西路參加七、八會計師之談話會，到者有吳崇泉、廖兆駿、邱朗光、朱揆元、鍾挺秀、程烈、成蓬一等，對會計師公會將來之競選問題交換意見，緣月前有會員提出希望召集會員大會，其意在提出重選理監事，依據人民團體組織法規凡會員增加半數時即得改選理監事，會計師公會之會員已經增加一倍，自然適合此項條件，且名額可以增加，假定理事可加至十五人，監事可加至五人，對何人當選自應密切注意，談話中對各方之可以容納者均分別考慮周詳，加以分配，大體除一二害群之馬絕對摒除外，其餘皆能顧到，準備在大會前若干日召集談話決定步驟，大致今日決定廿人，若能每人再吸收一票共得四十人，即達全體會員半數以上，當可掌握選舉結果至百分之九十以上，會商至九時半始散。

10 月 27 日　星期六　雨

業務

晚，鄒馨棣會計師來訪，因後日舉行會計師公會理事會，投票選定會計補習學校董事，詢余競選情形，余據悉提名者不多，定可當選，渠即決定不自行出席，託余代理。

瑣記

上午到台灣銀行辦理香港普通匯款申請手續，前數日已將規定卡片填就，並由國民大會秘書處及會計師公會用印證明，今日為將卡片送往登記，編定號碼，等候審核，聞須兩三星期之久，將來匯款限港幣一百元，每月一次，且聞限於接濟大陸家屬，故港方稱轉匯人云。

10 月 28 日　星期日　陰有陣雨

師友

下午，李德民君來訪，談已在第四十四兵工廠正式請准長假，明日即赴基隆造船公司任新職云。

體質

自昨日起左眼即有不舒之感，但尚不能確切查知為角膜發炎抑眼皮生癤，或為日前夜間缺乏睡眠（四女紹因隨余就寢，又患感冒，入夜鼻腔不因睡眠而通，張口呼吸，移時即醒，醒則必須抱持散步若干分鐘始可再度入睡，因而徹夜未得休息）之所致，今日上眼皮浮腫，雖未見膿頭，已大致可以斷為眼癤，只可候其自行痊癒，為加強復原，下午行熱敷兩次，每次約十分鐘。

10 月 29 日　星期一　陰

業務

下午，出席會計師公會理事會，討論重要事項有二，一為補習學校董事候選人已由全體會員將簽署書送來，今日應由理事會票選，但出席理事王庸與虞舜提出質詢，謂是否均係限期以前即將簽署書送到，何以證明有無係在期限以後到達者，此事因公會事務人員未能隨時將收到日期寫明，構成疏漏，以致引起爭執，決定再將簽署日期延長至下月十日，俾少數未到達者尚可補送，以示希望全體均無遺漏，二為社會處來函請推薦會員一人參加勞工保險監理委員會委員，常務理事全有意推總幹事邱朗光擔任，提出討論，此事引起甚為劇烈之爭論，虞舜、王庸認為公會承接案件向有按執業早晚輪流擔任之例，此事何以又須單獨解決，在常務理事認為係一種人事案件，可不置於次序之內，在其他理事則不然，王庸則更因依照順序應由渠擔任，有此利害關係，自更不放鬆，但因邱亦在座，故全體尚無對邱提出反對者，王最後提出一負氣之意見，謂授權常務理事會秉公辦理，在座者亦均贊成，惟用意有正有反耳，余對此事本不直常務理事會之意見，但因搗亂者別有用心，故亦勉強贊成。

10月30日　星期二　晴

師友

上午，張中寧兄來訪，係託余明日設法到外間探詢兌換外幣，又閒談所聞，移時即去。

業務

上午，張子文君來訪，謂黃海水產公司繼續查帳事，希望明後日即行開始，並先到基隆該公司接洽，余允後日前往，至於周旋冠律師是否同時前往，則將與周聯繫後再作確定云。

體質

左腰又起一膿包之瘡，與夏間起於腹部者相同，惟此則僅有一個，且範圍較大，周圍約一英寸，痛苦甚少，但因蓄膿水甚多，略有不適，下午剪破放膿後以省立醫院白藥膏敷之。

10 月 31 日　星期三　晴

師友

上午，到衡陽街訪趙榮瑞君，詢余因尚須調款至港，是否有在此需款者，據云尚未有聯繫完成，余託其再為注意。下午，到中美大藥房訪方宏孝委員，方氏係以前在皖舊識，渠現在經營西藥業甚有利益，據云甲、乙類藥品聲請進口結匯可照官價，亦即每美元合新台幣十元零三角五分，其餘則申請結匯可照結匯證價格，亦即十五元五角餘，前者只及黑市之三分之一，後者則二分之一，故利益甚大，但因其申請期間所需預繳之保證金太多，經常在銀行凍結之中，故需要吸收存款，余即提出日內將存二、三千元，渠即表示歡迎，利率照優待為每日四角，此在市息確為極高者。晚，逢化文兄來訪，閒談，多為以前在浙江時事。

雜記

今日為蔣總統六十晉五誕辰，各部門均有祝壽之舉，余參加簽名祝壽凡三次，一為政治大學校友會，係登報公告者，二為中央改造委員會，係國民大會黨團小組昨晚通知者，三為本區公所，係由鄰長通知者，區公所簽名余係與紹寧前往，該所備有紅色壽糕一種，係台灣製法，平時拜拜所用，外用紙套裝盛，印有壽字，雖所費不多，而饒有趣味。

11月1日 星期四 晴

業務

上午八時依前日之約到汽車站，與黃海水產公司董事張子文、張雲泰乘長途汽車到基隆該公司接洽查帳事宜，該公司現由經濟部漁業善後物資管理處代管，故與其主管人姚、張二君略談，即與會計主辦人員王馨山接洽，了草數語，渠即藉故下樓，直至十二時始返，枯候達二小時餘，時已午餐，乃約於下午一時再談，至時渠向余表示兩點意見，一為聘余查帳一節雖有其事，但公司未接董事會通知，渠一普通職員，在公司情形萬分複雜之現狀下，不能開罪任何方面，為此手續不完備之事，二為希望余在公司查帳，不將帳冊攜回，余答覆第一點係該公司內部問題，余無意見，既不肯交帳，余當函董事會通知檢送，至第二點則希望顧到余之困難，渠謂富伯平查帳係持回，亦係根據董事會通知，余謂此等事實無關係，余一併致函董事會加以表示可也，談竟上樓與兩張君告經過，兩人甚氣憤，但亦無辦法，因董事會之印信已由反對派董監事扣用，王馨山屬於反對派，以此手續相強，即拒絕查帳之意也，二人又約王馨山面談，王又外出不返，無法進行，乃於二時半回乘公路局汽車返台北，全日一事無成。

11月2日 星期五 晴

師友

上午，到中美大藥房訪方宏孝委員閒談，並送存三千元生息，利率甚高，每百元每日四角。

參觀

參觀青年反共抗俄協會所辦蔣總統六十晉五祝壽美展，半數為蔣總統生活照片，半數為美術作品，計有書畫、雕塑、篆刻等，畫多採麻姑獻壽等意匠，字則仍以于右任、吳稚暉者為最佳，王王孫者有金石意，篆刻則印人合作百壽集句最有意趣，又宗孝忱字亦甚佳。

閱讀

美國新聞處今日美國廣播英語教學第一冊已授畢，且複習一遍，今日寄來測驗題目五十則，均為書內所有，余試作答案，因過去只聽講未自修，故不能記憶者甚多，須一一查閱，甚有無從查閱者，只好以意為之，尚不知正誤如何，然由此亦知語文之學習真非易易也。

11月3日　星期六　晴

瑣記

春間買豢小雞一隻，特別茁壯，且能生蛋，同伴皆早夭或不生蛋而被殺，此則獨盛，前門竹籬近破舊多缺口，進出自由，無論是否呼喚，皆能歸來，余家無雞舍，只有木箱一隻，此雞只用以生蛋，棲息則在屋角露天，習以為常，並無危害，不料今晨天尚未明，雞忽慘叫，德芳往察，則在籬外水溝內，毛羽全濕，且有半身脫落殆盡，極似狗貓所噬，傷重其勢必死，今日即殺之佐餐，五、六日未逐日一蛋，腹內肉蛋纍纍，且有硬殼者一枚待今日產下，雖屬禽畜，於心實有不忍，記此抒懷。鄰居生四小貓，今日老貓忽不歸，小貓呼叫極哀，德芳贈以奶粉，略充飢腸，但亦只能濟一時之急，大陸春間動有「勸君莫打三春鳥，子在巢中望母歸」之招帖，以人情體察動物，可謂溫暖之至，以今日之事兩相對照，芸芸眾生，皆上天所呵護，人為其靈，宜有不忍之心也。

11月4日　星期日　晴

師友

上午，到泰順街訪楊綿仲氏，因楊氏月前到立法院為專門委員，旋又辭去，乃往致意，在楊寓遇廖國庥兄，據云其農林公司有吉普車一部開往觀音山參加陳果夫先生安厝典禮，乃相約同往，下午渠來相接，乃同車而往，典禮於三時舉行，參與者二百餘人，首由寺內移靈至厝地，其行列係軍樂隊前導，賓客魚貫隨行，孝子引靈，柩即在後，家屬殿後護靈，柩到厝地即入穴，家祭後，全體三鞠躬禮，禮成散去，歸後到立法院訪魏壽永、林鳴九兄，並同韓兆岐兄往取其所贈余之麵粉一袋攜歸。訪楊天毅兄，慰問其房屋糾紛被迫事，不遇。張景文夫婦來訪。

11月5日　星期一　晴

瑣記

住房外竹籬損毀日甚，在房屋主權未移轉以前，全部換新，尚非其時，乃仍以修補暫維現狀，日昨德芳向同巷新建屋者賤買到竹板一托，下午乃共同開始修理，首由西間屋外破壞最甚處做起，全換新竹，並加橫條用鐵絲箍起，自顧甚為滿意，簡單勞力，自己為之，亦有樂趣也。

業務

晚，黃海水產公司董事張雲泰君來訪，查詢去年查帳案內該公司所還平安漁輪局綆網價款四十一兩五錢黃金內容情形，余將底稿詳查向其說明，並面交致該公司董事會請將委查之去年六至十月帳冊交來，以便著手，此事在該公司無政府狀態中恐仍須拖延也。

師友

晚，黨部小組長劉燦霞君來訪，因昨日區長選舉，黨員投票不甚踴躍，正在發動複選時有以改善，決定七日召開小組會，研討辦法，昨日選舉提名候選人郭先琴雖得最多之票數，但因未超過半數，故須下星期日複選，次多數者為一勁敵，故須在助選活動上強力進行。

11月6日　星期二　晴

師友

下午，訪楊天毅兄，據云本市第七倉庫利用合作社大股東于兆龍因該社業務無起色，本欲頂讓，但條件未盡相合，商之楊兄，楊兄極力主張自行整頓，並謂不妨延余主持其事，于君意為之動，約今晚相晤，余因對于君素昧平生，對該社情形亦屬茫然，故謂不能表示意見，乃往訪隋玠夫兄於合作金庫，有所查詢，據云此社信用欠佳，借款屢屢不還，又該社倉單亦不被合庫接受作為放款押品云云，晚再訪楊兄並同訪于兆龍君，該社理事主席李君與經理魏君亦在座，于君道其接辦此社之緣起，及在不增資原則下希望振刷業務，其唯一目的在維持同人之生活，云云，余謂此事須待余將此社主觀條件客觀條件加以研討，藉知有無作法後，始能答復其是否接受云。

11 月 7 日　星期三　微雨

師友

上午，到第七倉庫利用合作社查詢經營情形，計閱該社章程及日計表，已悉過去業務完全未越法令，但衰微不振，只夠應付最低之開支，但尚有改善餘地，其方法在如何經營變相之信用業務，以增收益，並擴充代售印花保險及倉庫受寄業務，惟尚吃力耳，午飯與該社人員在東來順吃飯，余表示須俟客觀條件研究後始悉可否擔當此任。下午訪內政部合作科長李錫勤君探詢倉庫利用社之所營信用業務、法令限制問題甚詳，其所解釋均甚詳明，惜無印好資料可用也。

業務

下午，到第四建築信用合作社應孫伯棠君約，談山東物資會帳目問題，據云法院迄無宣判朕兆，昨又接汪流航會計師函謂法院指定其查帳，希望先行晤談，詢余有何意見，余謂不妨會計人員往洽，答復其詢問，余必要時可供其諮詢，但須向余訪問，此舉可節省其時間也云。

集會

晚，舉行黨部小組會議，討論本星期日古亭區複選區長如何支持黨方提名候選人郭先琴之技術問題，決定每人爭取選票十人，並於當日敦促其務勿棄權云。

11 月 8 日 星期四 晴

師友

下午，到合作事業管理處訪第三課沈宗澤課長，探詢倉庫利用合作社之業務問題，其所解釋各點與日昨內政部李錫勳科長所談不同，據云合作社（倉庫利用）成立原意均為兼營信用業務，後因金融管制關係造成專營狀態，但以自有資金作抵押放款，並不禁止，又所謂介紹放款係指社員之間，詳細規定曾請內政部指示，未奉復文，現在曾口頭通知各社對於介紹放款不能按百分比收取手續費，此外尚無具體限制，至於以前對各社根據檢討各點所發之通令，亦是無辦法中之辦法，言下似有無何重要之意，談竟訪楊天毅兄，請其轉達七倉社余允短期予以照應云。

11 月 9 日 星期五 晴

師友

下午，到台灣大學訪蘇景泉兄，閒談，又訪主計主任黃德馨同學，不遇。到第七倉庫利用合作社與李理事主席、魏經理談余對該社發展認為有其可能，余允應于兆龍氏之約到該社幫忙，但方式將採義務照料二、三月，再作次一步驟，望與于氏通信商洽，二人主予擔任總經理，余不置可否，臨行約定下星期到該社開始核閱以前章則文卷等以明瞭現況。晚楊天毅兄來訪，談其住房糾紛事，余告以今訪台大黃德馨同學不遇，該校動態將再往探聽以作參考。

11月10日　星期六　雨

師友

晚，逄化文、楊天毅兩兄先後來訪，所談皆楊兄房屋糾紛事，據云台灣大學所以堅決與楊兄爭其住房，係因分配與黃德馨住用，余將再訪黃君談彼方情形，又台大有一誤解，認為楊兄頂用其房屋係與前住戶該校職員勾結霸占，根本未出頂費，事實並不如此，渠確出頂費，且與公產管理處過戶訂約，余意最重要者為台大強制執行所派住之人應使其成為象徵的，只須人能移出，其餘自好商量，其方式以由公產管理處以行政方式出面調解最妥云。

11月11日　星期日　雨

選舉

上午，到南昌路為古亭區區長投票，此為複選，以初選得票數較多之前兩名候選人為候選人，即郭先琴與楊建澄，余投郭之票，事先並將郭名片散向鄰右十餘張請亦照投。

師友

上午，到溫州街訪張中寧兄，不遇。下午，在逄化文兄寓所集議協助楊天毅兄解決其住屋糾紛問題之方式，余提出最切要問題為設法使以強制執行而來之台灣大學校警能為事實上之撤退，則其餘問題自可從長解決，其方式為請託若干有教育界地位之人士代表與台大校長接洽，請其只為象徵的占據，將所派之人由該房退出，蓋此項糾紛台大固有其理由，楊兄亦實為無辜，真正從中取巧者之台大前職員及公產管理處，重複出租，乃真正負責者，何得侵入民宅，為此種一般不直之行為，同時楊兄已控告公產管理處不得撤銷租約，而當時未具狀呈明請延緩台大之訴訟，致前者尚未審理而後者則先判決，此點應與精通律師研究有無補救辦法，以降低台灣大學所勝之訴之效力，則調解自易於就範矣，對此意見皆認為切實，將分頭進行，討論至五時餘始散。

11月12日　星期一　雨

師友

上午，張中寧兄來訪，詢昨日余往訪係為何事，並託余兌換現金，又探詢當前運用款項維持生活之最佳方法，閒談其對子女家庭教育之方法，完全以嚴威強使就範，雖不甚合於新的教育原理，而於子女讀書及做人均有十分顯著之督促作用，值得參考也。下午，第七倉庫利用合作社李理事主席來訪，係相識後之初次拜會，閒談該社現有人事情形。

瑣記

數日來修理竹籬，加橫竹板三道以防傾圮，今日已將正面工作完成，短期內可無憂也。

11月13日　星期二　陰

師友

上午，訪張中寧兄，同往台灣大學訪黃德馨兄，請相機影響該校當局對楊天毅兄房屋事勿為已甚，並研究有無兩全其美之方式，雖未獲結論，但此事真相可以間接傳達於該校主事者。下午，訪楊天毅兄，告以上午談話經過，及黃兄所談最初該校誤渠為串通霸占房屋之內情。

業務

第四建築信用合作社因十月份虧損情形不明，且有負責人互訐之情形，延余查核下半年四個月之帳目，下午在該社商討進行方式，決定後日開始，在該社辦理，不用書面報告。

11 月 14 日　星期三　晴

瑣記

半月前向台灣銀行申請國外普通匯款，亦即贍家匯款，前日報載該行公告號碼已經核准，昨日往匯，知申請書每次均須填寫與申請卡片相同之內容且蓋用印信，乃於當日分頭到國民大會秘書處及會計師公會分別用印，昨日在該行見匯款人行列極長，今日乃提早前往，在門前等候半小時始到營業時間，門啟各客戶一擁而進，立成行列，數在半百，余幸在二十號以前，待四十分鐘即辦竣，聞之辦事人員云，款到尚須一兩星期，是由開端至款到非匝月莫辦，以留難方式限制外匯供給，徒給公眾以惡劣印象，殊不取也，且使一般廢業耗時，損失莫大焉。

師友

上午，到財政部訪馬兆奎兄，探詢海關對香港寄來郵包之管制辦法，據云雖仍限每件廿五美元，但貨品範圍極狹，能通過者甚少，如有此等事項，最好先向郵局關員詢明再寄云。到廖毅宏兄處訪詢香港帶物品來台以何者為有利而海關限制較寬，渠所知不多，會鄭錫華君在該處，渠數日前始由港回台，所知甚詳，經詳談，並函姜慧光。

業務

下午，到第七倉庫利用合作社繼續查閱其有關文卷、合契、章則等，尚未完畢。

11月15日　星期四　晴

業務

下午，出席會計師公會理監事聯席會，主要為投票產生會計補習學校董事，所接各會員簽署提名書足三人提名者為十四人，董事名額為十一至十五人，經即決定照十五人定額，不設後補，為求形式整齊，仍以投票方式為之，十四人以外之一人為有兩人提名者，經得其他一人提名者之同意，移充此人以足三人提名之數，於是湊成十五人，另推出吳崇泉為召集人，此外又通過業務規程一件，文字甚多，為林有壬會計師之稿，又提出將送會員大會之業務報告交監事會審查。

11月16日　星期五　晴

業務

下午，到第七倉庫利用合作社繼續調閱文卷，計詳閱其代售印花被撤銷後一再聲請未予恢復之經過情形，又閱其歷次社務會議記錄及理監事會議記錄，除在改組前劉效有任期內籌備階段尚有較詳之記載外，此後直等於無事可議，近半年來則更連形式亦無矣。

師友

晚，蘇景泉兄來訪，閒談其所服務之台灣大學內一般情形，又談及政校同學，聞將全體於明年內分期調陽明山受訓，其本人因大學服務關係，希望在明春奉調云。

11月17日　星期六　雨

業務

下午，續到第七倉庫利用合作社檢討過去情形，今日注重於會計方面，與主辦之高君談一般處理程序，現在方式為由李理事主席經營現金，凡收入倉租及售出印花之現金收入均逐日交其保管，開支則向其支領，每十日結帳一次，由傳票而日計帳而總傳票，而總帳、補助帳，月底並照官廳所定格式造報資產負債表與損益表，余見其內容均簡單異常，再詢以前辦理介紹借款與抵押放款時之處理方式，知官廳並未干涉，但有一公文說明作帳方式，含混不可十分理解，故如何經營尚須在夾縫中變通處理，必要時且須在公事上取得根據，始稱穩當，此外並略研究營業稅與所得稅之免納問題，因社內對於向外參加開會聯合請求之人員亦淺嘗而止，同時本身業務清淡，向無純益，亦即無所得，故所談多不得要領。

11 月 18 日　星期日　陰

師友

下午，劉道元兄來訪，渠現為行政院設計委員駐會辦公者，家居台中，每兩月回家三次，所談為在美所見，據云美國財政控制稅收之法亦利用機器，凡貨品出售須經過一種特製之計數器，逐日累計，每次交易根據數目向顧客收取 Sales Tax，稅率為累進的，但亦甚少化整為散，因一般均珍惜時間，不願將一次購買分為若干次也，此項稅收之性質為一種類似中國之印花稅，惟印花稅形式上歸售者負擔耳，談竟留晚飯不果，即行辭去。

11 月 19 日　星期一　晴

業務

下午，到會計師公會出席補習學校董事會，總數十五人，出席及代表者十一人，首先討論以前公會理事會所擬之學校董事會章程與學校組織規程，大體上均照原文通過，僅略有修正，例如董事人數原文為自十一人至十五人，茲已確定為十五人，此外即討論校名，此為若干次理事會所未能解決，余主張開門見山，如教育行政機關並未明白限制校名為兩個字，即不妨定為會計師公會會計職業補習學校，但另一董事章長卿認為仍嫌不妥累重，提出採用「中華」二字，甚為重大，獲得通過，最後為票選常務董事五人，結果以吳崇泉、余、廖兆駿、章長卿及鄒馨棣當選，此項選舉事先余未參加任何商談，故投票幾屬盲目，結果吳崇泉兄與余之票最多，幾有集中之趨勢，亦可注意也。

11月20日　星期二　晴

業務

下午，到廖兆駿會計師事務所參加會計師公會補習學校常務董事談話，因昨日全體董事會曾通過聘朱國璋會計師為校長，今日決定五常務董事同往朱會計師處表示誠意，結果朱君初堅辭不就，經一再商討，又允再限一日考慮，其本意似在兩可之間也。又商談下月召集會員大會之準備事項，預擬有一理監事擴充名額後之名單，理事十五人、監事五人，但比月前在程烈會計師事務所初次所談者略有不同，除多者有朱揆元、虞舜，增加者徐光前、王培基、劉階平等，余主張開會時擴充名額之提議可以為十七人，則兼收而並蓄矣，尚無定論，又同訪富伯平會計師，渠意開會時修改章程則可，同時舉辦選舉則不可，因章程須報備案後施行，在法理上不能當天發生效力，目前律師公會正有此糾紛而不能解決，設開會時反對方面主張立即選舉，縱我方有把握亦必反對，因此等份子翻雲覆雨，在會場雖可主張如此，設競選失敗又可主張如彼也。

師友

下午訪楊天毅兄於博愛路，談其溫州街房屋糾紛事最近之發展情形。

11月21日　星期三　晴

師友

上午，吳先培兄來訪，談正籌設貿易公司，並洽購染織工廠中，言下頗有得色，余未問其詳細情形。下午，訪楊孝先氏，託為楊天毅兄對於台灣大學房屋糾紛事代向台大訓導長傅啟學說明其為人，以免誤會，爭取好感，繼又閒談，凡三、四小時，楊氏興致不衰，其見解頗多由於經驗中得來者，亦有獨到之處，例如對任何人不可趾高氣昂，對勞動不可存鄙視之見，對所處環境與時代應隨時隨地有所體認而修正自己之生活態度與處世方法，皆有特見。

11月22日　星期四　晴

業務

上午，訪馬兆奎兄，請備片介紹財政廳第一科黃科長接洽第七倉庫利用合作社恢復代售印花事，即往與黃及其主管股長陳君洽談，余先告以今春暫行撤銷代售印花之原因已不存在，在三月改組後根本非無人負責，亦非業務停頓，此有各合作行政及合作業務機關之肯轉函財政廳請准恢復一事可以證明，九月間曾因歷次遭駁又直接呈請財廳請查明恢復，至今未蒙批復，可否請據此文予以重新考慮，陳君堅謂並未有滯壓來文之事，該呈文無法可查，但既聞余所談各節，自可予以補救，其方式請由合作事業管理處、合作金庫、市政府合作科分別轉函申請，該函件等可由第七倉庫合作社彙送該廳，以免漏失，余認為太過瑣細，可否仍查舊案重新核定，彼云不便，余亦即不再言其他，歸告七倉社分頭照辦，其實何須如許機關核轉，只須有三機關中之一應即作為業務並未停頓之根據，如此科員政治尚復何言？

公益

上午，到中山北路出席山東漁農基金會，討論山東前物資會向本會借款洽購北投房產事，決定准以房為抵押品息借，有主張取得其使用權者，但事實困難，亦無人可往住，乃罷，今日之會未足法定人數，須再覓來出席之委員補行簽名，始能有效，此會因遭訟累，舊有委員或取對立立場或望而卻步，恐此後足法定人數之可能不大矣，午飯後始散去。

師友

晚，鄒馨棣會計師來訪，閒談近來應付會員大會改選一案之發展與作法，咸認為當前應儘速拉攏外部會員之代理出席權，同時亦拉攏在此之無所屬之會員云。

體質

晨二時許牙痛甚劇，不能入寐，起坐閱讀排遣，兩小時後始獲稍愈，重複入睡，余齒本弱，昨、今兩日益覺不濟，飲食受制日甚，加以頭髮斑白者多，真覺衰老之逼人也。

11月23日　星期五　晴

師友

上午，吳崇泉兄來訪，據告定今晚在周傳聖兄寓所約集十數友人談會計師公會選舉問題，乃如時前往，參加者有吳崇泉、廖兆駿、富伯平、周傳聖、朱揆元、鄒馨棣、程烈、林有壬諸君，首先研議會員大會開會時如修改章程理監事人數變更是否可以同時改選問題，據云請社會處解釋認為可以當時選舉，且有書面答覆，明日可到，復查會計師法及本公會章程之所定，亦只須章程須呈主管官署備案，並無等候核准之字樣，與此次發生糾紛之律師公會不同，因律師法明白規定須司法行政部先將章程核准始為有效也，次討論選舉之對策，先將擬產生之十五理事、五監事共廿人名單作最後推敲，其中有邱朗光、涂芳輝二人可能各方濫事拉攏，經推人勸告，又富伯平所主張加入劉階平及反對爭取虞舜二點（富早退）經一再考慮擬不予採納，推人向富說明，俟此名單最後成議，即仍集茶會，互守信約，並分頭覓集同路人至少亦同數，則選票占全體之半數，必可操勝算也，為免同路人不能同時投廿票，將先盡量爭取外埠會員之代表委託書，大會大約在半月後舉行，在此期間應經常聯繫，並密切注意此廿人中有無動搖之滑頭份子，隨時對付。

11月24日　星期六　陰雨

集會

晚，舉行黨部小組會議，區黨部常委孫德裕報告區長競選勝利之經過與檢討，認為以黨員之全力始獲將地方惡勢力戰勝，如在黨務上不十分注意本有基礎之確立，將來仍甚危險，討論提案時，孫君提出建議改善下屬組織，主張以黨員籍貫劃分小組，集中研究反攻大陸，余認為不妨保留原有組織，同時另成一系統而造成雙軌制，此點實為前所未有，且不失為一創見，值得研究，討論完畢後即漫談羅斯福路二段新市場之戶口問題與用電問題等，散會。

師友

下午，訪楊天毅兄代楊孝先氏索還其一部分存款，本息六百六十元，即到紹興南街為楊氏送往，不遇，留字託同住者告以楊兄存款事已代辦妥，容改日再為送來云。

11月25日　星期日　陰雨

師友

上午，楊天毅、于仲崑兩兄來訪，閒談，移時隋玠夫兄亦來訪，旋即同辭去，下午余過訪于仲崑兄於雲和街，取回其上午取去之雨傘。下午，舉行校友茶話會於內政部，由石鍾琇兄報告此次內政部破獲匪諜案之經過，及其中政校同學人數特多之內容，並由賴興儒兄補充報告此案以外在台潛伏匪諜之一般情形，及肅奸工作如辦理自首之成果，甚為詳盡，再次由林炳康同學報告立法院請行政院長陳誠作施政報告之情形，及雙方因預算案及各該本身支給經費而有暗中討價之姿態，實為行憲中之不光明面，最後由馬星野同學報告韓戰和談與聯合國大會在巴黎舉行之一般動態與美國大選前夕之政情等，此外復談革命實踐研究院望於明年上半年分三期調集政校同學與中訓團高級班入院研究之進行情形，並交換意見。晚，王慕堂兄來訪，閒談。楊孝先氏下午來訪，余未遇，取去昨日代為取回之存款。

11 月 26 日　星期一　晴

業務

下午，到第七倉庫利用合作社辦公，向各有關機關進行恢復代售印花之公文業已辦妥，其中致市政府合作科者，今晨已由魏經理送往，致合作金庫者將由余前往接洽。

師友

下午，訪張景文兄於經濟部，探詢此次經濟部登報公告徵集參加聯合國經濟開發獎學金與研究補助金候選人之內容情形，經即轉向主辦其事之張參事處詢問，將其未普遍分發之資料加以閱覽並詢問其問題，已大致瞭解其內容，似處於被動而希望不大云。

11 月 27 日　星期二　晴

師友

下午，訪隋玠夫兄於台灣省合作金庫，據告頃間楊孝先氏與吳先培兄來詢余在否，並在三葉茶室等候晤面，余即前往，據楊氏云，所寄住之傅啟學家感覺若干不便，決定遷出，前數日曾託楊綿仲氏向鐵路局洽詢可否住用其招待所，尚未接回音，如詢明有困難，即須另行租居，刻在水源路接洽木屋一幢，須代價六千餘元，頗不上算，余亦勸其不必，經即告以半月前有友人介紹一房，未知已否出租，容洽詢即知，明日諒可回話，余即於晚間詢張益瑤兄其以前所談延慶符之房屋已否出租，據云似未出租，明日當往詢問，並問其條件是否與以前所談相同云。

業務

下午，到合作金庫由隋玠夫兄介紹訪營業部呂、劉兩副理，為第七倉庫利用合作社接洽恢復代售印花事，當將事先所備公文面交，請轉財政廳表示該廳所據以撤銷代售之理由及業務停頓無人負責一節係過去之事，與現況不符，該庫公文請交本社自行攜往交涉云。晚，會計師二十人在立法委員黨部樓上集議應付下月舉行之會員大會事，要點在掌握理監事選舉，預定選理事十五人、監事五人，此名單已於會中決定，計理事為吳崇泉、周傳聖、宣維驥、程烈、鄒馨棣、劉友琛、金紹賢、徐光前、林有壬、廖兆駿、涂芳輝、邱朗光、季貽謀、劉階平及余，監事為姬奠川、富靜岩、成蓬一、王熙宗、朱國璋等，旋即依照會員名單每人認定活動選票之對象，每人至少一人，結果共得廿九人，如能均得全票，則每人可得四十九票，佔全體會員八十人之半數以上，採用記名連記投票法，決可全勝，余認于治堂、陳長興兩兄之票，日內即行進行聯繫，今日開會尚有極不愉快插曲，即所約有虞舜而未到，無劉階平而劉到，劉之被擯，係因去年選舉自行發動名單，以致有集團內而未當選者，故反對其加入，但渠以不速之客之姿態參加，於是乃取虞而代之，虞之參加聲言須保留一票投反對方面，引起在座者之不快，遂致放棄，劉兄對其被擯十分氣憤，曾來訪余兩次不遇，訪周傳聖兄大發牢騷，但絕不知反省，渠甚至以為余亦反對其參加，余對此事決無意見，今日余明告以對此事未表示若何意見，僅將其上次背信之原因略作善意解釋而已，但渠似仍有未愜，此人到處樹敵，亦可哂也。今日為選舉事曾有個人接觸，計午間周傳聖兄來談劉階平問題，晚間鄒馨棣來談其未能參加之原因及探詢研究之結果，對此事表示十分熱中而多顧慮。

11月28日　星期三　晴

業務

上午，山東輔導漁農基金保管處委員會孫伯棠、宋延平來訪，轉來地方法院傳票，定後日往作證人，即交來說明等件交余參考，余閱後於下午退回，並約於明日下午再往查核其帳冊內容，因去年之帳雖係於指導整理，事過境遷，印象又已模糊也。孫伯棠君語余，有傳第七倉庫利用合作社由余頂受者，余告以實情，傳說之與事實有距離，往往如此。

師友

晚，張益瑤兄來告，延慶符之房屋出租於楊孝先氏已洽妥，明晚可以往看，並面洽一切。晚，蘇景泉兄來訪，閒談。下午，隋玠夫兄來訪，仍約定於明晚偕訪市府合作科長。

11月29日　星期四　晴

師友

上午，訪劉階平兄，解釋因若干日來事忙對會計師公會集體競選事未能隨時將情形相告之苦衷，因渠曾兩度來訪始終未能晤面也，談話凡兩小時餘，皆渠之牢騷，渠以為去年與富伯平、周傳聖、吳崇泉、林有壬六人之道義結合不可終止，此次因少數人之反對致彼未能參加，深為憤懣，並主張六人有共同交換意見之必要，余表示可行，由彼設法召集，余所表明者為余之參加競選係屬被動，故名單增損，完全不知，余非熱中於此者，故去年當選始而未做活動，終以臨時結合而獲選，此次仍係此種態度，得失無所關懷，言外之意即去年渠作活動時並未謀之於余，則今年活動余亦無謀之於彼之必要，況余尚屬被動，自然更不能以核心分子到處奔走拉攏為事也云。午，楊孝先氏來訪，留中飯，並約定晚間同往看擬租之屋，至時余到紹興南街約同到永康街延慶符寓看房，延擬出租者為兩小間各四疊半，因與其自屋之室無法合理隔開，故恐不能有成。晚，隋玠夫兄來第七倉庫利用合作社過訪，謂昨約今晚訪市政府合作科長黃南陽，渠已與其晤及，黃因事今日不能踐約，謂改日隨時可談云，余在社等候至兩小時始知，只得等候改日再往，隋兄又談其在合作金庫籌劃業務，利用鄉鎮農會該庫代理處代收稅款以厚集頭寸之原委，具見肯用心於此，但仍應進一步將發放經費一併代理為佳。

業務

下午到第四建築信用合作社訪山東輔導漁農基金會會計馬德夫兄，向其查詢去年帳內立達所借棉紗十七件與友聯記卅件之若干問題，以備明日出庭作證之參考。

11月30日　星期五　雨

業務

下午，到第七倉庫利用合作社，理事主席李正忱謂該社實際所有人于兆龍由台中來北，正詢問余之地址將來訪問，余乃與于氏通電話，繼即往訪，渠首先對月來余對該社之協助表示感謝，但如長此不在其位，似非名實相副之道，在社員大會未召集以前，希望以理事會聘余為總經理，余初不肯，繼亦知無法再辭，故即應允，晚間並約在于寓晚飯。下午到長安東路訪吳崇泉兄，閒談公會競選事，據云廿七日所定名單本不應再有問題，但程烈堅決反對劉階平為理事候選人，商諸廖兆駿亦無異議，乃又以程所推薦之朱揆元取劉而代，但又深慮以何項方式通知全體始為相宜，又覺躊躇，余以為團體本不要劉參加，而其中又有人通知其參加，反對者亦是此等人，因彼等之隨便，造成大家之矛盾，殊為不當，合理解決恐無途徑也。

公益

上午，到地方法院刑庭為山東漁農基金會孫伯棠、宋延平被控侵占案作證，證人六、七人皆此會之委員，余因曾查過帳目，故所問較詳，均照實情答覆，最後問原告曲翰丞所控侵占到底有無證據，曲答非所問，律師周旋冠發言後即宣告辯結，曲不免失敗矣。

12月1日　星期六　微雨

師友

上午，鄒馨棣會計師來訪，閒談會計師公會之競選事，余告以昨日吳崇泉兄所談程烈與劉階平不能兩立事及劉階平前日所發之牢騷，認為此一插曲恐將招致不易預料之變化，而此項變化尚非一、二日內可以明朗，必待大會前夕始可定局，故此次之競選比去年者複雜而劇烈，鄒君主張除集體之活動外，尚應作單獨之訪問，余亦同意其見解，經決定分為兩部分進行，一為廿競選換票者間及其所吸引之外圍分子，對此部分，前者晤面機會甚多，後者則須查明地址，能拜訪者即分別拜訪，因此中共有廿九人，雖原則上全部換票，登門後可祛其疑慮也，第二部分為四十九人以外之將近四十人，除反對派而外，對於中立分子應作個人之訪問與爭取，此事日內即當準備進行，談竟即將名單略作分析。

感想

數日前經濟部公布聯合國甄選經濟開發獎學金與研究補助金辦法，後者為四十五歲以下學習此科而服務五年以上者，余之資歷全合，其申請書則除填列事項外，尤須有考核意見，則希望即微，因官官相護，必將捷足者先登，又須五百字之計畫作文，自問荒疏，且無見解，忍痛放棄矣。

12月2日　星期日　晴

師友

上午，李德民君來訪，談改任台灣造船公司職務後之待遇情形，適余昨接姜慧光表妹由香港來信，謂定於十二月五日由港乘永生輪來台，預料七日到基隆，適為余必須出席會計師公會會員大會之日，至多只能於上午到碼頭一行，不待手續完畢即須回台北，乃託李君於是日就近在基隆碼頭迎接，一面囑七弟瑤祥屆期亦往，同車回台北。上午，于兆龍副司令官來訪，具道其所營第七倉庫利用合作社現在負責人李正忱等之來歷與原委，表示不過以事相託，並無特殊關係，並望余能放手做去云。下午，同德芳到新生南路三段訪問李公藩兄之新居，值不在，其戚趙君在，新屋正在整理庭院中，尚幽雅。

業務

晚，在周傳聖兄寓商談本屆會計師公會會員大會之理監事競選問題，到者尚有吳崇泉、廖兆駿、季貽謀與鄒馨棣等，商談問題有：一、劉階平兄因受程烈兄之反對不能加入名單，應如何解決，決定將改列為監察人，先商得程之同意後與劉接洽，設渠不願，即行直告合作困難，二、程烈雖參加競選集團，但仍作其他活動，萬一屆時動搖，此廿人集團可能減為十五人，此十五人中更如有見風轉舵者，將成為致命之傷，決定為免此集團破裂，縱使委曲求全，亦無不可，但積極工作在團結此十五人，則程決不肯失此多數之票，三、廿人集團定後日再作一度晤面，互堅信約，四、大會前夕競選人共同邀約所活動之合作會員宴會，以示聯絡，並免有若干不相識者之無晤面機會，五、防免大會有提議改行單記法選舉者，因吾人控制會員為大多數，用連記法可以控制全局，如用單記法則少數派亦可爭得若干席。

12月3日　星期一　晴

業務

下午，訪吳崇泉兄，抄出前數日競選公會理事團體之各競選人選票名單，以備擇其重要者分別拜訪。下午，參加第七倉庫利用合作社理事會，由理事主席李正忱提出為振刷業務，聘余為總經理，但合作事業管理處指導員林君認為應為經理，將現任經理改為副理，會後聚餐，余在會場曾表示須請各理監事慎重考慮，結果仍一致無異議通過，並曾談及增召社員與新舊社股間之估價問題，因較為複雜，未作結論，至李君所作之業務報告，則模糊抽象，實無可取之處焉。

12月4日　星期二　晴

業務

下午，出席會計師公會理監事聯席會議，討論有關本月七日會員大會應準備事項，並應由理監事會提出之議案，此項議案決定為三件，一為業務公費標準，二為會員服務規約，三為修正會章之不適用之條文，此外並討論會員出席之審查，決定須核對照片，委託書應憑預送之印鑑。晚，在公會舉行競選談話會，決定事項為候選名單作最後之核定，只保留監事一人為劉階平抑毛松年，將於明日徵求程烈意見，如不反對即以劉為之，如反對或劉不肯接收，即另以毛松年為之，毛方可增出四票，又決定後晚集體請客，主方為競選之二十人，客為各人所拉之選舉人，各擇相熟者以一人或數人發出請柬，此外又推定廖兆駿、周傳聖二人明日計算選票之確數，舉凡只能拉到一部分之票亦加以分配，以免盲目投票，或有不如預期者云。

師友

上午，韓兆岐兄來訪，送立法院院會旁聽證，因今日質詢行政院長陳誠，當有可觀云。上午，于治堂兄來訪，託為代表出席七日之會計師會員大會。晚，趙榮瑞君來訪，談在榮華行擔任出納所遭遇之困難。

12月5日　星期三　晴

業務

上午，鄒會計師馨棣來訪，約於下午到各處探訪同業，請支持選舉，下午來告，林有壬會計師主張對於昨日所決定之請客辦法避免招搖，但席已定，未知其他各會計師何意，須亟往探詢，乃同往訪廖兆駿會計師，不遇，以電話詢吳崇泉兄，據云已洽妥，不備酒類即可，但究何原因，則均不知。下午同鄒會計師拜候同業，計先後前往者張國幹（不遇）、汪流航、夏成洛（二人亦不遇）、涂芳輝、朱國璋、程寶嘉（不遇）、陳寶麟等處。下午，應約到程烈會計師事務所商談選舉，到者有余與吳崇泉、周傳聖二兄，程表示對余等幫忙，但未能申明其保證對換票廿人一律投票。晚，廖兆駿、鄒馨棣二會計師來訪，廖君謂昨約請客事之請柬至今未有發出，未能詢明何故，又談風聞程烈有參加其他團體競選之說，雖未能證實，但頗以為慮，決定明日上午再約集數人商討具體辦法以謀防範補救或挽救。

師友

上午，于治堂兄來訪，據談本對此次會計師公會選舉無競選之意，但又覺如有機會不妨嘗試，余答容聯繫後告知，下午到永大旅社答訪，告以情形複雜，且參加已晚，已不可能云。

12月6日　星期四　晴

業務

上午，到廖兆駿會計師事務所談競選陣容分化問題，同談者有吳崇泉兄，廖對程烈之背棄團體行動認為絕非揣想之辭，且已自行在外交換選票，渠背棄團體之行為亦已顯著，且表示不願與程再行晤面，決裂之勢已成。中午與吳兄及周傳聖、鄒馨棣兩會計師在第七倉庫利用合作社商議對策，決定再聯繫富伯平會計師共成十三票，與程集團及廖集團及涂芳輝集團分別交換，此法可免因集體競選之解體而全盤失敗，談妥後即共同往訪富伯平，渠謂明日大會中心問題即選舉法之能否通過修改為單記法，但如掌握會員多數表決權，即無法通過，則集體競選仍操勝算，渠負責與程烈接洽合作到底，余等負責與廖集團接洽合作到底，並由周兄與涂芳輝集團接洽合作到底，談竟即分別進行，並順路對俞兆年、袁鐘琪、黃霂徐三會計師作普通訪問，又會同訪廖兆駿表示無論程方如何，決計與廖合作到底，渠亦表示絕無問題，晚飯在蓮園會同招待支持投票之同業會員，到主客約三十人，主方來到者有八人，主要者為程烈集團，據吳崇泉兄云傍晚曾晤及程烈，程一反其過去所作之諾言，謂已與王庸、虞舜等聯繫，認為分子應求普遍，其方式為修改章程改連記為單記法，如不能在大會通過，或不能決定，即呈請政府解釋，緩辦選舉，此項形式既成，全局已非，故晚宴未能商談具體問題，飯後到會各主人商談對象，決定剔除程、方之票，重新計算票得三十八票，設會場空氣贊成選舉者多，亦無大妨礙，反之，若均不主張選舉亦無關係，因今日公會理事吾人本占多數也，又今日途遇反對方面之王庸會計師，亦謂與程烈有聯繫，均不主張清一色，主改選舉法，並將運用黨部力量以與友黨份子亦即廖兆駿對抗，其所談為彼方計畫，與程告吳者相同，則此事之確有醞釀，諒無問題，所可異者，此次急於召開會員大會，乃王庸等之主張，渠於選舉初無力量，不知何以如此孟浪也。

12 月 7 日　星期五　雨

家事

姑丈、姑母及表妹慧光今晨應抵基隆，余於十時到基，知所乘永生輪尚未到岸，於是與先到之李德民君及七弟瑤祥在第二號碼頭樓上等候，李君並託友人港務局陳君照料一切，十一時餘船靠岸，已遙見在船上，旋即下船，但因海關檢查手續甚繁，余下午須回台北，故於十二時半離基回台北，至六時回寓，見已安全到達，海關方面雖有補稅物品，但大體上尚稱十分順利焉。

業務

下午到社會服務處參加省會計師公會會員大會，出席者連委託書共七十餘人，可謂極一時之盛，開會前吳崇泉兄語余，今晨廖兆駿相告彼之集團決定另有名單，當面宣告背信，於是加以前日程烈集團之表示分歧，此競選最大集團已正式壽終，余等之對策為使今日之選舉不能舉行，但能否獲得多數同意，尚無把握，亦只好聽之，開會間程烈集團與王庸等提出改用單記名投票，王培基等主張不必改選亦不必增加理監事名額，此事出於意料之外，爭辯甚久，提出表決，贊成修改章程者雖略多於反對方面，因未照章滿足三分之二之人數而遭否決，但提出另設一小組研究此次章程修改問題，其人選為會員大會提四人，理監事推三人，此外即討論事務方面案件數件，五時半散會，今日使選舉作罷之原因為除廖兆駿集團尚躍躍欲試外，其餘均無把握，加以不競選者為各方所控，不勝其煩，亦覺不必庸人自擾，可見人心履亂，又今日等於舉行一大測驗，人格風度均被燭照無遺，除余等四、五人外，其餘幾無一競選者不宣告破產，而知識份子之醜態亦暴露無餘也。

12月8日　星期六　晴

家事

上午，陪同姜岳東姑丈到連雲街訪同鄉王裕堂君，王君為此間長老會之基督教中人。

業務

下午，到第七倉庫利用合作社照料業務，據云社自合作金庫奉令停止委託代售印花後，數月來全係以現金自購，但百分之二· 五手續仍行照付，今日往照此項辦法購買，又不肯辦，此次本已請該庫轉文財廳准予恢復，該庫文尚未辦，反使固有狀態不能延續，殊為不解，余聞後亦為之大惑，容於後日到該庫探詢，又關於倉庫利用合作社之介紹借款業務究竟內容為何，政府機關解釋不詳，昨日接市府通知，轉奉省合作事業管理處公文，謂此項問題已經呈請內政部核示，在未奉指復前各社介紹放款業務應暫予停止云，此為倉庫合作社之唯一有益的隨附業務，一旦取消，皆將有不能自存之危，經與李理事主席商洽，先行探詢其他倉庫合作社動態與意見，再作步調一致之共同奮鬥，設不能達成目的，將來如何經營大成問題矣。

師友

下午，到溫州街訪張中寧兄，送往代購自港寄來之女內衫並贈以肥皂、牙刷等物，又與閒談表妹姜慧光之親事亟待解決，張兄夫婦頗有從中介紹其可靠未婚友人之意云。

12 月 9 日　星期日　晴

集會

晚，開黨員小組會議，討論社會調查工作辦理情形與檢討得失，費時兩小時，頗有具體意見。

師友

上午，張中寧兄夫婦來訪，係為探望姑母與表妹，余昨日往訪時曾提及請介紹表妹婚姻，張兄夫婦對此事頗有興趣，乃有今日前來拜訪之動機云。晚，楊天毅兄來訪，據云其溫州街房屋糾紛最高法院已受理再審，同時將向省政府提起訴願，又準備在高等法院奉令更審時將台灣大學所派假執行時之校警驅逐出屋，又訴願本已逾期，但與公產管理處商量，將以請該處撤銷台大租約為理由由該處駁回，時效無形恢復，省府即可受理云。下午，出席校友茶會，方青儒兄報告在草山三月來所見所聞，及由關係方面探詢如韓戰和談果成功後，中共可能攻台之時間與兵力及雙方準備情形，甚為詳盡，復由劉博崑兄報告立法院近來審查預算書所引致之風波，實際為對於陳誠院長所提預算草案內，將立委閉會期間之考察費五百元取消所起之反響，恐係以鬧劇始以喜劇終，雖曲折多端，其實全無道理，劉兄出語幾於句句幽默，引起在座同學之絕大興趣。

12月10日　星期一　晴

師友

上午，訪隋玠夫兄於合作金庫，將欲請其介紹市政府合作科長黃南陽，因知黃不在市府而罷。

業務

上午，到合作金庫營業部與劉副理及主管印花代售之林君洽詢第七倉庫合作社代售印花案已否將轉財政廳公文辦就，據云早已辦妥送該廳，又詢該社暫停代售期間本係以現款向該庫購售，照算手續費，數日前忽然不肯照給，係何原因，據云以前係向該庫福利社購買，現在該庫規定不得照給手續費，故有此舉云，但歸詢七倉社人員，據云恐係有其他隔閡云。

家事

下午，同姜姑丈到基隆台北關洽提前日抵港時所扣之行李物品，抵基時檢查部分人員因今日盛京輪到達，全未在辦公室，候至三時半始有人接洽，經將原估價要求核減後，即行提取。

交際

晚，代表第七倉庫利用合作社參加本市聯誼會所召集之公宴，旨在慶祝當選之臨時省議員，並歡迎日本商業代表團，共廿席，為況甚盛，並有歌唱與阿眉族歌舞節目，演說者有前合作金庫總經理劉明朝，用日語，甚可異，日本代表團用日語，譯為閩南語，亦可異，而台灣人對日本人猶不能盡祛其往昔諂媚態度，令人作嘔，省議員則初選，無何特徵。

12月11日　星期二　雨

家事

上午，同姑丈及慧光表妹到第四建築信用合作社訪山東輔導生產基金保管委員會孫主任委員伯棠，孫君昨日本約余今日同到北投察看該會新近押進之房屋，並浴溫泉，臨時因事作罷，今日為表妹談妥充任該會助理會計事，言定月薪二百八十元，本月份起支，今日晤面者又有該會總幹事宋延平與會計馬德夫，至將來是否每日辦公，因交通關係尚須再為詳細斟酌云。

師友

下午訪郝遇林兄，不遇，將由港代買雨衣交其閽者。下午，楊天毅兄到第七倉庫合作社來訪，謂有青島友人籌措醫藥費尚未積有成數，須先借二千元，將向第四建築信用合作社洽商，出面者為張曉古君，將請余或李宜生介紹，余謂以李君為妥，因該社頭寸甚緊，而李君有鉅額存款之故，其空白借據則由余向該社副理姜壽華君索到交楊兄轉張兄填用。于治堂兄連日來訪數次不遇，今日傍晚到永大旅社答訪，據云所用會計師顧問證書無法自印，余允將所存空白撥用，其時在座尚有劉麟坡兄，渠詢問黃海公司鄭旭東與張雲泰間興訟案情形，余將所知者略告，談竟余約于、劉兩兄及逄化文、楊天毅兩兄在餡餅粥便飯。

12月12日　星期三　雨

師友

晚，郝遇林兄來訪，係來道謝昨日送去代買之雨衣者，渠欲付價款，余遜謝，但終照付，其港幣折合新台幣比率較官價低而較黑市高，如數轉交姑丈，因該款係姑丈代墊者也。

集會

下午，參加中國合作事業協會召集之座談會，討論憲法規定國家應對合作事業獎勵扶助之如何實施問題，歷時三小時，發言者十餘人，有甚清楚扼要或具體而實際者，亦有空洞無物者，但由大體觀察，合作界人才之寥落實無庸諱言，又在此會中識黃南陽科長。

12月13日　星期四　晴

業務

上午到財政廳與一科三股股長陳葆蓉洽詢第七倉庫利用合作社代售印花之恢復問題，據云已根據合作金庫之公函准予試辦三個月，如在試辦期間無截留不解情事，自可續辦，云云，公文送廳長判行，未知已否判發，余知此為政府機關自願轉彎之方式，故認為交涉已經成功云。

師友

上午，訪孫伯棠主委，應昨約擬同赴新北投洗溫泉，不在，至下午一時始同往，其地為北投公園之內邊，環境幽美，房屋為前山東綏靖司令部用山東公款所頂進，現由山東物資保管處理委員會以自款並向漁農基金保管處理委員會押借一部款項，將該房向公產管理處購進，現在舊有借住人員正接洽遷移，以備該會遷入辦公者，浴後回至台北。晚，訪張中寧兄於溫州街，送交其上星期六託余代取支票款一千元，渠將請姑丈、姑母、表妹等吃飯，余堅決辭謝，但尚未允。上午訪張景文兄於經濟部，送去其託由香港代購物件四種。

交際

第七倉庫利用合作社監事趙君之封翁逝世，今日開弔，余今日上午前往極樂殯儀館致弔。晚，王裕堂君請吃飯，在座尚有姑丈及表妹，又同鄉王君，飯後王君作基督教宣傳，並談現在因社會動亂不定，布道收穫較前為豐，蓋利用人心苦悶而乘其虛也。

12 月 14 日　星期五　晴

業務

下午，到會計師公會出席補習學校常務董事會，主要事項為討論校長人選，因朱國璋會計師堅決不就，對此項人選之新考慮遂大費周章，有主由余擔任者，余亦不肯接受，最後決定於下週舉行全體董事會議，將提請就鄒馨棣、倪玉潔二人中選聘其一，因二人均曾辦理此等之學校也。下午，到第七倉庫合作社與李理事主席檢討業務，決定星期一下午開會商談，又前日會計高清林君告余倉庫又增用兩人，詢余是否知之，余答不知，今日詢李君，始知為于兆龍之家庭教師王君借住其中，並非添用新人，但倉庫住眷屬，亦自不妥也。

師友

上午，于治堂兄來訪，取去余移用之空白會計顧問證書五張，又閒談其來台北掛牌地址問題，余告第七倉庫合作社余尚未負完全責任，尚不便作此打算，目前似不妨在楊天毅兄處即博愛路六十號，地點甚為衝要。下午，徐庶幾君來訪，閒談其所聞趣事。

12 月 15 日　星期六　晴

業務

上午，到合作金庫訪隋玠夫兄，悉財政廳准第七倉庫合作社試辦代銷印花三個月一案，已經由庫轉至社方，但在試辦期間須現款購買，余知此係庫方之意，表示現款一節絕不可行，於是與經辦人林君交涉，謂現款購買對銷數為一天然限制，且試辦目的在觀察是否滯留稅款，現款方式又何從觀察，林君無辭以對，謂不妨由社方復文中申述此項理由並覓具保證，庫方可以變通云，此等事完全為辦事人對財廳公文曲解，並賣弄聰明，全不思於事理當否也。

師友

午後，訪宋志先兄閒談。上午到車站送姜慧光表妹與馬德夫君同赴林口到公。

12月16日　星期日　晴

師友

下午，王慕堂兄來訪，閒談，因家屬隔絕大陸，心神不寧，然又無術可以解除，亦只有一再相勸，自求寬解耳。下午，趙榮瑞君備字條介紹一魯君來訪，謂有友人從美來台，亟需用款，有旅行支票及普通支票各美金一百元，在香港均可抵用，詢余是否需要購入，緣余曾託趙君調款至港，其事在上月中，現在已無何需要，當告以容向友人處查詢，有要者當於明日告知，此人素昧平生，於其本身之住址、職業均模稜難言，又疑非趙君介紹也。

12月17日　星期一　晴

業務

下午，在第七倉庫利用合作社召集全體職員開談話會，由余報告參加本社後對於業務發展之希望，本社主要為倉庫業務，現在尚未達容量之飽和點，此為本社基本業務，一向賴此以保開支者，故不容忽視；次為介紹借款業務，主管官署雖已暫令停止，但似乎不日可以恢復，在此期間望切實調查設計；再次為代理業務，主要為代銷印花，經若干日來之折衝，已有恢復代銷之望，此刻應切實研討推廣銷數之辦法。此外有理事主席李朝棟提議是否因余參加而辦一交代或對人事加以調整，余意既由理事主席負社務責任，自然無辦理交代之必要，人事方面絕不輕易更動，但因歷來待遇微薄，有另有高就者，亦不便挽留，此係針對會計高清林之情形而言者，余發表畢，即雜談一切業務上之技術問題，至五時始畢，會中余特別強調須群策群力發展業務，庶可逐步改善待遇云。

師友

下午，隋玠夫兄來訪，談託余代向第四建築信用合作社代其友人存款一千五百元，當即向該社洽辦。晚，昨日來訪之魯君來訪，余告以未能獲得適當之需要者，望另設法。

12 月 18 日　星期二　晴

師友

下午，到廈門街訪吳先培兄，相值於途，約定移時在第七倉庫利用合作社見面，至時果來，余告以西寧南路有出租店面者，價不甚高，惟該房係聞之社內同人魏盛村者，適魏君不在，故無從往看，吳兄又談其籌備嘉陵公司情形，原則仍在利用政府中特殊人員取得特殊利益，一如在大陸時無異云。下午，訪楊孝先氏於紹興南街，緣自月初協助覓屋移居以來，余因忙於會計師公會事，無暇再問，今日特往詢問情形，據云目前決定暫時不移，如將來必須遷移時，即覓旅館居住，自此次覓房一事進行以來，感觸特多，知一般人之只重現實，尤其吳先培兄，動謂渠負一千元之責任，以渠與楊氏之關係，作此表示，殊令人不快，且吳兄舉止高傲，遇事輒露鋒芒，四十許人猷不知自斂，此間皖人多為側目，可見其數年來毫無進步，楊氏自云十餘日來深居簡出，避免與若干現實友人謀面，只在寓靜思寫字或打拳，言下十分感喟，余亦為之多所感觸。晚，李公藩兄來訪，據云擬租之單鳳標房屋，單君已出差回台北，隨時可以往看云。晚，楊甲兄來訪，據云因教育廳遲未核定其聘約，故由新竹芎林中學請假來北，交涉速辦，據教廳表示，其學歷可以憑同學二人證明以代證件，但證明人須附送畢業證書以憑核驗，此事擬請余擔任其一，余即照辦，寫一證明書，證明其為合作學院第一期畢業，並將畢業證書交楊兄帶去，以備應用云。

12 月 19 日　星期三　晴

師友

下午，到合作金庫訪隋玠夫兄，交去其前日託余代向第四建築信用合作社存入之一千五百元存單。下午，到立法院訪韓兆岐兄，不遇，留字約於明日晚飯來寓便飯。

業務

合作金庫轉來財政廳核復第七倉庫利用合作社請恢復代售印花一案之公文，財廳為准試辦三個月，合庫則加現款字樣，即會同李理事主席擬復，其根據理由為現款不足周轉妨礙推銷，且現款購買業已數月，從無拖欠，請即訂約領銷，限額二萬元，必要時本社可以提供保證，請即照此辦法試銷，此稿由李君擬就，由余略加潤色。

12月20日　星期四　晴

師友

下午，楊甲兄來訪，謂前日所具對教育廳之證明書，據該廳云尚須按照規定格式填送，並由保證人之服務機關加蓋印信，余乃照填並同楊兄到國民大會秘書處加蓋印信。晚，約韓兆岐兄在寓便飯，渠並贈送水果一簍，此君對禮貌方面一向特別周至，迄今依然。

業務

上午，王慕堂兄來訪，謂其所服務之蜀餘公司本月十七日結束，分向建設廳及台北市稅捐稽徵處函請停業，但稽徵處又發下空白申請書一種，希將已完稅課情形填報，王兄詢余有無發生其他枝節問題之可能，余認為並無可能，但須於結束之日造具資產負債表損益表並候完稅，又結束後資負處理，亦應預為之計以免挑剔云。

12月21日　星期五　晴

師友

上午，楊甲兄來訪，送還日前借用之畢業證書，謂教育廳表示只須保證人有服務機關之印信即可，證書則當場驗過即行發還，其所請核定資格證件一事已無問題云。

業務

下午，舉行會計師公會會計補習學校董事會，凡十五董事，只到七人，以一人代表另一人，始足法定人數，可見一般人爭權恐後，負責不先，今日討論問題有以下數點，一為校長人選經常董會提出鄒馨棣、倪玉潔二人，鄒未到，但早已表示不就，倪今日到亦再四辭謝，並未獲得解決，二為校址問題，擬借用福星國民學校、開南職業學校或金甌女子商職，經分別推請董事接洽，三為資金問題，決定放映電影募集，但在籌備期間向各董事先墊付二百元，四為董事會備案問題，經決定由公會即速進行云。

家事

晚，同姜姑丈到新生南路一段五十四巷十一號訪單鳳標秘書洽看擬租之房屋事，大致談妥，單屋並非採絕對形式化之出租，因其所用為農林廳之宿舍，出租並不合法也，此房為李公藩兄以前所租用，移出後介紹余接續租用，各項條件均極適宜。

12 月 22 日　星期六　晴

師友

下午，楊孝先氏來訪，謂與所借居房屋之台灣大學訓導長傅啟學太太發生惡感，受言語刺激，決定遷居，即以今日中央日報所登廣告招租者按址前往看房，同來者尚有汪逢楠君，乃同出至金華街、金山街一帶看察，結果在金山街八巷十二號陳寓覓定六疊一間，定今晚前往繳租，余即到博愛路訪楊天毅兄代為洽取楊氏所存之款一千元本息，當即取到，晚飯後楊氏來訪同往金山街陳寓辦理手續，途中謂汪君意楊氏手頭不裕，如此開支將無以為繼，主張到鄉間找房，楊氏意為之動，余亦以為此點大可考慮，且在傅寓非必旦夕移出，不妨暫時不動，在此數日內對此項問題先謀解決，謀定後動，楊氏亦然此說，但認為傅寓實不可再居，若不先覓屋，亦須先移至他處，如住旅館亦需日費數十元，曠日持久，反不經濟，陳寓本定租二個月，不妨洽請先繳一月，在此期間再想他法，結果照此辦理，楊氏今日甚為傷感，一種被煎迫之反感時時流露，以六十餘歲之人，逢此遭際，亦殊令人同情也。晚，李公藩兄來訪，余不在寓，德芳謂係因昨日單鳳標君租與姑丈之房，房東有提高租金之意。

12月23日　星期日　陰

師友

上午，到紹興南街訪楊孝先氏，擬協助其移居，至則知已經移去，乃至其新址金山街八巷十二號，見正在整理什物，據云昨日回寓與傅啟學談移居事，傅甚抱憾，而其夫人則始終不肯謀面，直至今晨始在辭行中勉強招呼，楊氏為之寒心，謂以後終將報復云，整理中間向房東借到枱頭燈一盞，電線長短不合，余乃代其到和平東路配新電線，近午始辦就辭返。下午，參加校友茶會，由方青儒報告李宗仁副總統在美袒護毛邦初案之發展，及政府對此事不肯特別強調以免造成真正政治問題之原因，李鴻音報告在監察院所見與此案有關之數個文件，其中包括李宗仁之聲明原文，馬星野報告韓戰與歐洲外交之現象，張子揚報告立法院審查預算案對行政院多所挑剔之原因，劉家樹報告國民大會年會召集經過及中央改造委員會對國民大會醞釀罷免副總統一節之態度，賴興儒報告今年處理匪諜案之總結情形，至六時始散。晚，張益瑤兄來約同往訪逄化文兄，閒談有黃海公司董監條件問題與李宗仁案等。

12月24日　星期一　晴

職務

下午，到國民大會秘書處取年會入場證，並取回後日晚會所用之入場券，此項入場券因中山堂只能容納不足在台全體代表一倍之席次，故將座位分為二種，前排一種，每一代表只能取一張，其餘則可取二張，任由自選，余即抽取二張者一封，拆視係樓上十一排者，尚屬中等。

業務

下午，到第七倉庫利用合作社談業務，知一年來外間所欠倉租達七千餘元，但每月轉帳所記應收倉租只二千餘元，似係一種不完全之記錄，詢悉係每月轉應收帳時係參酌全部損益科目使不致虧損已足，經囑年底務全部轉帳，另提呆帳，至欠租催取方式決定立即辦公函催繳，限期年底，優待不加逾期息，逾期加收數成逾期息，但以二十天為限，逾期不還欠租，即片面處分倉存物品，抵還全數，有餘退還，不足追繳，函辦好後即由社派人分頭往洽，以上各點在倉單條款尚未能預印，此後將加印於倉單上云。

集會

晚，出席黨務小組會議，由余主席，討論題目為檢舉社會弊害問題，已討論其半，但發言並不踴躍，最多者仍如往常，為余與劉燦霞組長等云。

12月25日　星期二　晴

集會

上午，出席國民大會全國聯誼會四十年度年會於中山堂，到會代表一千一百餘人，首由臨時主席莫德惠致開會詞，繼由行政院長陳誠以來賓資格致詞，由其奉命主持台灣省政說起，談其對於台灣治策之見解，認為增產政策確收成效，而財政經濟亦勉告穩定，雖公教人員生活不足維持，但負擔能力有限之人民實無法再事加重，此外對於運用入境證方法限制匪諜潛入與保障糧食足用，亦認為貢獻殊大，但外間有至今不能諒解者，希望各代表多為解釋云，辭畢，由幹事會提出主席團名單，經一致通過，即行散會，由主席團審查提案，下午二時繼續開會，首由聯誼會幹事會報告工作，繼即討論提案，提案共三十三案，多有案由相同加以歸併者，重要者有罷免副總統李宗仁案，及建設政府立法院任期應依憲法辦理案，討論時發言較多，前者有罷免、警告、忠告等意見，罷免非聯誼會之事，須由各代表依法定人數提出，提出所需之人數固可不成問題，但俟此案成立後，非召集臨時國民大會無由解決，而國民大會代表人數決不能滿足法定之數，將無由開會，故此案無法達成，忠告、警告則於法無據，亦難採取，結果議決交幹事會詳擬辦法趕速辦裡罷免手續，其實此不過表現一種姿態，如此議決，殊屬無辦法之辦法，後者因立法院會期一年，在憲法上絕無根據，而事實上現在又無法重選，在國大代表之立場應維護憲法尊嚴，自不應默爾而息，故有數項提案主張請政府對此案應依憲法辦理，但主席團之審查意見主張交幹事會詳擬辦法，送請政府參酌辦理，與會者聞而大譁，因此項意見等於將提案一筆勾消也，討論結果，議決將主席團所擬參酌辦理字樣改為依憲法辦理，討論至此休息十分鐘後即已四時，於是以加快之方式進行，此時會場人數不滿一半，均已感覺疲憊，若干案件遂馬虎通過，例如有一提案由年會名義慰問行政院長陳誠，提案人之用意如非向陳示好，即為陳黨之自我表現，提出後略一討論，雖有主張因陳係對立法院負責，體制上國民大會不應有此表示，終亦獲草草通過，由大體言之殊無謂也，五時散。

業務

中午到第七倉庫利用合作社辦事，將催繳倉庫欠租之函稿核定，並據辦事人報告合作金庫通知訂約代售印花，即將一應手續辦就，並決定覓維康藥號與振中工廠為保證人。

12 月 26 日　星期三　雨

業務

下午，訪廖兆駿會計師談太安行聘余查福台公司帳目問題，緣余根據太安行來函轉廖已兩月餘，雖見面有時洽談，但始終無解決方法，二十二日余去函催其答覆，廖於前晚來訪，又值余正參加小組會議，當約定今日往訪談商，廖君今日首出示渠根據余函轉函李玉階，李未正式答覆，只在廖函後批兩行字，謂太安行乃債權團代表之一，拖延不決，彼非不知，至謂查帳一節，應循法律途徑解決，廖君認為此語在形式上已屬不妥，在內容上更不足以解決問題，若在普通同業，其亦未嘗不可據而率以答覆，但對余則認為不可，故遲遲不能提筆，余謂此案形式雖為查帳，但仍可能以和解方式了之，即由廖君承認李玉階應允分配債務時將所欠台安行者以七萬元參加分配，廖君謂請再向言君詢問可否酌減後，即由余與廖為第三者作成和解筆錄，由李承認言之此數債權，余亦同意此項辦法，將先洽太安行後再行續談。立達工廠王豫民經理派會計來洽詢商業會計法之實施問題，余略作解釋，實際多為會計實務之問題，無論是否實行商業會計法，均應注意及之也。

娛樂

晚，到中山堂參觀國民大會代表全國聯誼會年會之晚會，有女師表演古裝舞蹈，台灣廣播電台之國樂，顧劇團之京戲，有胡少安、劉正忠之八大錘、斷臂說書，顧正秋、張正芬之鎖麟囊，此劇純係程派，但顧則全用亮嗓，尖而不蓄，雖賣力而不精彩也，十一時散。

12 月 27 日　星期四　雨

業務

上午，到太安行訪言穆淵副理，告以昨日與廖兆駿會計師談話經過，言君謂對福台公司債權作成筆錄由雙方會計師或並雙方當事人簽字為證一節表示同意，但對於廖君所提七萬元債權希望酌減一節則表示不能再事退讓云云，余下午晤及廖君，即以此事相告，廖君亦無異詞，即將照此方式進行。下午，到會計師公會出席理監事聯席會，決定事項為：一、前次會員大會對於本會章程應行修正之點，曾議決成立七人小組，其中四人由大會推出，三人由理監事會推出，今日即席推出，為余與程烈及富伯平三人；二、前次大會交辦關於研討會計師法令對若干業務應確定會計師之法定地位一案，經決定成立小組研究，共為九人，余亦為其中之一；三、稅捐稽徵處職員馬世鑫涉嫌天興行納稅舞弊行賄一案，民族晚報刊載市議員在議會質詢有謂馬為開業會計師，並與另一會計師勾結要挾各公司行號聘為會計顧問一節，決定備函市議會聲明，馬在九月間已向建設廳撤銷登錄，旋亦向本公會退會，並請市議會答覆與馬勾結之另一會計師為誰何，據聞此人即為王庸，今日開會王亦出席，不反對此項表示，且曾說明案情，此輩與稅捐處勾結，朋分利益，無怪乎對於由公會與財廳接洽委託查稅一案之遭受彼等破壞也，所得稅完納中官民間黑幕重重，天興案其縮影而已，五時散。

師友

上午，一部分人趁此次國大年會各縣市代表齊集之際在會賓樓聚餐，到二十餘人，所談並無重心，惟對於黃海水產公司董監事醞釀協議之內容有提出研討者，頗引起一般興趣，該公司董事為廿一人，經濟部派三人，餘為商股，計十八人，預備青島派出七人、日照派出七人、省黨部出三人，另一則尋中立人士參加，此項辦法曾經在一宴會席上提出作為解決基礎，此項辦法對日照派亦較有利，因省黨部至少有三人同情此派也，惟據云反對者尚有之，故尚須作進一步之商量，此項商量之先決問題為大家之冷靜考慮云。

12 月 28 日　星期五　陰

師友

下午到第四建築信用合作社訪李公藩兄，不遇，留函一件，詢其對於單鳳標房屋租金事是否已經洽妥，在該社晤及孫伯棠、宋延平兩君，該社經理李紫宸已辭職，刻由宋延平接充。下午，到博愛路訪楊天毅兄，送還昨日所墊聚餐費，適殷君采主委在座，談及齊魯等事，渠對該公司及其他黨營事業均有轉機，頗為強調，談及余所住齊魯房屋事，渠亦知有希望余價購之事，但對於近來遲遲不來接洽則不知就裡云。

12 月 29 日　星期六　陰雨

業務

下午到會計師公會出席補習學校董事會，總數十五人只到四人，改開談話會，決定下月五日到教育廳接洽董事會備案，以便籌款準備招生，又關於校長問題，推倪玉潔擔任，倪君今日在會場上已不復堅拒，或即成為定局。下午，到第七倉庫利用合作社處理事務，決定催收欠租，有函件不能送達者則登報通告，又決定後日舉行會議商量決算等事項。

師友

上午，李公藩兄託趙君來告，姑丈所租房屋已經將房租代交全數照收，即定為三百元云。

12 月 30 日　星期日　晴

集會

下午，到第七信用合作社三樓參加第二次全區黨員大會，到一百五十餘人，由孫德裕常務委員主席，首報告工作，次約請本區黨部內一黨員報告明年度中央改造委員會工作重點，此黨員因反對機關黨部之存在而自願參加地方黨部者，乃以其個人資格就所知作一報告，再次由古亭區新任民選區長郭先琴以來賓資格致詞，對於區內黨員支持其競選而致成功表示感激，並希多加指導，再次為工作檢討，已有三數人發言，即已為時四點，余即告早退。

家事

姜岳東姑丈姑母及慧光表妹來台寓余寓已三星期，租賃房屋事昨日解決，乃決定今日移住新生南路一段五十四巷十一號單寓，事先由德芳將今晚飯所需之菜蔬米糧等代為準備，油鹽、掃帚、柴炭等凡可以想及者亦均一一代為辦理，務使移入後即晚不致發生炊事上之困難，下午二時余為雇定三輪車，因開會不能同往，由紹中、紹寧兩女隨往，余開會後亦往照應，見大致就緒，只廚房尚無眉目，且用熟煤不慣，起火不易，故頗費工夫，傍晚余率兩女返寓。下午，張景文兄來訪，為送還將姑丈代購物品欠款者，余未遇。

12月31日　星期一　晴

師友

上午，到合作金庫訪隋玠夫兄，道謝其代為接洽該庫委託第七倉庫合作社恢復代售印花事。

業務

今日全日在第七倉庫利用合作社指導辦理年終結帳，其可記之事項如下：一、該社主要收入為倉租即利用費，過去習慣為現金收進時始行記帳，今日討論時，顧慮應收如全轉帳，將全開統一發票，增重負擔，且俟實際收到，重開發票將致重複，頗擬不轉，但與帳理不合，經研討結果，查閱統一發票之解釋令，認為官方解釋非貨品之收款發票係屬代替收據，則在轉帳時既未收款，自然可以不開，至帳上之收益數與發票總數不符，亦只好聽之，待查稅者發生疑問時再予以解釋矣。二、應收帳款之壞帳準備問題，所得稅法定為百分之五，嫌其不夠，經定為百分之廿，好在完稅問題尚未解決，暫時可無爭執。三、自三月接辦以來資產負債情形之分析，接辦時起至今年底止損益相抵，但收入暫存款八千元，此款係墊作購買代售印花周轉金及倉租未收到數，但只四千元強，尚有四千元情形不明，前經理魏盛村對理事主席李朝棟頗多不滿，經查此八千元中有三千元為于兆龍所借，用以作為印花周轉金者，餘五千元為李所借，但據云係以合作社前手劉效有託存八千元中轉存社內者，而劉尚欠于鉅款，于欲以之扣抵，而李不肯，故魏不願李任意收回其款，今日余詳詢會計高清林，經查閱帳目後始知高在由利用轉帳方法彌補前任虧欠，緣交接時資產負債表列有欠合作金庫印花款三千元，合約定明由前任負責，但有應收倉租則未定由何方收入，此外並定有前任所欠房租電費等在一千四百元以內由後任代還，核帳發現印花款三千元已由後任代還，而代收倉租假定仍應歸前任，共為一千元左右，業已抵收，故淨代前任支付款近二千元，超過合約所定，此二千元係由後任以現金付出，應為八千元款之一部分用途，結果加帳列四千元共為六千元，則此外尚有二千元由李動用矣。

四、市府規定下年度該社常年大會為一月廿三日，又規定社員人數在二百人以上時可召開代表大會，在二百人以下者，須召開社員大會，該社股份共六萬八千餘元，于兆龍一人即有六萬五千元，戶名不滿十人，而社員全體共為一百零五人，開會時非有五十餘人不能滿足法定人數，勢須臨時拉入五十餘人到場開會始可應付官廳之需要，而此事不但臨時飲食糜費甚多，且不易湊足，即湊足亦須先行逐一分配頂替，使會場不生枝節，可謂滑稽。

附錄

發信表

日期	人名	地址	事由
1/9	姜慧光	九龍	謀事尚無成，物款設法補匯
1/9	振祥弟	姜慧光轉	平安
1/9	金永恕	基隆	已託人關說其位置事
1/13	于國霖	台中	謝贈香蕉籽
1/15	姜慧光	九龍	復前信確係被換
1/15	姜振祥	姜慧光轉	平安
1/15	高德東	屏東	中央日報事謀另託他人
1/23	于文章	九龍	雞蛋進口外行勿辦
1/23	林毓芳	草屯碧峰小學	入港手續已函詢港友
2/14	姜慧光	九龍	寄港幣匯票五十元
2/17	陳長興	新竹	抄會計師法第七條
2/26	金永恕	基隆	附送梁中一信
2/28	姜慧光	九龍	詢十六日信收到否
2/28	林毓芳	台中	告入港手續
3/4	姜慧光	九龍	託買小鐘
3/4	瑤祥弟	桃園	詢包裹事
3/29	林毓芳	草屯	勸不離台
4/16	劉階平	本市	謝贈畢自陽評傳
4/16	于國霖	台中	完稅業務接洽情形
4/27	李公藩	台中	詢北返之期
5/4	吳先培	香港	租房，不託買物，託帶小鐘
5/4	姜慧光	九龍	小鐘請送吳先培處
5/12	陳長興	竹東	衍訓戶口早已轉出
5/27	吳先培	香港	託買鈔香港轉
6/6	孫志智	台中	電賀結婚
6/10	姜慧光	九龍	小鐘收到，入口證辦理中
6/10	陳長興	竹東	會計師章式，請早入公會
6/10	李雲章	員林	答函候
6/10	班東書局	紐約	索「羅斯福與何普金斯」
6/28	崔唯吾	新店	齊魯顧問事
6/28	朱星良	台中	詢會計師登錄辦妥否
7/12	陳長興	竹東	入公會手續已代辦妥
7/21	于國霖	台中	木牌為尋著
7/21	朱星良	台中	請領檢覈證事手續
7/25	崔唯吾	碧潭	為陳開泗兩女說項入一女中
8/3	于國霖	台中	林樹五為助員可為暫緩
8/13	陳長興	竹東	會計師查稅事無具體決定
8/15	于國霖	台中	完稅事尚在醞釀中

日期	人名	地址	事由
8/22	姜慧光	香港	寄照片，索照片
8/31	姜慧光	香港	告託曾女士帶物
9/5	于治堂	台中	財廳查帳完稅事尚未定辦法
9/9	姜慧光	香港	詢寄入境證由何處轉
9/9	姜春華	本市連雲街	謝協助事，但已辦妥
9/18	姜慧光	香港	寄入境證三張
9/25	于治堂	台中	協助查稅事將擱淺
10/2	姜慧光	九龍	毛衣尺寸，來台期請先告
10/12	陳長興	竹東	請提名為補習學校董事
10/12	于國霖 于治堂	台中	請提名為補習學校董事
10/13	夏忠羣	台南	詢製鹽廠能否聘為顧問
10/24	姜慧光	九龍	告撥款美鈔 30 元
10/24	于國霖	台中	謝提名
10/24	于治堂	台中	謝提名
10/24	陳長興	竹東	謝提名
10/30	姜慧光	香港	託買物，台北市情
11/14	姜慧光	香港	詳告來台買物要點，託為中、寧辦物
11/22	姜慧光	香港	廖毅宏託帶皮鞋及麻將牌
11/29	于治堂	台中	請來開會計師大會
11/29	陳長興	竹東	請來開會計師大會
12/1	姜慧光	九龍	託帶紗圖二種
12/3	姜慧光	九龍	託買表帶、剪報公告
12/3	陳長興	竹東	請寫委託書
12/3	于國霖	台中	請協助競選
12/15	吳逸群	香港利源西街 12 號合源行	謝贈奶粉

收支一覽表

月日	摘要	收入	支出
1/1	上月結存	6,199.00	
1/4	書四本		14.00
1/4	財政經濟月刊一套		5.00
1/4	公共汽車月票		24.00
1/4	棉毛衫一件，又紹南用二件		60.00
1/4	頭油、牙膏		8.00
1/4	餅乾		9.00
1/4	柚子、香蕉		4.00
1/5	奶粉		85.00
1/5	女工用布		18.00
1/5	刊物		3.00
1/6	奶粉十二磅		100.00
1/6	麵粉一袋		36.00
1/6	香蕉、電影		4.00
1/6	家用		100.00
1/7	刊物		3.00
1/7	花生、麵引		3.00
1/7	衍訓用		10.00
1/8	水果		5.00
1/9	民主評論一本		2.00
1/9	發信郵票		2.00
1/10	利息	120.00	
1/12	匯還姜慧光購物 50 港元		103.00
1/12	中國經濟一本		5.00
1/12	香蕉，樊中天用		5.00
1/13	印花		1.00
1/15	本月補助費	100.00	
1/15	麵粉		40.00
1/15	水果、發信、煙、糖果		11.00
1/16	利息	75.00	
1/16	套鞋		20.00
1/16	食品		1.50
1/16	理髮		3.50
1/16	印照片		3.00
1/16	牙刷、刊物		3.50
1/17	信封、雜用		3.50
1/18	酒精		4.00
1/18	電影、食品、煙		6.00
1/18	佛書		4.00

月日	摘要	收入	支出
1/18	車錢		3.00
1/18	家用		50.00
1/19	利息	80.00	
1/19	茶具		22.00
1/19	簽名戳		7.00
1/19	紹南用		2.00
1/19	家用		80.00
1/20	雜用		2.00
1/25	本月伕馬費	100.00	
1/25	變價	36.00	
1/25	家用、印刷費		100.00
1/25	衍訓用		25.00
1/25	餅乾、煙、香蕉		10.00
1/29	利息	80.00	
1/29	家用		50.00
1/30	新中央上半年公費	400.00	
1/30	汽車月票		24.00
1/30	家用		250.00
1/30	會計師公會 9-2 常費、證書證章費		117.00
1/31	家用		20.00
1/31	衍訓用		20.00
	總計	7,190.00	1,491.00
	結存		5,699.00

月日	摘要	收入	支出
2/1	上月結存	5,699.00	
2/1	本月生補費	202.00	
2/1	本月補生費	100.00	
2/1	去年底加發半月數	101.00	
2/1	救濟病同鄉		15.00
2/1	檯燈		30.00
2/1	家用、接生費		350.00
2/4	兌換收益	20.00	
2/4	羢布二碼		10.00
2/4	理髮		7.00
2/4	煙、印照片、雜用		7.00
2/4	家用		100.00
2/6	立達工廠公費	200.00	

月日	摘要	收入	支出
2/6	山東基金會公費	500.00	
2/6	修理收音機		105.00
2/7	友人子女壓歲錢		140.00
2/7	衍訓用		10.00
2/7	車錢		20.00
2/7	賞友僕		20.00
2/7	煙		10.00
2/7	玩具、雜用		10.00
2/7	兌換收益	20.00	
2/10	利息	80.00	
2/10	定財政經濟月刊與稅務法規		55.00
2/10	看電影、玩具		13.00
2/11	魚肝油精		12.00
2/11	衍訓用		10.00
2/11	香蕉、煙、車錢		7.00
2/13	股本會計		17.00
2/14	交衍訓用		15.00
2/14	公共汽車月票		24.00
2/14	中國經濟月刊		5.00
2/14	木瓜、檸檬		2.00
2/15	衍訓用		25.00
2/15	煙		4.00
2/18	家用		100.00
2/19	利息	90.00	
2/19	紹中書筆		4.00
2/19	木瓜、湯圓		11.00
2/19	餅乾		6.00
2/20	煙、香蕉		8.00
2/21	衍訓用		30.00
2/22	家用		200.00
2/22	衍訓用及註冊		80.00
2/22	車票、雜用		2.00
2/23	衍訓用		10.00
2/23	理髮		4.50
2/24	煙		4.50
2/24	本月夫馬費	100.00	
2/24	家用		100.00
2/25	聚餐		25.00
2/26	電影、香煙		5.00
2/27	去年 10-12 補助費	90.00	
2/27	家用		90.00

月日	摘要	收入	支出
2/28	奶粉五磅又一磅		77.00
2/28	襪子		17.00
2/28	書刊		6.00
2/28	木瓜、郵票		6.00
2/28	利息	90.00	
2/28	利息	52.50	
	總計	7344.50	1809.00
	結存		5535.50

月日	摘要	收入	支出
3/1	上月結存	5,535.50	
3/1	肥皂		17.00
3/1	雜用		1.50
3/1	周紹賢借		10.00
3/3	本月生補費	200.00	
3/3	本月補生費	100.00	
3/3	1-3 月醫教補助費	90.00	
3/3	紹南月票		15.00
3/3	煙、木瓜		5.00
3/4	家用		320.00
3/5	煙、水果		7.00
3/6	餅乾、糖果、門鈕		10.00
3/7	衍訓用		20.00
3/7	味精、麵二盒		5.00
3/8	捐款		10.00
3/9	香蕉		2.00
3/10	利息	90.00	
3/10	贈武文旅費		50.00
3/10	月票		24.00
3/10	郵費、教科書		5.00
3/11	報刊		1.00
3/12	牙刷、報刊		2.50
3/14	木瓜		1.50
3/14	兌換收益	48.50	
3/14	會計書及醫學書共三本		19.50
3/14	餅乾		6.00
3/14	家用		110.00
3/14	衍訓用		10.00
3/15	煙		5.00
3/16	木瓜、檸檬、報刊		5.00

月日	摘要	收入	支出
3/20	水果、雜用		3.00
3/21	新中央廠公費	1,500.00	
3/21	利息	100.00	
3/21	家用		100.00
3/21	餅乾		10.00
3/21	紹中制服布		22.50
3/21	書刊、本子		8.00
3/21	郵票、報		1.00
3/23	山東輔導基金會公費	200.00	
3/23	郵票		12.00
3/23	理髮		3.50
3/23	木瓜、報刊		5.00
3/23	李洪嶽律師介紹費		450.00
3/24	家用		150.00
3/24	衍訓用		15.00
3/24	牙粉		1.00
3/28	水果、雜用		2.00
3/28	扣子、書刊		3.50
3/28	衍訓用		10.00
3/30	利息	135.00	
3/30	朱鼎喜儀		40.00
3/31	新中央廠公費	1,500.00	
3/31	雜用		0.50
	總計	9,499.00	1,499.00
	結存		8,000.00

月日	摘要	收入	支出
4/1	上月結存	8,000.00	
4/1	家用（內衍訓 10 元）		350.00
4/1	本月生補費、補生費	300.00	
4/1	本月醫補費	30.00	
4/1	李洪嶽律師介紹費		450.00
4/1	德芳汗衫、眉筆		34.00
4/1	兒童節糖果		12.00
4/1	電影、車錢、其他		10.00
4/4	家用		40.00
4/4	車錢		2.00
4/5	衍訓用		10.00

月日	摘要	收入	支出
4/5	與紹寧看病		18.00
4/8	車錢、紹中字帖		5.00
4/9	利息	148.50	
4/9	書道全集一本		50.00
4/9	家用		40.00
4/9	車錢		1.00
4/10	醫藥		38.00
4/10	德芳衣料		108.00
4/10	理髮		3.50
4/10	餅乾、車錢		5.00
4/10	勒吐精一磅		20.00
4/10	紹中防空費		40.00
4/10	衍訓用		10.00
4/10	山東物資會查帳公費	2,000.00	
4/11	家用		200.00
4/11	衍訓用		5.00
4/11	汽車月票		24.00
4/11	餅乾		6.00
4/11	煙		4.50
4/11	李德民津貼		100.00
4/12	書刊		8.50
4/13	茶葉		6.50
4/13	看電影		3.00
4/13	紹中旅行		3.00
4/15	贈友水果		20.00
4/15	修理收音機		28.00
4/15	車錢、木瓜		2.00
4/17	魚肝油		20.00
4/17	藥皂、信封、牙刷		13.00
4/18	家用		500.00
4/18	衍訓用		10.00
4/18	煙		5.00
4/19	宴客及煙、酒、茶、飯、水果		526.00
4/19	粉		20.00
4/19	利息	180.00	
4/20	衍訓用		30.00
4/21	桔子、紹南襪子		13.00
4/22	德芳衣料		80.00
4/25	衍訓用、菜金		15.00
4/27	肥皂十條		17.00
4/27	理髮		3.50

月日	摘要	收入	支出
4/27	牙粉、牙膏		3.00
4/27	發信		1.00
4/27	紹南汗衫		9.00
4/30	煙		5.00
4/30	定報三個月		31.50
4/30	利息	180.00	
4/30	助牟瑞亭		50.00
4/30	于樂亭喪儀		60.00
	總計	10,838.50	3,069.00
	結存		7,769.50

月日	摘要	收入	支出
5/1	上月結存	7,769.50	
5/1	賞山東參議會工友		40.00
5/1	本月生補費、補生費	301.00	
5/1	又醫教補助	30.00	
5/1	紹彭二、三兩月實物代金	22.00	
5/1	配給皂衫價款		31.00
5/1	家用		300.00
5/1	英語文摘、香蕉		3.50
5/5	發信、書刊		4.00
5/6	衍訓用		25.00
5/9	利息	180.00	
5/9	餅乾		6.00
5/9	家用		100.00
5/10	山東漁農基金會公費	300.00	
5/10	車錢、火車票		13.00
5/10	香皂三、藥皂六		29.00
5/10	襪子、紹寧襪子		28.50
5/10	爽身粉		4.50
5/10	魚肝油		20.00
5/10	報刊		2.50
5/10	水果		2.00
5/10	家用		200.00
5/12	衍訓火食		50.00
5/12	酒、煙		11.50
5/16	理髮		3.00
5/19	利息	180.00	

月日	摘要	收入	支出
5/20	家用		150.00
5/21	汽車月票		24.00
5/22	堂費		5.00
5/29	車錢		1.00
5/29	利息	180.00	
5/29	衍訓用		16.00
5/29	餅乾一公斤		12.00
5/29	黑油紙、釘子		19.00
5/29	香蕉		3.00
5/29	鞋油		2.00
5/29	賣米九十二・五公斤	79.00	
5/30	奶粉二磅半		59.00
5/30	煙、燈泡、桔子、糖、郵票		14.50
5/30	家用		100.00
5/31	英語文摘		2.50
	總計	9,041.50	1,281.50
	結存		7,760.00

月日	摘要	收入	支出
6/1	上月結存	7,760.00	
6/1	本月生補費、補生費	302.00	
6/1	又醫教補助費	30.00	
6/1	港澳難民捐		10.00
6/1	聯誼會經費		5.00
6/1	魚肝油兩種		38.00
6/1	公會會費		30.00
6/1	香蕉、糖果		4.00
6/3	家用		250.00
6/3	衍訓用		6.00
6/4	理髮		3.50
6/4	香蕉		1.50
6/6	交際電報		8.50
6/6	香蕉		2.50
6/7	紹中習字本		1.50
6/8	利息	160.00	
6/8	糕餅、糖果、香蕉、香煙		14.50
6/8	牙刷		2.50
6/9	紹因看病		8.00
6/9	衍訓火食及修鞋		52.00

月日	摘要	收入	支出
6/9	紹南防空費		10.00
6/10	郵票		3.00
6/10	家用		60.00
6/11	足可樂一瓶		5.00
6/11	姜慧光刻章		3.00
6/11	香蕉、報紙		4.00
6/17	車票		7.00
6/17	漁農基金會車馬費 2-6 月	50.00	
6/17	餅乾、報紙		6.50
6/17	紹南車票		15.00
6/17	牛乳票		20.00
6/18	昨日茶會		24.00
6/18	買書		11.00
6/18	脫脂奶粉		4.00
6/18	利息	160.00	
6/18	衍訓登報用等		11.00
6/18	三五皂十連		17.00
6/18	家用		60.00
6/19	姜慧光入境證工本費		5.00
6/22	汽車月票		24.00
6/22	餅乾		6.00
6/22	中本公費	1,200.00	
6/22	黃海公費	1,200.00	
6/22	家用連請客		300.00
6/22	奶粉二磅半		54.00
6/22	麵粉九公斤		22.00
6/22	引草種穀一本		7.00
6/22	香蕉		2.00
6/23	理髮’		3.50
6/23	小毛巾三條		4.50
6/23	煙		5.00
6/24	冰		2.00
6/26	蜀餘公費	2,000.00	
6/26	五、六月份眷貼	200.00	
6/26	家用		200.00
6/28	利息	176.00	
6/28	香蕉、報刊、電話		3.50
6/28	家用（內 11 元胡希汾祖母喪儀）		150.00
6/30	治鼻、香蕉		7.50
	總計	13,238.00	1,494.00
	結存		11,744.00

月日	摘要	收入	支出
7/1	上月結存	11,744.00	
7/1	漁農基金會車票費	10.00	
7/1	餅乾、英語文摘		9.50
7/1	衍訓車票		15.20
7/4	本月生補費	201.50	
7/4	本月補生費	100.00	
7/4	本月眷補及醫教補助費	130.00	
7/4	消炎片		4.00
7/4	香蕉		2.50
7/5	衍訓火食等		30.00
7/5	消炎片		7.00
7/5	糖		1.00
7/5	家用		350.00
7/6	脫脂奶粉		4.00
7/6	香蕉、西瓜		4.00
7/6	樟腦		5.00
7/6	煙		4.00
7/7	香蕉		2.00
7/9	利息	198.00	
7/9	奶粉三磅半		65.00
7/9	印名片		25.00
7/9	紹彭用布		12.00
7/9	香菸、香蕉、刊物		6.50
7/10	香蕉		2.00
7/11	電泡、明信片		4.50
7/11	家用		100.00
7/13	看病吃藥		12.50
7/14	刊物		1.00
7/14	理髮		3.50
7/14	香蕉		2.00
7/14	餅乾		6.50
7/15	看病		2.50
7/15	衍訓用		4.50
7/16	宋梅村母喪儀		10.00
7/16	看病		5.50
7/16	香蕉		2.50
7/17	看病		2.50
7/17	衍訓看病及火食		11.00
7/17	短褲預定		16.00
7/18	看病		2.00
7/18	DDT		6.00

月日	摘要	收入	支出
7/20	紹中本子、紹寧書		4.00
7/20	餅乾糖果		7.00
7/20	煙		9.00
7/20	看病		3.00
7/20	衍訓看病補鞋		5.00
7/20	補記肥皂		9.00
7/20	利息	180.00	
7/20	雜用		1.00
7/21	公共汽車月票（短褲移來 16.00）		8.00
7/21	衍訓看病		2.00
7/23	刊物		0.50
7/24	火車票		2.50
7/26	衍訓車票、看病		10.00
7/27	奶粉兩種各一磅		22.00
7/28	利息	180.00	
7/28	牙刷、書刊		3.50
7/29	家用		150.00
7/30	衍訓火食		30.00
7/30	利息	180.00	
7/30	定報三個月		31.50
7/30	紹寧照相		5.00
7/30	報刊		2.50
7/31	衍訓米煤		25.50
7/31	家用		100.00
7/31	鞋油、報刊		4.00
	總計	12,923.50	1,176.50
	結存		11,747.00

月日	摘要	收入	支出
8/1	上月結存	11,717.00	
8/1	中鹽公司公費	2,000.00	
8/1	黃海公司公費	500.00	
8/1	照相定金		10.00
8/2	紹寧報名		4.00
8/4	本月生補費	201.00	
8/4	理髮		3.50
8/4	書刊		7.50
8/4	照相		4.00
8/4	捐款		10.00

月日	摘要	收入	支出
8/5	冷飲、糖果		3.00
8/6	衍訓火食		30.00
8/6	家用		140.00
8/7	雜用		4.00
8/10	助牟瑞庭		20.00
8/13	捐助王瑞平		200.00
8/13	黨費		3.00
8/13	收音機收聽費		20.00
8/13	基金會車馬費	10.00	
8/13	修理收音機		20.00
8/13	家用		200.00
8/16	本月補生費	100.00	
8/16	本月眷屬及醫育補助費	130.00	
8/16	書刊		3.50
8/16	家用		200.00
8/16	奶粉二磅半		44.00
8/17	煙		3.00
8/19	煙		2.50
8/20	入境證空白		2.50
8/21	修理收音機		10.00
8/24	餅乾		7.00
8/24	煙、糖果、水果		7.50
8/27	衍訓治眼		27.00
8/25	廣告介紹費	60.00	
8/26	理髮		3.50
8/26	煙		3.00
8/27	游覽動物園		4.50
8/27	餅乾、糖果、西瓜		9.00
8/29	利息	555.00	
8/29	蚊香、咳精、衛生用品、車錢		36.00
8/29	送李德民		100.00
8/29	公共汽車月票		24.00
8/29	家用		100.00
8/29	煙等		3.50
	總計	15,303.00	1,272.50
	結存		14,030.50

月日	摘要	收入	支出
9/1	上月結存	14,030.50	
9/1	利息	330.00	
9/1	衍訓火食		60.00
9/1	奶粉三磅、餅乾一斤		40.00
9/1	煙		3.00
9/3	藥皂兩塊		5.00
9/3	印花		1.00
9/3	香蕉兩次、西瓜		4.50
9/3	刊物三種		7.350
9/3	家用’		100.00
9/5	煙		3.00
9/5	入境證工本費三份		15.00
9/5	雜用		1.50
9/6	紹南入學		87.300
9/6	衍訓入學		133.00
9/6	家用		170.00
9/8	本月生補費	201.50	
9/8	扣捐款		8.00
9/8	自由人報		10.00
9/8	麵十斤		22.00
9/8	奶粉二磅半、餅乾一斤		48.00
9/8	真理世界 19-30 期		27.00
9/10	漁農基金會公費	500.00	
9/10	立達工廠公費	300.00	
9/12	太安行公費	600.00	
9/12	拖鞋兩雙		42.00
9/12	煙、牙刷、雜用		8.00
9/12	家用		87.50
9/13	本月補生費、眷貼	200.00	
9/13	奶粉三磅		33.00
9/14	與張中寧、方青儒合送陳禮		70.00
9/14	還欠齊魯公司款		500.00
9/14	家用		150.00
9/14	啤酒四瓶、汽水一瓶		36.00
9/14	信紙、便條、刊物、煙		14.00
9/15	家用		47.00
9/21	家用		180.00
9/21	利息	360.00	
9/21	中鹽公司公費尾數	500.00	
9/21	理髮		3.50
9/21	毛筆		5.50

月日	摘要	收入	支出
9/21	刊物		1.00
9/21	紹南車票		15.00
9/22	會計師公會 6-8 月會費		30.00
9/25	發信		1.00
9/25	煙、雜用		5.00
9/25	肥皂		6.00
9/25	本月醫教補助費	30.00	
9/25	新中央下半年公費	400.00	
9/25	李洪嶽律師介紹費		200.00
9/25	家用		100.00
9/27	利息	180.00	
9/27	煙		3.00
9/27	會計師公會會費 9-11 月		30.00
9/28	家用 （內衍訓火食十五及看病 30）		50.00
9/30	煙、書刊、雜用		20.00
	總計	17,632.00	2,403.00
	結存		15,229.00

月日	摘要	收入	支出
10/1	上月結存	15,229.00	
10/1	利息	150.00	
10/1	利息	180.00	
10/1	公共汽車票		24.00
10/1	陳果夫氏遺印刷費捐		60.00
10/1	聚餐		30.00
10/1	家用		200.00
10/4	煙、香蕉		6.00
10/5	餅乾、牙刷、牙粉		10.00
10/6	本月生補費	200.00	
10/6	本月補生費	100.00	
10/6	本月醫教費	30.00	
10/6	奶粉二磅半		40.00
10/6	贈劉階平禮券		40.00
10/6	魚肝油丸		4.00
10/6	糖二斤、皂五條		13.00
10/6	山道年二片		3.00
10/6	牙刷		1.50
10/7	家用		150.00
10/7	衍訓看病及車錢		46.50

月日	摘要	收入	支出
10/7	車錢		2.00
10/11	理髮		3.50
10/11	煙		3.00
10/11	雜用		1.00
10/14	衍訓車票零用		17.50
10/15	餅乾		5.00
10/17	利息	365.00	
10/17	家用		250.00
10/18	紹中膠鞋		15.00
10/18	香蕉		2.50
10/18	本月電費		12.50
10/19	煙		3.00
10/21	衍訓本月火食		50.00
10/21	又音樂教本		5.00
10/22	利息	75.00	
10/22	本月家居津貼	100.00	
10/22	奶粉二磅半		41.00
10/22	餅乾		6.50
10/24	郵票		5.00
10/24	煙		2.00
10/25	衍訓用		1.00
10/26	紹中用		2.00
10/26	煙、香蕉		8.00
10/27	電燈泡		8.50
10/28	糖四斤		7.50
10/28	魚肝油丸千粒		48.00
10/28	肥皂九連、牙粉		19.00
10/28	牙刷		3.00
10/28	照片		5.00
10/28	定報		5.00
10/28	發信		0.50
10/30	煙、洗衣		5.00
10/31	理髮		3.50
10/31	發信、信封		2.50
10/31	洋蠟		3.50
10/31	墨水		7.00
10/31	煙		4.00
10/31	訂報三個月		31.50
10/31	利息	150.00	
10/31	利息	225.00	
10/31	家用		200.00

月日	摘要	收入	支出
	總計	16,804.00	1,417.00
	結存		15,387.00

月日	摘要	收入	支出
11/1	上月結存	15,387.00	
11/1	利息	288.00	
11/1	家用		300.00
11/1	赴基隆		6.50
11/1	餅乾、書刊		9.50
11/4	洗衣		11.00
11/4	車錢、發信		3.50
11/6	肥皂		10.00
11/6	瓷器		14.00
11/6	糖		4.00
11/6	車錢		3.00
11/7	煙		10.00
11/7	牙刷		2.50
11/7	車票		24.00
11/7	奶粉二磅半		40.00
11/7	捐花蓮震災濟糧		5.00
11/7	本月生補費	202.00	
11/7	本月補生費	100.00	
11/7	本月醫教費	30.00	
11/7	家用		100.00
11/8	買麵		25.00
11/9	衍訓旅行用		20.00
11/9	定人文學刊三期		5.00
11/12	煙、洗衣		3.00
11/13	利息	57.50	
11/14	餅乾、煙		11.00
11/14	茶、信箋		9.00
11/14	發信		2.00
11/14	陳墓植樹		30.00
11/14	水果		2.00
11/15	衍訓制服		100.00
11/15	本月眷屬補助費	100.00	
11/16	糖五斤		9.00
11/17	利息	180.00	

月日	摘要	收入	支出
11/17	白布八尺		28.00
11/17	刊物、洗衣、燈泡、發信		8.00
11/17	家用		150.00
11/17	衍訓車票、理髮		16.50
11/22	物資會車錢	30.00	
11/22	理髮		3.50
11/24	漁農基金會查帳公費	500.00	
11/24	奶粉二磅半		39.00
11/24	藍布三碼		63.00
11/24	德芳修表		50.00
11/24	食品		4.50
11/24	煙、水果		7.00
11/24	茶會		10.00
11/27	糖食等		3.00
11/27	衍訓火食		50.00
11/30	香蕉、茶葉、餅乾		13.00
11/30	自由人報		4.00
11/30	洗衣、雜用		1.50
11/30	利息	225.00	
11/30	賣米 67 公斤	73.50	
	總計	17,173.00	1,210.00
	結存		15,963.00

月日	摘要	收入	支出
12/1	上月結存	15,693.00	
12/1	奶瓶頭		18.00
12/1	煙、車錢		12.00
12/3	汽車月票		24.00
12/3	發信、英語文摘		5.50
12/3	利息	180.00	
12/3	利息	356.50	
12/3	衍訓本月火食		50.00
12/4	憲法研究會捐		10.00
12/6	煙、車錢、午飯		27.00
12/6	公宴		80.00
12/6	家用'		100.00
12/7	赴基隆		10.00
12/7	午點、車錢		5.00
12/8	家用		20.00

月日	摘要	收入	支出
12/8	本月生補費	202.00	
12/8	本月補生費	100.00	
12/8	本月眷貼	100.00	
12/8	本月醫教費	30.00	
12/8	捐花蓮－國大代表		5.00
12/8	家用		400.00
12/9	煙、餅乾		7.00
12/10	糖四斤、餅乾一斤、煙一包		17.00
12/11	洗衣、車錢		3.00
12/11	昨日赴基隆		20.00
12/11	晚飯		33.00
12/12	理髮		3.50
12/12	奶粉二聽		31.00
12/12	肥皂		7.50
12/13	赴北投往返車費		10.00
12/14	健素、頭油		10.00
12/14	茶葉半斤		4.50
12/14	香蕉		2.00
12/14	衍訓車票、理髮		20.00
12/14	報刊、雜用		3.50
12/15	煙、車錢		6.50
12/16	味粉		25.00
12/16	餅乾		6.00
12/16	煙、髮夾、雜用		9.00
12/18	利息	210.00	
12/18	家用		250.00
12/19	酒、煙		12.00
12/20	奶粉二磅半		39.00
12/20	汽車票		24.00
12/20	藥品、洗衣		8.00
12/20	刊物		3.50
12/20	買布尾數		1.50
12/21	煙、筆		5.00
12/22	餅乾、煙		11.00
12/22	香蕉		3.00
12/24	煙、黨費		10.00
12/24	家用		150.00
12/25	奶粉五磅		74.00
12/25	餅乾、糖果		10.00
12/25	衍訓續繳講義費		2.00
12/25	煙、鞋帶		5.50

月日	摘要	收入	支出
12/27	酒		8.00
12/27	利息	225.00	
12/27	雜用		5.00
12/27	聚餐		15.00
12/28	國大年會膳宿費	300.00	
12/28	下月分生補費	201.00	
12/28	糖四斤、健素一瓶		11.00
12/28	肥皂五條		9.00
12/28	毛巾兩條		14.00
12/28	洗衣		9.00
12/28	煙		4.00
12/29	買布		35.00
12/29	書刊、香蕉		4.00
12/31	煙		8.00
12/31	自由人報一月		4.00
12/31	理髮		3.50
12/31	糖果等		4.50
	總計	17,867.50	1,727.50
	結存	16,140.00	

吳墉祥簡要年表

1909 年	出生於山東省棲霞縣吳家村。
1914-1924 年	入私塾、煙台模範高等小學（11 歲別家）、私立先志中學。
1924 年	加入中國國民黨。
1927 年	入南京中央黨務學校。
1929 年	入中央政治學校（國立政治大學前身）財政系。
1933 年	大學畢業，任大學助教講師。
1937 年	任職安徽地方銀行。
1945 年	任山東省銀行總經理。
1947 年	任山東齊魯公司常務董事兼董事會秘書長。
	當選第一屆棲霞國民大會代表。
1949 年 7 月	乘飛機赴台，眷屬則乘秋瑾輪抵台。
1949 年 9 月	與友協力營救煙台聯中校長張敏之。
1956 年	任美國援華機構安全分署高級稽核。
1965 年	任台達化學工業公司財務長。
1976 年	退休。
2000 年	逝世於台北。

臺灣省會計師公會第一至第三屆理監事名單

第一屆（民國 39 年）

常務理事

林有壬　廖兆駿　吳崇泉

理　　事

劉廷方　周傳聖　富維驥　王　庸

水啟寧　吳墉祥　虞　舜　季貽謀

常務監事

程　烈

監　　事

何兆南　唐　蕙

第二屆（民國 41 年）

常務理事

鄒馨棣　李應臣　徐光前　嚴以霖

虞　舜

理　　事

毛松年　程　烈　廖兆駿　吳崇泉

王　庸　吳墉祥　劉階平　邱朗光

張東湖　汪流航

常務監事

季貽謀

監　　事

張國幹　涂芳輝　朱揆元　王樹基

第三屆（民國43 年）

常務理事

毛松年　陳秉炎　汪流航　虞　舜

吳墉祥

理　　事

吳崇泉　林有壬　邱朗光　鄒馨棣

徐光前　王　庸　張安侯　嚴以霖

劉階平　程　烈

常務監事

王樹基

監　　事

富柏平　朱揆元　王樹基

資料來源：

中華民國會計師公會聯合網站

https://www.roccpa.org.tw/about/B3

民國日記 33

吳墉祥在台日記（1951）

The Diaries of Wu Yung-hsiang at Taiwan, 1951

原　　著　吳墉祥
主　　編　馬國安
總 編 輯　陳新林、呂芳上
執行編輯　林弘毅
封面設計　陳新林
排　　版　溫心忻

出 版 者　開源書局出版有限公司
香港金鐘夏慤道 18 號海富中心
1 座 26 樓 06 室
TEL：+852-35860995

民國歷史文化學社有限公司
10646 台北市大安區羅斯福路三段
37 號 7 樓之 1
TEL：+886-2-2369-6912
FAX：+886-2-2369-6990

銷 售 處　源流成文化股份有限公司
10646 台北市大安區羅斯福路三段
37 號 7 樓之 1
TEL：+886-2-2369-6912
FAX：+886-2-2369-6990
初版一刷　2020 年 5 月 31 日
定　　價　新台幣 400 元
港　幣 105 元
美　元　15 元
I S B N　978-988-8637-63-8
印　　刷　長達印刷有限公司
台北市西園路二段 50 巷 4 弄 21 號
TEL：+886-2-2304-0488